LAUTER GESAGT ALS GETAN

sora

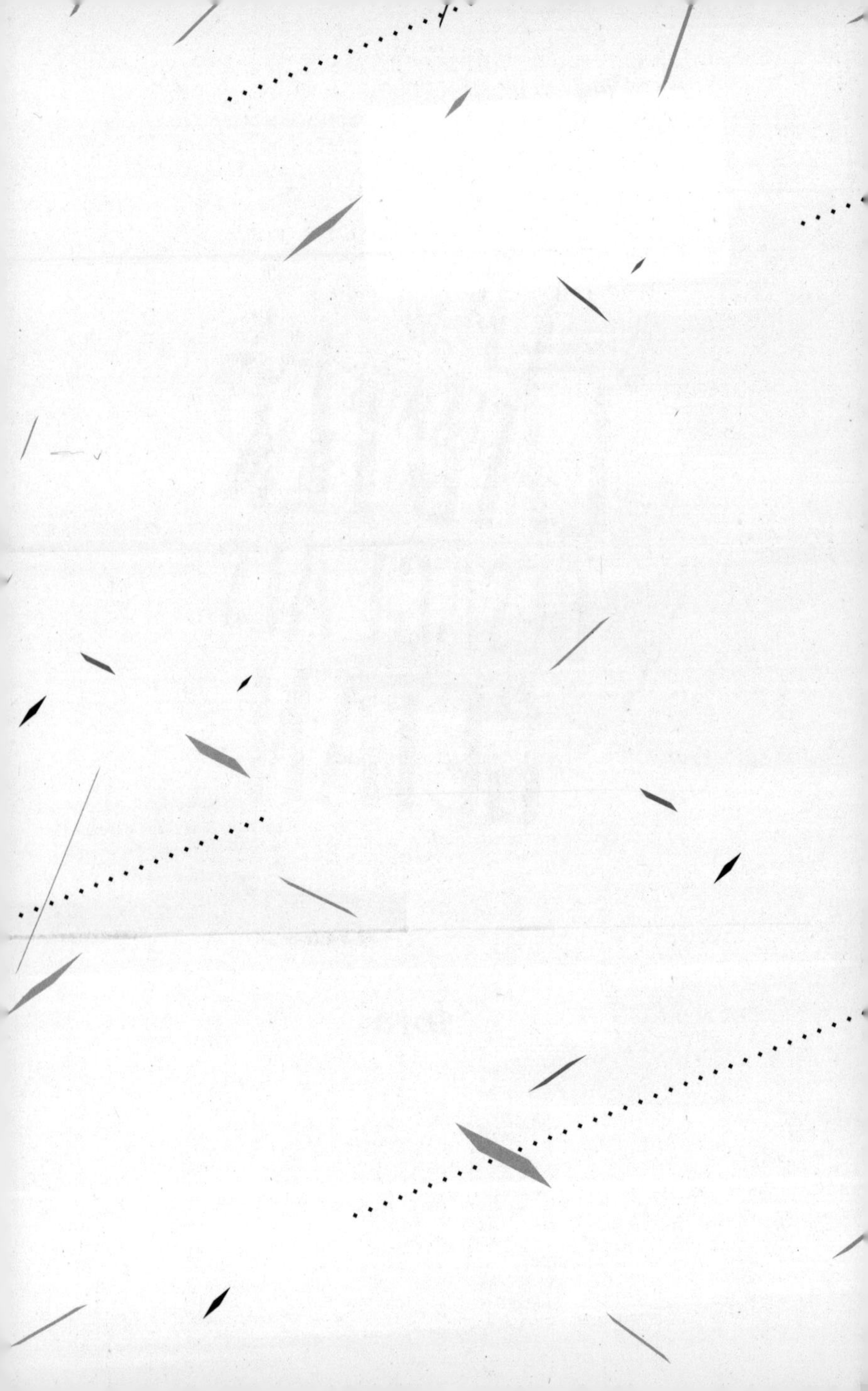

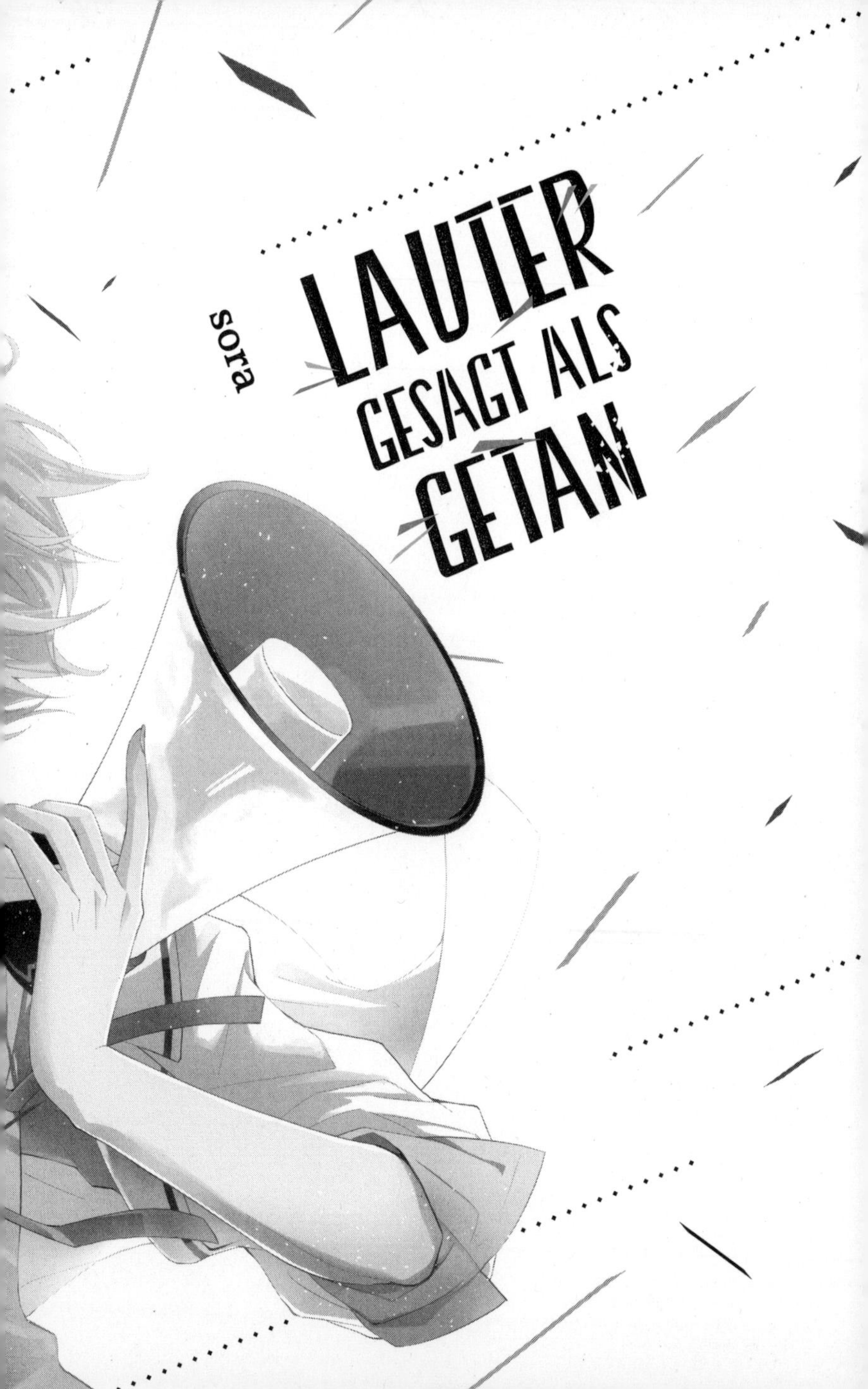
sora
LAUTER
GESAGT ALS
GETAN

INHALT

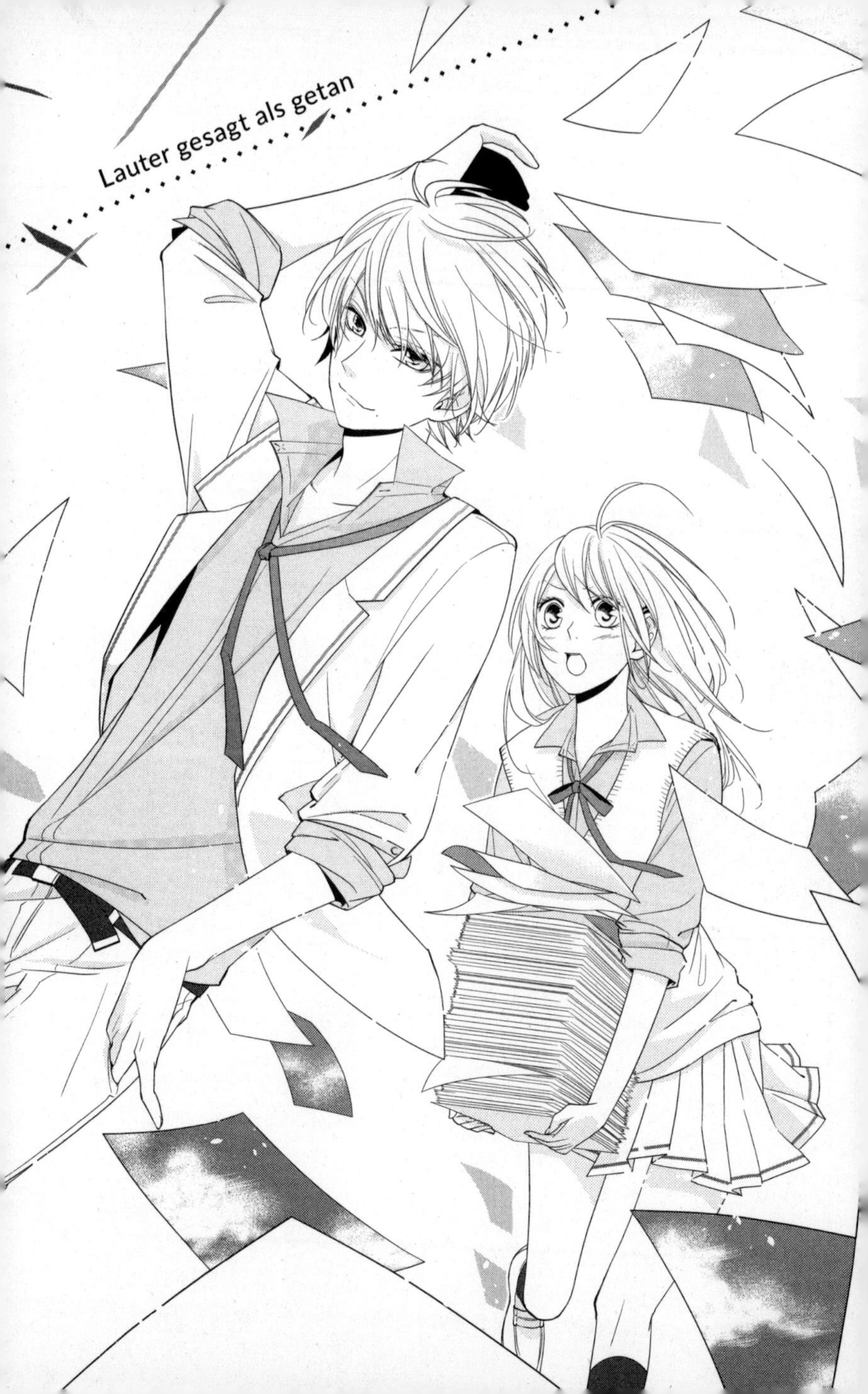
Lauter gesagt als getan

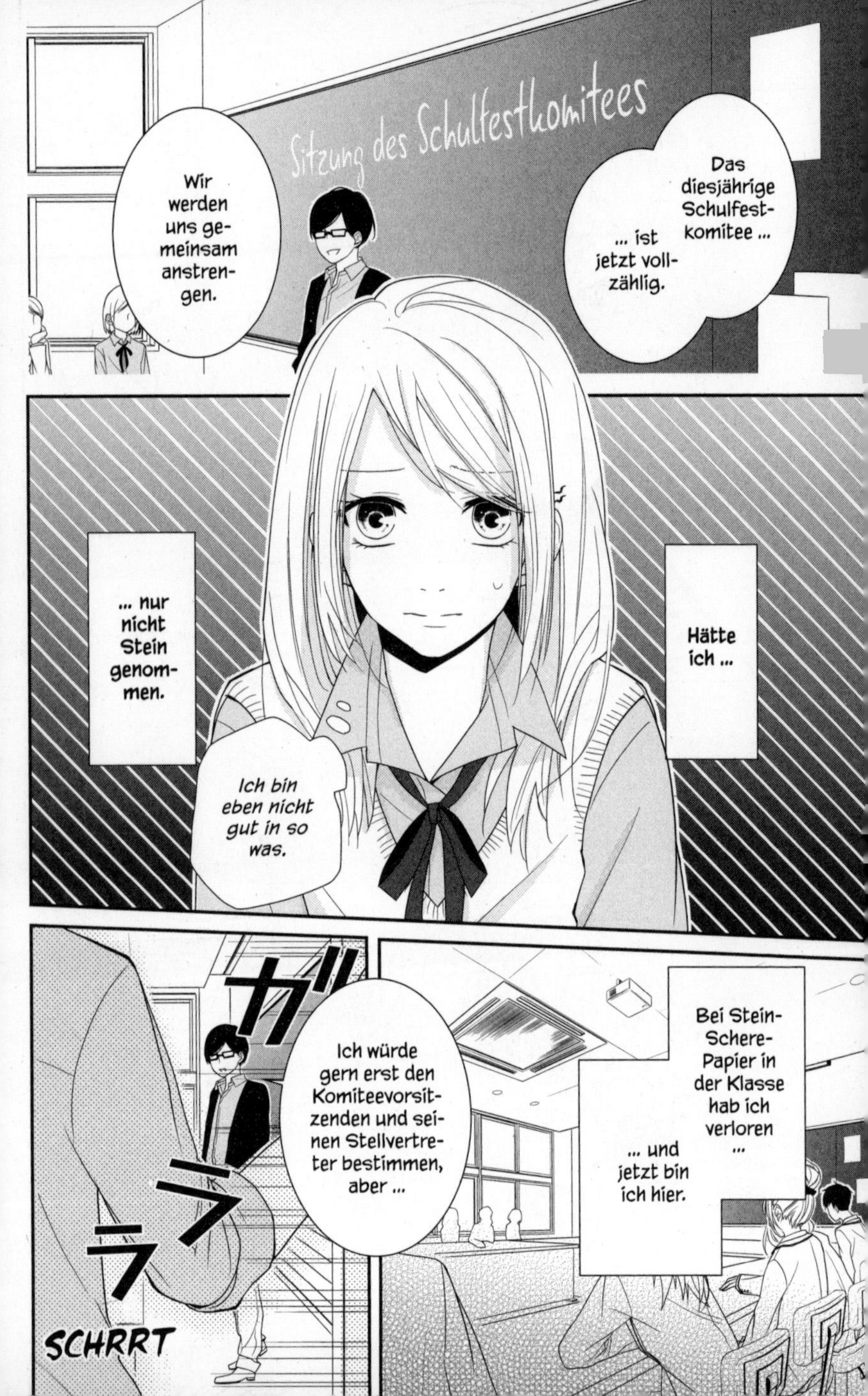
Sitzung des Schulfestkomitees
Das diesjährige Schulfest-komitee ...
... ist jetzt voll-zählig.
Wir werden uns ge-meinsam anstren-gen.
Hätte ich ...
... nur nicht Stein genom-men.
Ich bin eben nicht gut in so was.
Bei Stein-Schere-Papier in der Klasse hab ich verloren ...
... und jetzt bin ich hier.
Ich würde gern erst den Komiteevorsit-zenden und sei-nen Stellvertre-ter bestimmen, aber ...
ガラ
SCHRRT

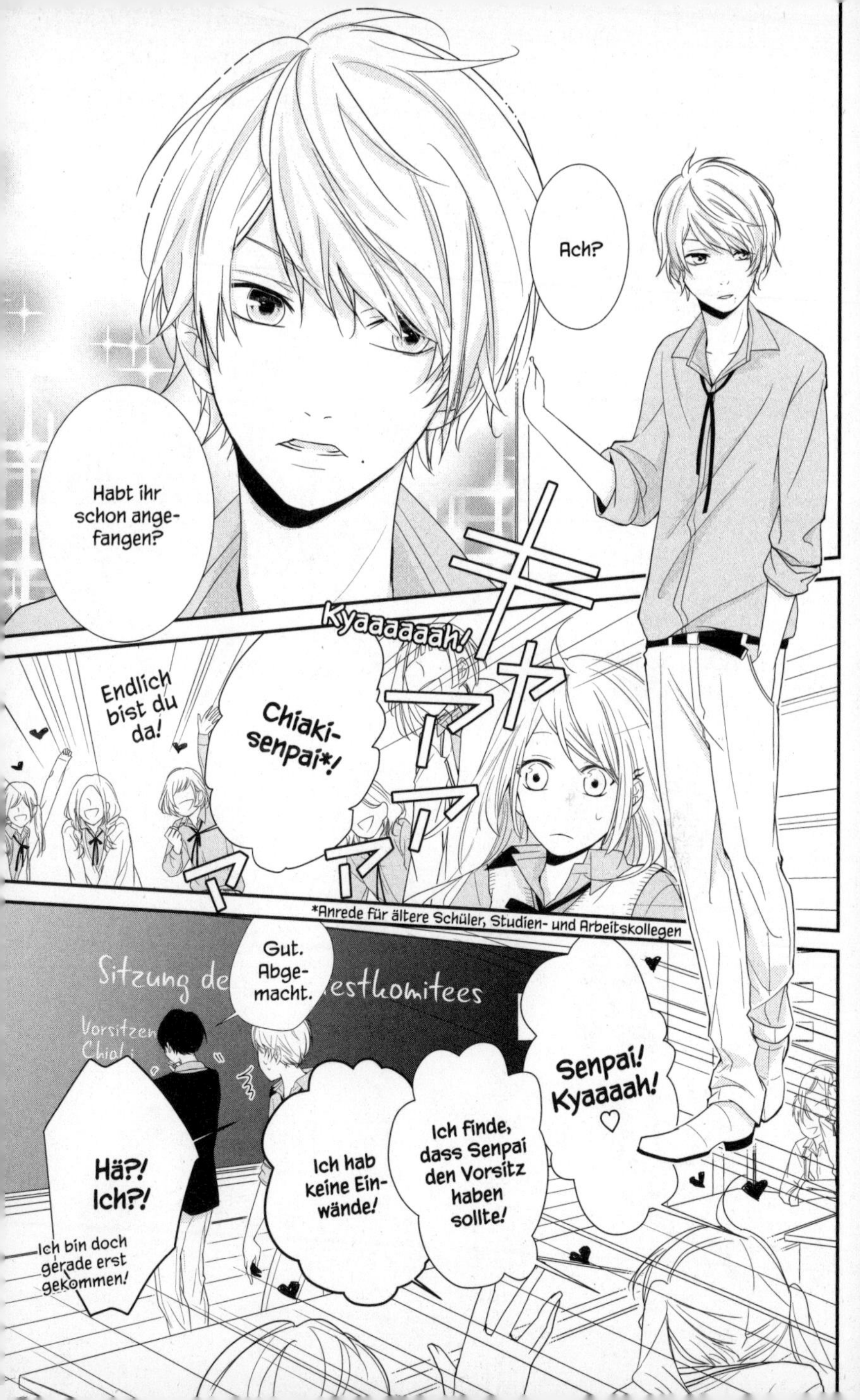
Ach?
Habt ihr schon angefangen?
Kyaaaaaah!
Chiaki-senpai*!
Endlich bist du da!
*Anrede für ältere Schüler, Studien- und Arbeitskollegen
Senpai! Kyaaaah! ♡
Ich finde, dass Senpai den Vorsitz haben sollte!
Ich hab keine Einwände!
Gut. Abgemacht.
Hä?! Ich?!
Ich bin doch gerade erst gekommen!

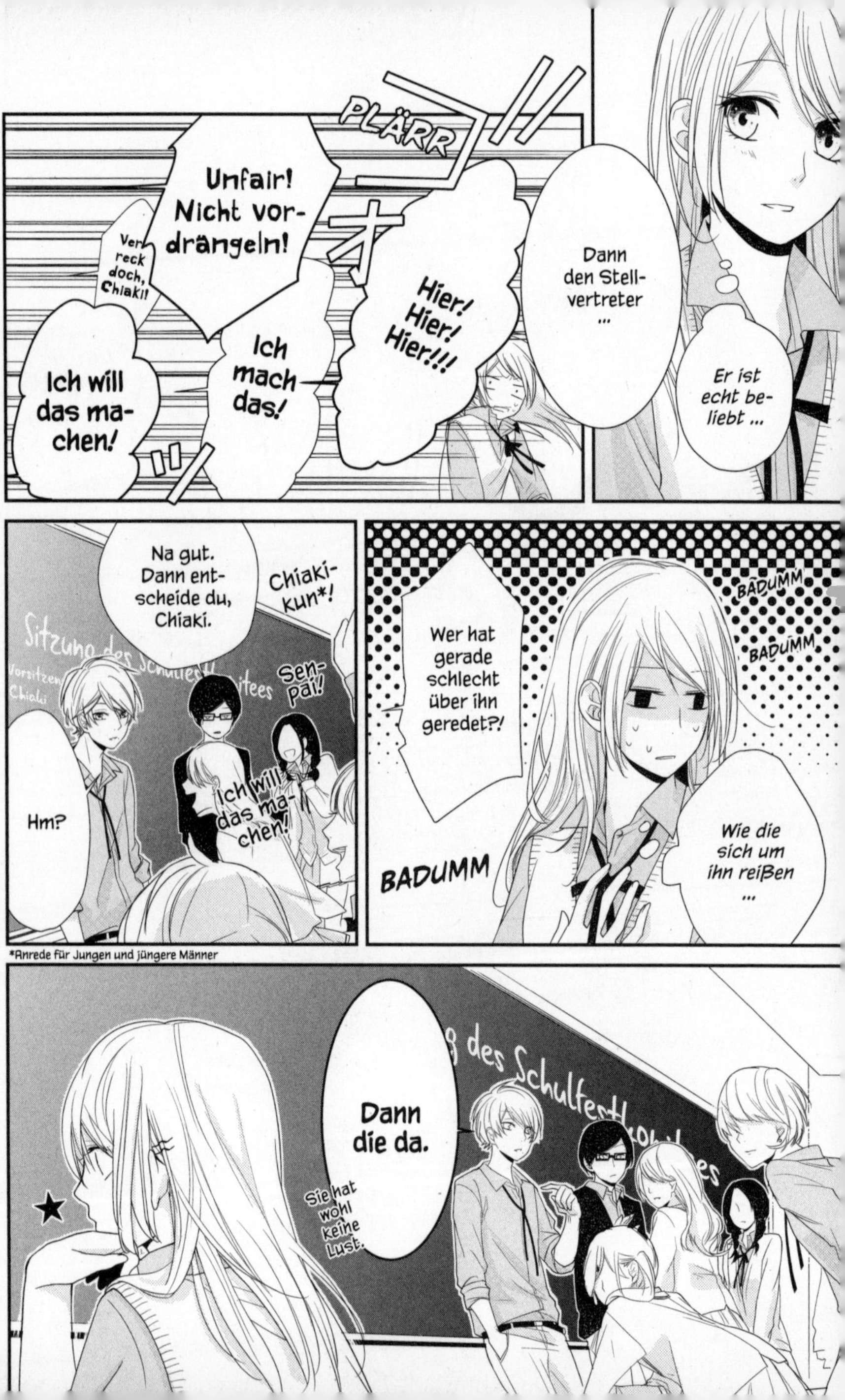

Dann den Stellvertreter ...
Er ist echt beliebt ...
PLÄRR
Hier! Hier! Hier!!!
Ich mach das!
Unfair! Nicht vordrängeln!
Verreck doch, Chiaki!
Ich will das machen!

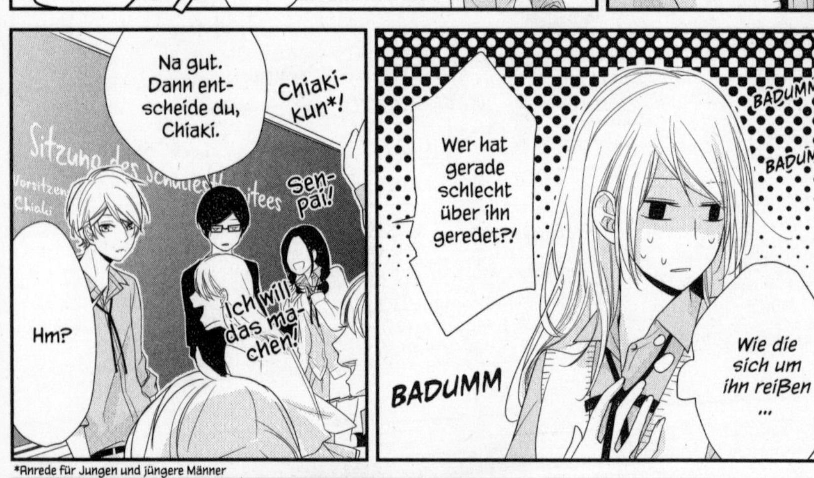

*Anrede für Jungen und jüngere Männer

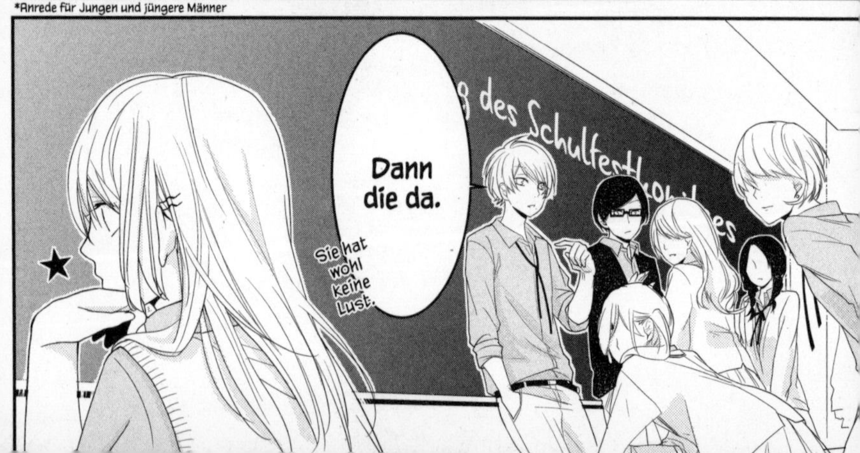

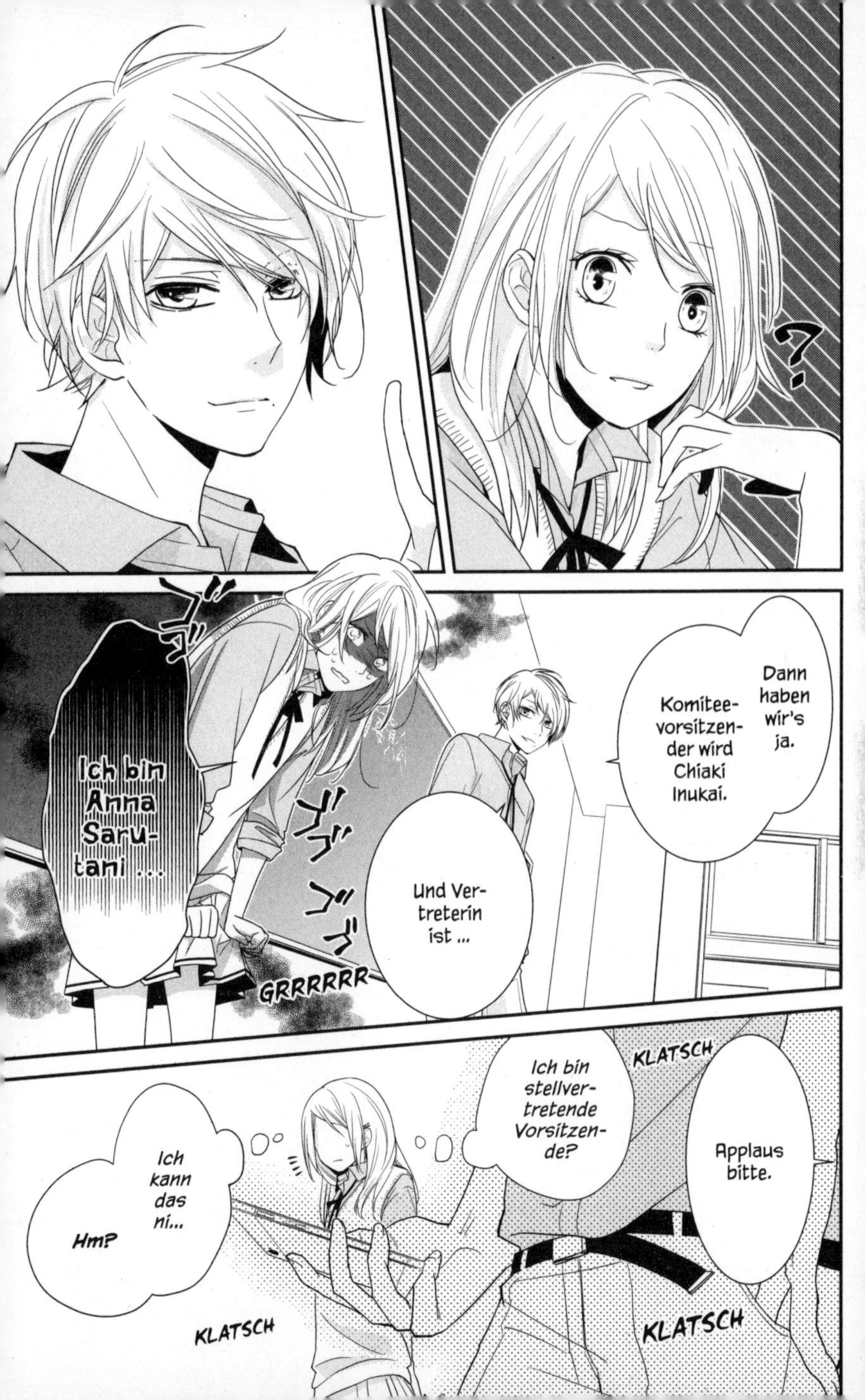
?
Dann haben wir's ja.
Komitee-vorsitzen-der wird Chiaki Inukai.
Und Vertreterin ist ...
Ich bin Anna Sarutani ...
GRRRRRR
Applaus bitte.
KLATSCH
Ich bin stellvertretende Vorsitzende?
Ich kann das ni...
Hm?
KLATSCH
KLATSCH

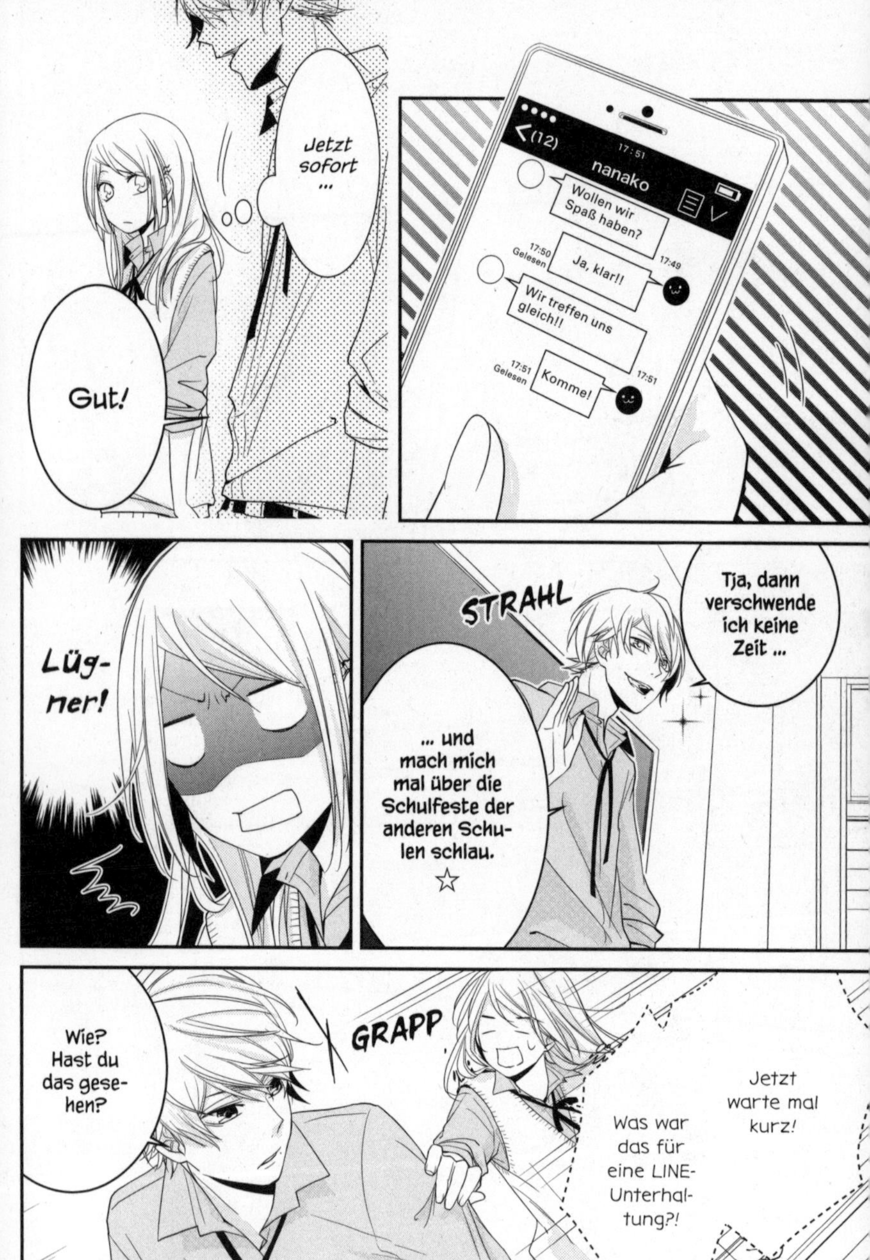
(12)
17:51
nanako
Wollen wir Spaß haben?
17:49
17:50 Gelesen
Ja, klar!!
Wir treffen uns gleich!!
17:51
17:51 Gelesen
Komme!
Jetzt sofort ...
Gut!
Tja, dann verschwende ich keine Zeit ...
STRAHL
... und mach mich mal über die Schulfeste der anderen Schulen schlau. ☆
Lügner!
GRAPP
Jetzt warte mal kurz!
Was war das für eine LINE-Unterhaltung?!
Wie? Hast du das gesehen?

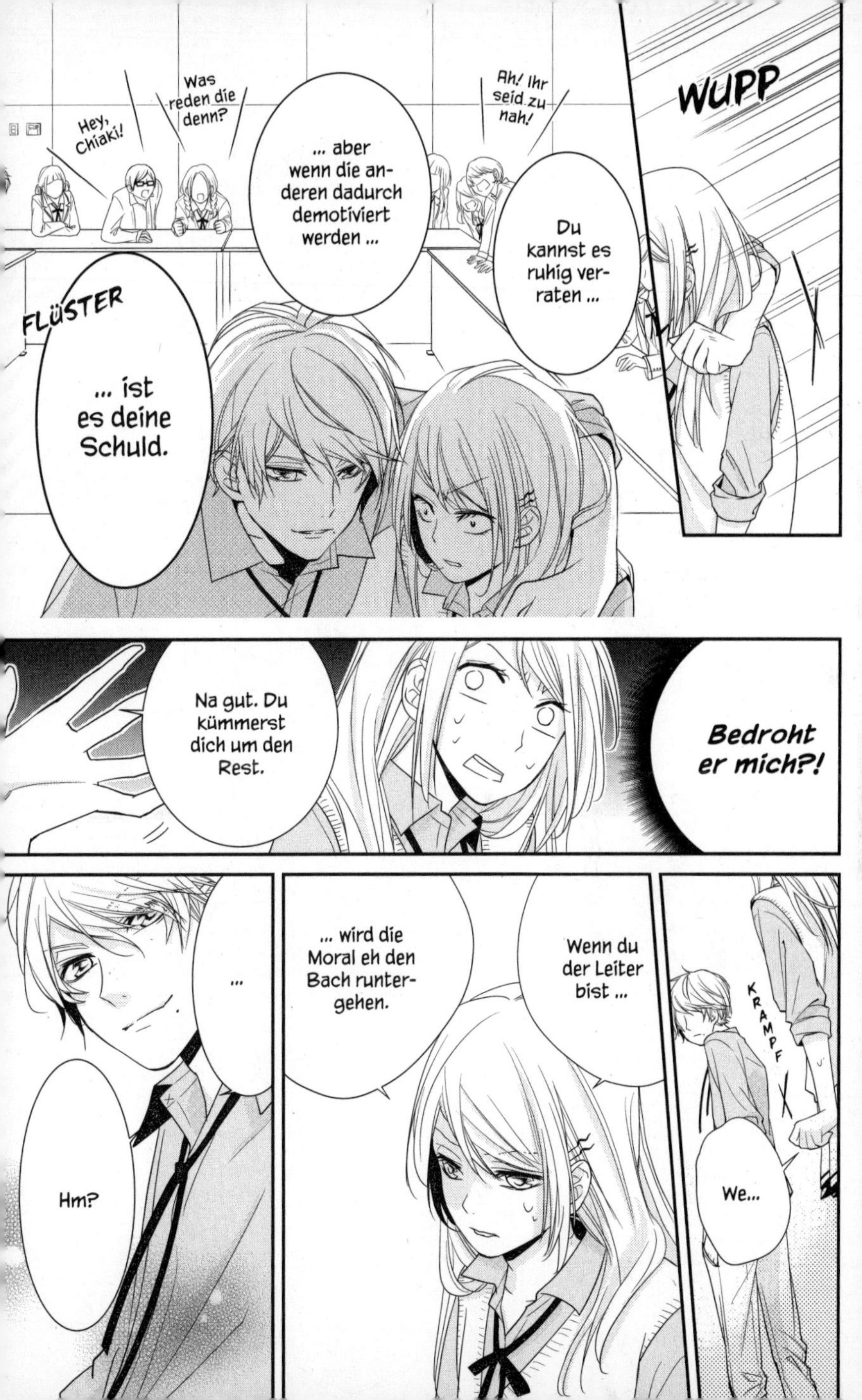
WUPP
Ah! Ihr seid zu nah!
Was reden die denn?
Hey, Chiaki!
Du kannst es ruhig verraten ...
... aber wenn die anderen dadurch demotiviert werden ...
FLÜSTER
... ist es deine Schuld.
Bedroht er mich?!
Na gut. Du kümmerst dich um den Rest.
We...
KRAMPF
Wenn du der Leiter bist ...
... wird die Moral eh den Bach runtergehen.
...
Hm?

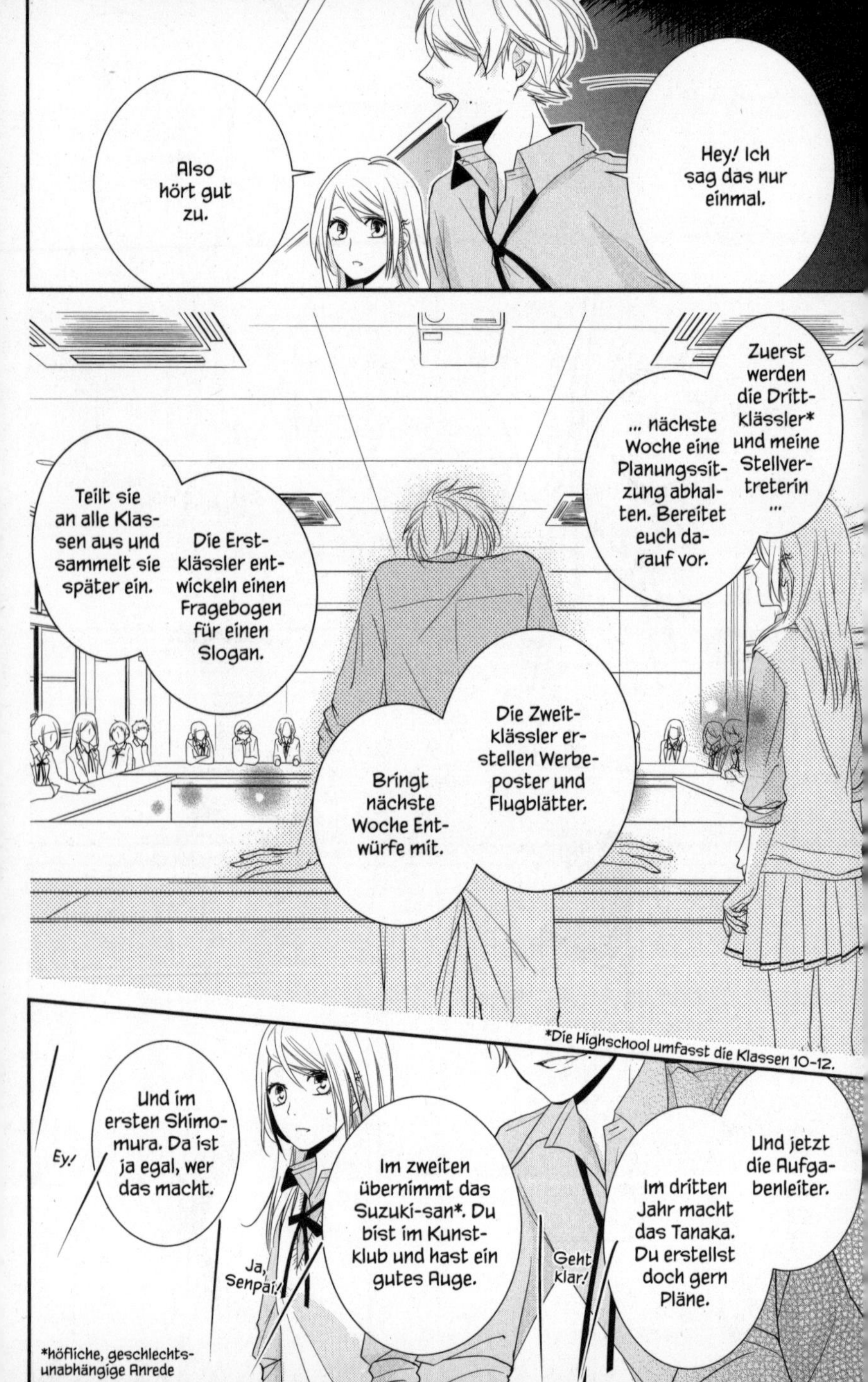
Hey! Ich sag das nur einmal.
Also hört gut zu.
Zuerst werden die Drittklässler* und meine Stellvertreterin ...
... nächste Woche eine Planungssitzung abhalten. Bereitet euch darauf vor.
Die Erstklässler entwickeln einen Fragebogen für einen Slogan.
Teilt sie an alle Klassen aus und sammelt sie später ein.
Die Zweitklässler erstellen Werbeposter und Flugblätter.
Bringt nächste Woche Entwürfe mit.
*Die Highschool umfasst die Klassen 10-12.
Und jetzt die Aufgabenleiter.
Im dritten Jahr macht das Tanaka. Du erstellst doch gern Pläne.
Geht klar!
Im zweiten übernimmt das Suzuki-san*. Du bist im Kunstklub und hast ein gutes Auge.
Ja, Senpai!
Und im ersten Shimomura. Da ist ja egal, wer das macht.
Ey!
*höfliche, geschlechtsunabhängige Anrede

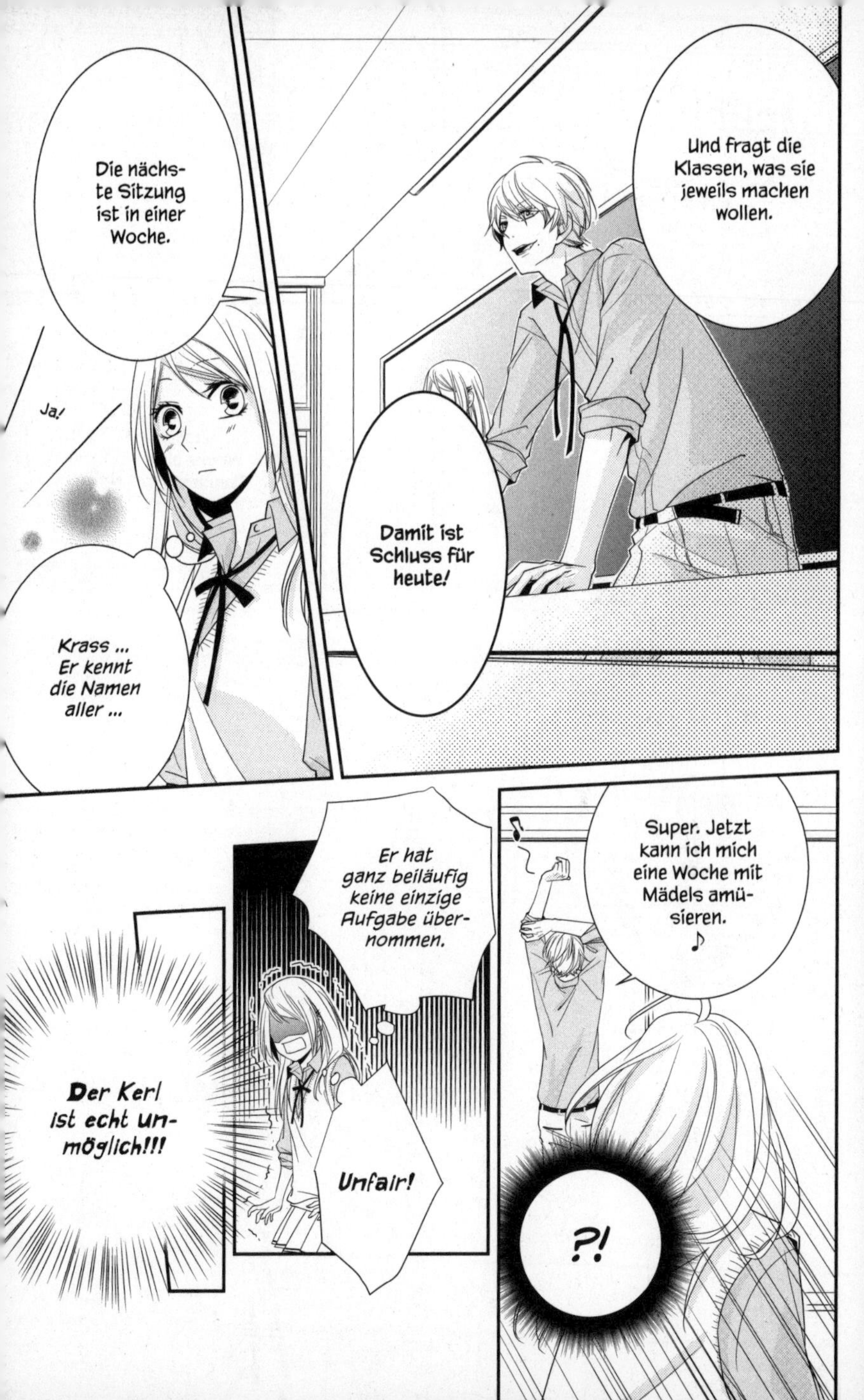

Und fragt die Klassen, was sie jeweils machen wollen.
Damit ist Schluss für heute!
Die nächste Sitzung ist in einer Woche.
Ja!
Krass ... Er kennt die Namen aller ...
Super. Jetzt kann ich mich eine Woche mit Mädels amüsieren. ♪
?!
Er hat ganz beiläufig keine einzige Aufgabe übernommen.
Unfair!
Der Kerl ist echt unmöglich!!!

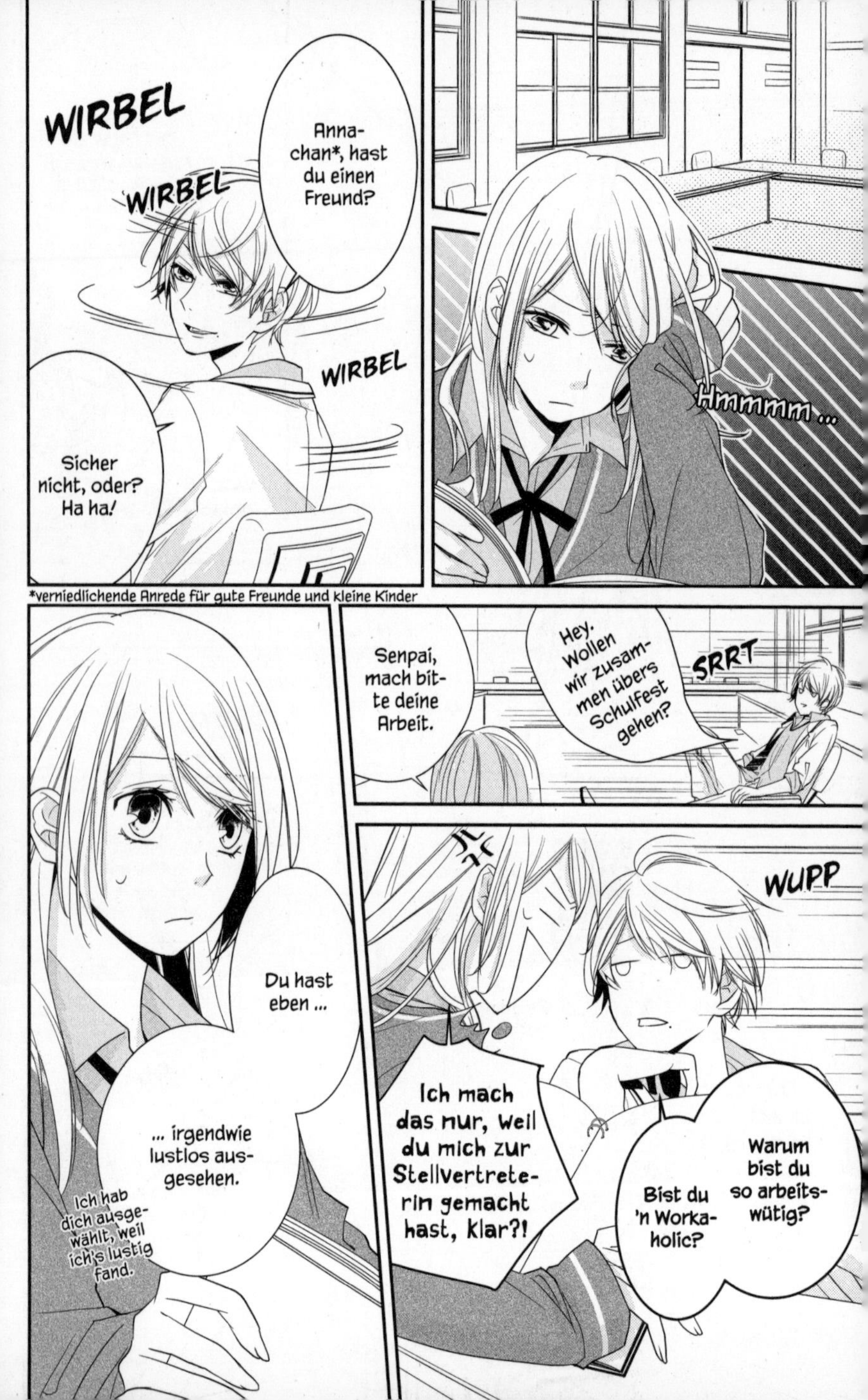

*verniedlichende Anrede für gute Freunde und kleine Kinder

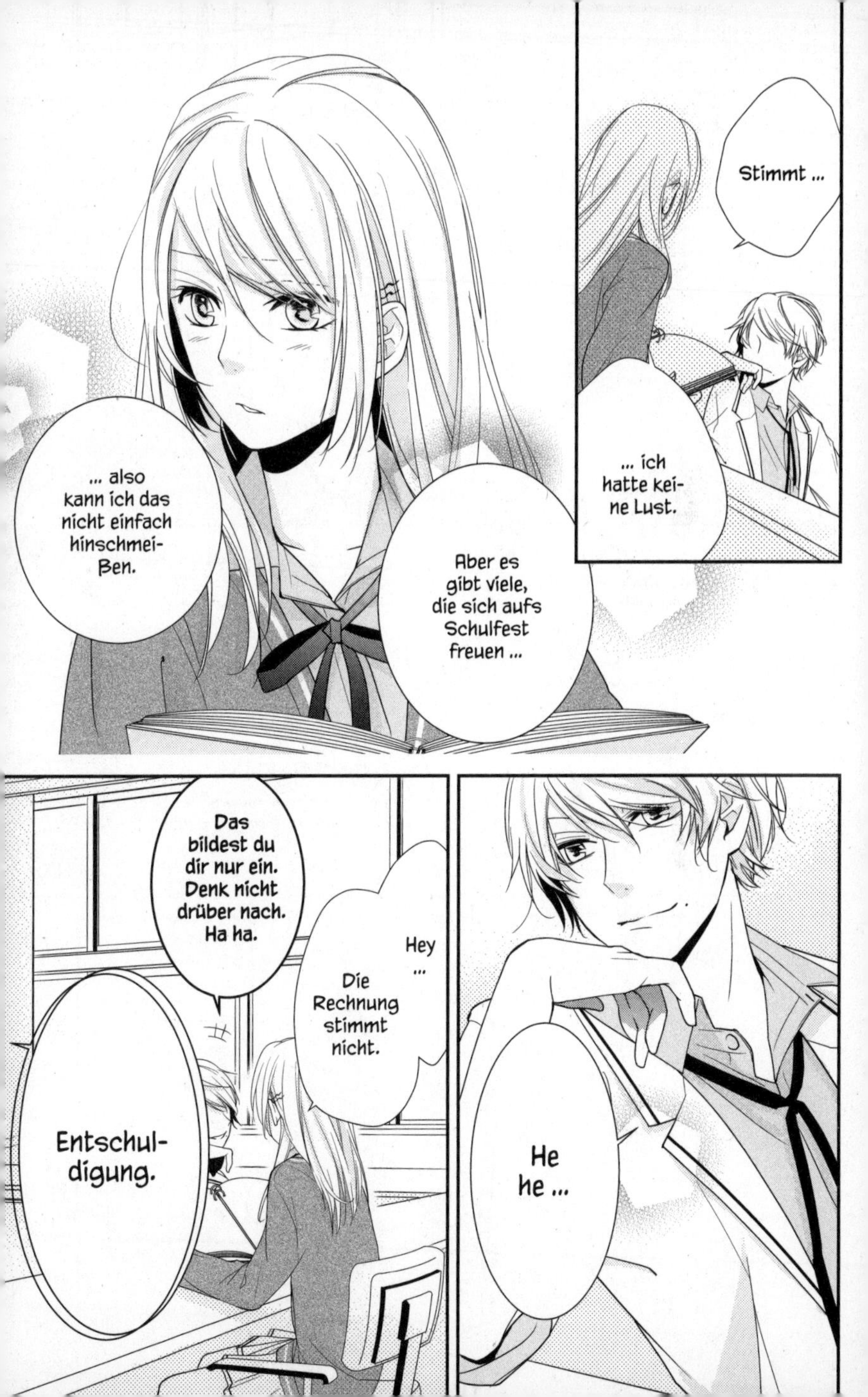
Stimmt ...
... ich hatte keine Lust.
Aber es gibt viele, die sich aufs Schulfest freuen ...
... also kann ich das nicht einfach hinschmeißen.
He he ...
Hey ...
Die Rechnung stimmt nicht.
Das bildest du dir nur ein. Denk nicht drüber nach. Ha ha.
Entschuldigung.

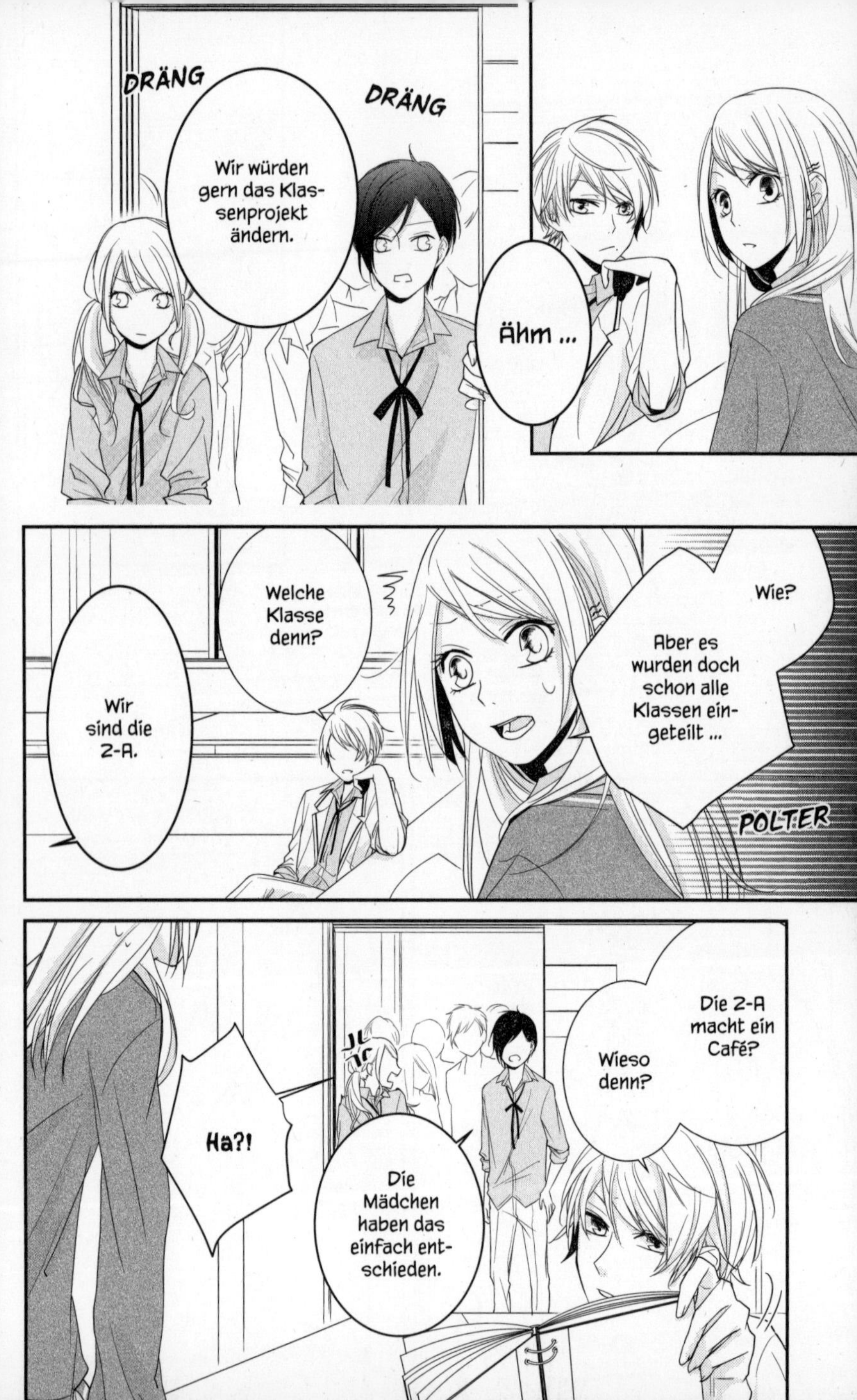
DRÄNG
DRÄNG
Ähm ...
Wir würden gern das Klassenprojekt ändern.
Wie?
Aber es wurden doch schon alle Klassen eingeteilt ...
POLTER
Welche Klasse denn?
Wir sind die 2-A.
Die 2-A macht ein Café?
Wieso denn?
Ha?!
Die Mädchen haben das einfach entschieden.

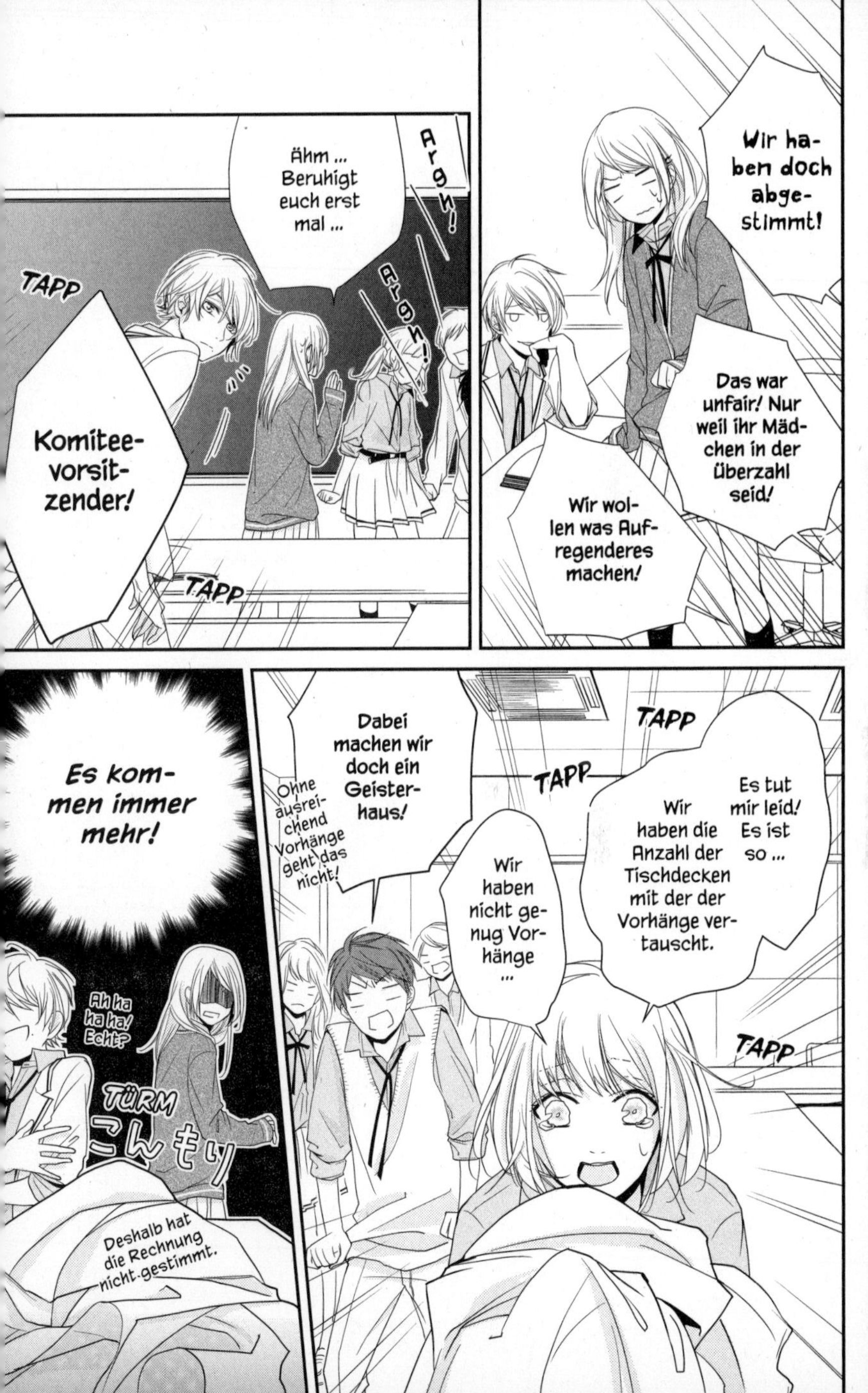
Wir haben doch abgestimmt!
Das war unfair! Nur weil ihr Mädchen in der Überzahl seid!
Wir wollen was Aufregenderes machen!
Ähm ... Beruhigt euch erst mal ...
Argh!
Argh!
TAPP
Komiteevorsitzender!
TAPP
Es tut mir leid! Es ist so ...
Wir haben die Anzahl der Tischdecken mit der der Vorhänge vertauscht.
TAPP
TAPP
TAPP
Wir haben nicht genug Vorhänge ...
Dabei machen wir doch ein Geisterhaus!
Ohne ausreichend Vorhänge geht das nicht!
Es kommen immer mehr!
Ah ha ha ha! Echt?
TÜRM
こんもり
Deshalb hat die Rechnung nicht gestimmt.

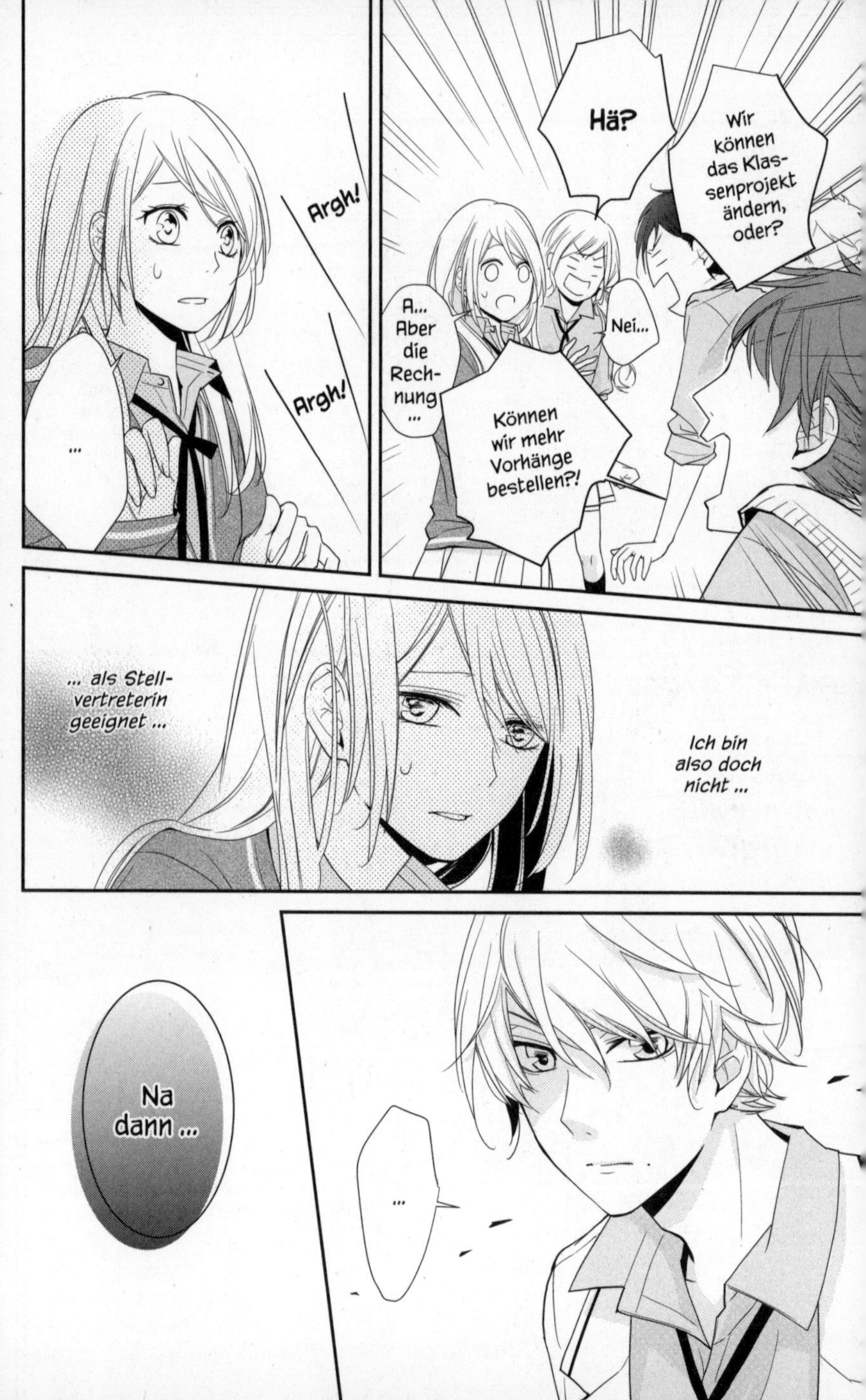

Wir können das Klassenprojekt ändern, oder?
Hä?
Nei...
Können wir mehr Vorhänge bestellen?!
A... Aber die Rechnung ...
Argh!
Argh!
...
Ich bin also doch nicht ...
... als Stellvertreterin geeignet ...
...
Na dann ...

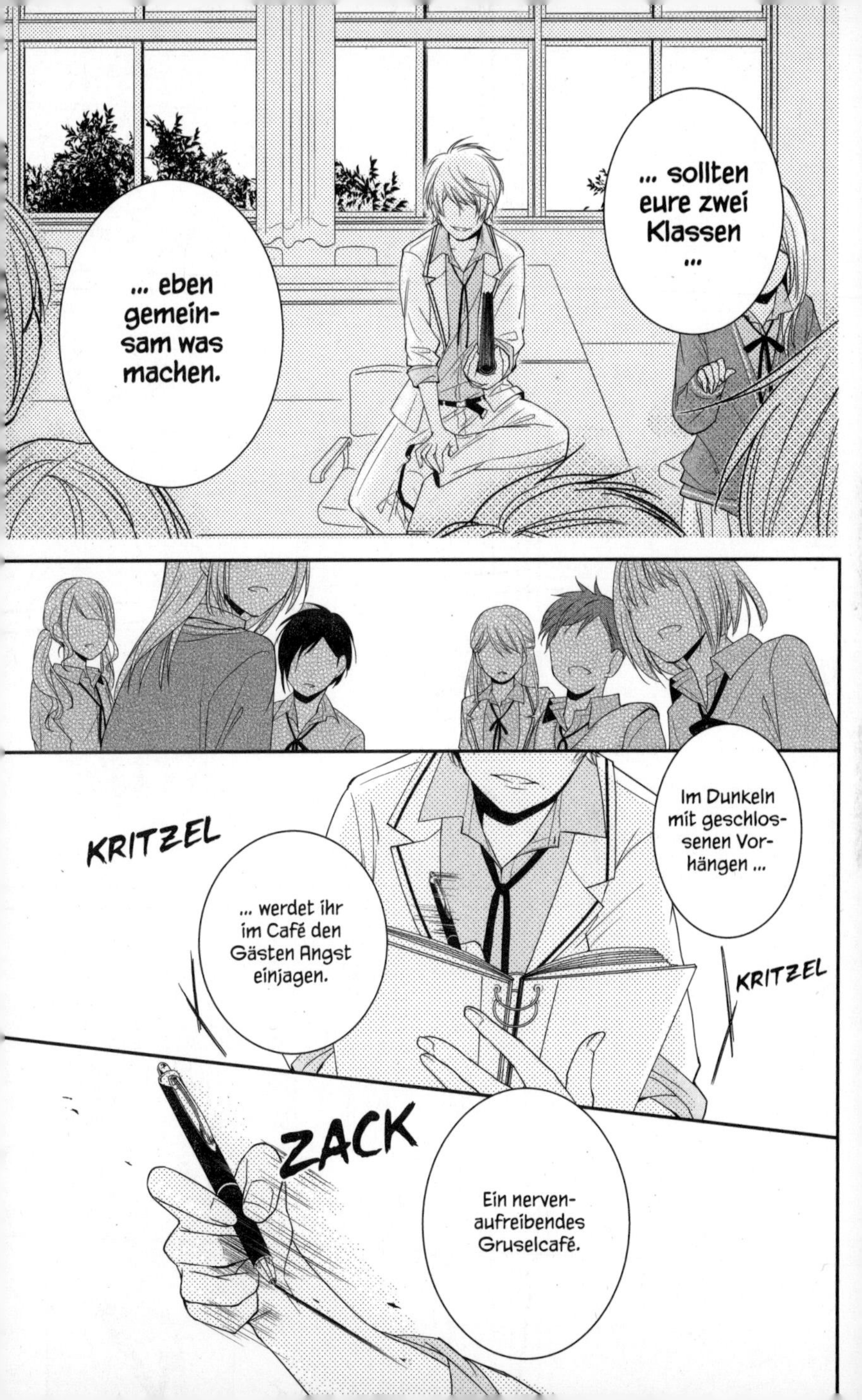
... sollten eure zwei Klassen ...
... eben gemein-sam was machen.
Im Dunkeln mit geschlos-senen Vor-hängen ...
KRITZEL
... werdet ihr im Café den Gästen Angst einjagen.
KRITZEL
Ein nerven-aufreibendes Gruselcafé.
ZACK

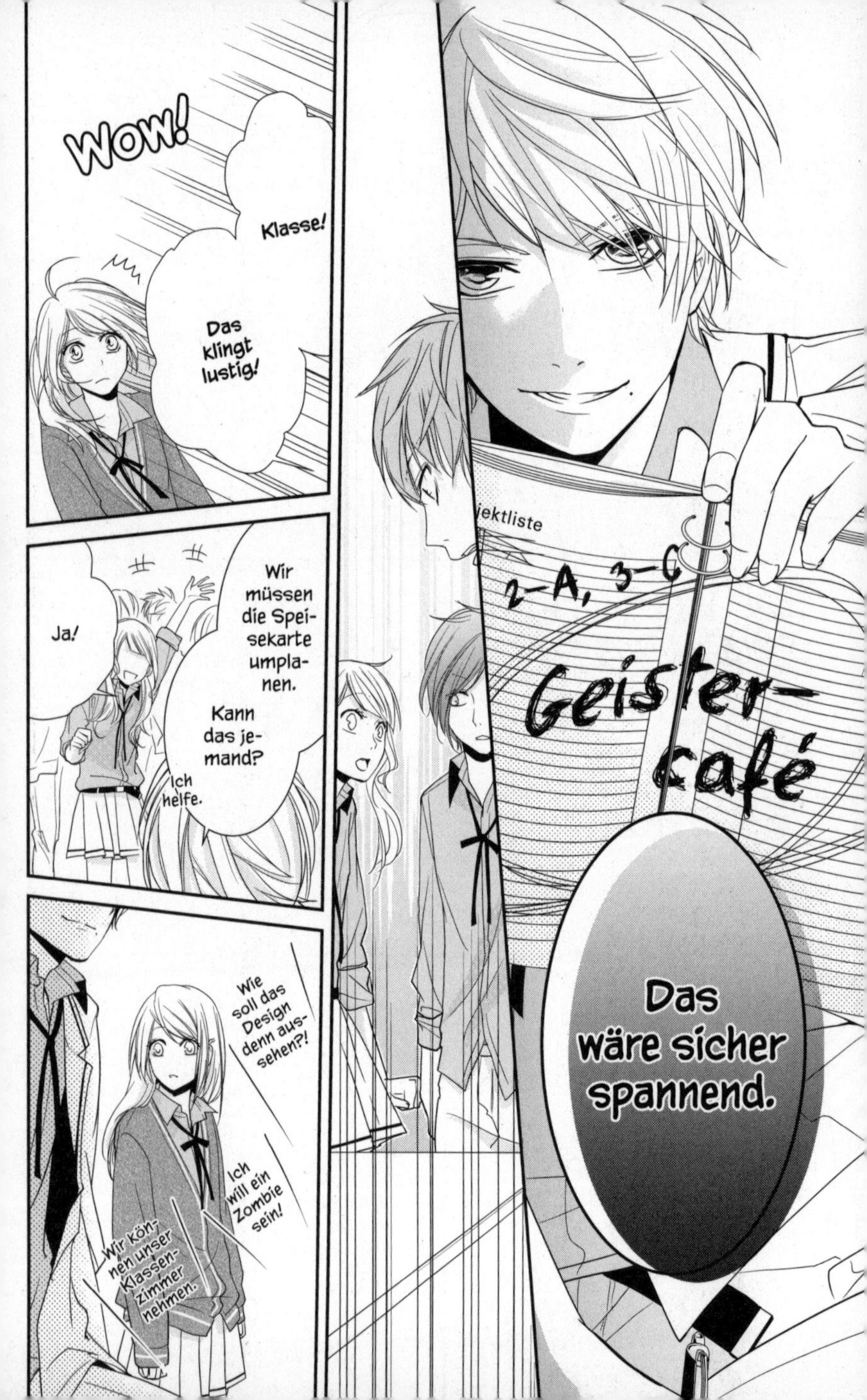

jektliste
2-A, 3-C
Geister-café
Das wäre sicher spannend.
WOW!
Klasse!
Das klingt lustig!
Wir müssen die Speisekarte umplanen.
Ja!
Kann das jemand?
Ich helfe.
Wie soll das Design denn aussehen?!
Ich will ein Zombie sein!
Wir können unser Klassenzimmer nehmen.

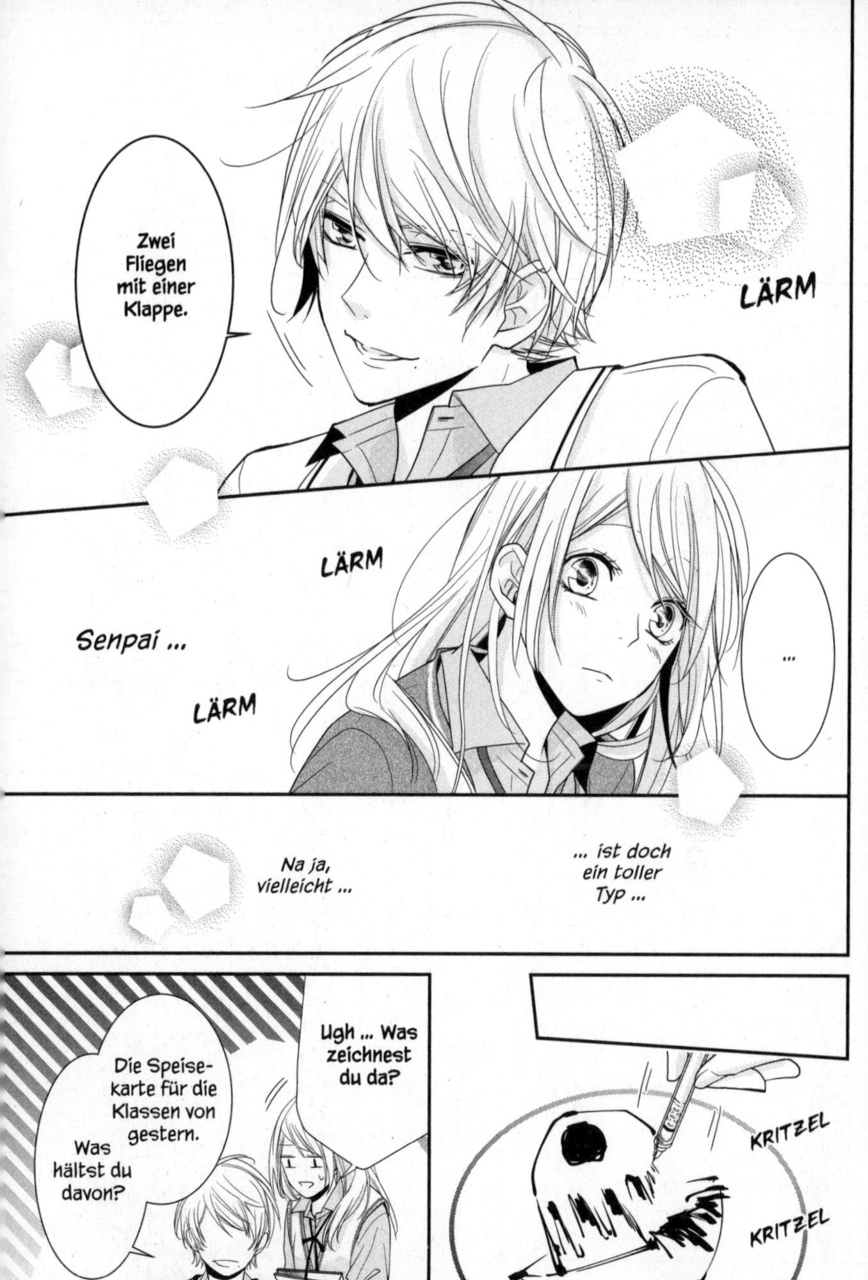
LÄRM
Zwei Fliegen mit einer Klappe.
...
LÄRM
Senpai ...
LÄRM
... ist doch ein toller Typ ...
Na ja, vielleicht ...
KRITZEL
KRITZEL
Ugh ... Was zeichnest du da?
Die Speise-karte für die Klassen von gestern.
Was hältst du davon?

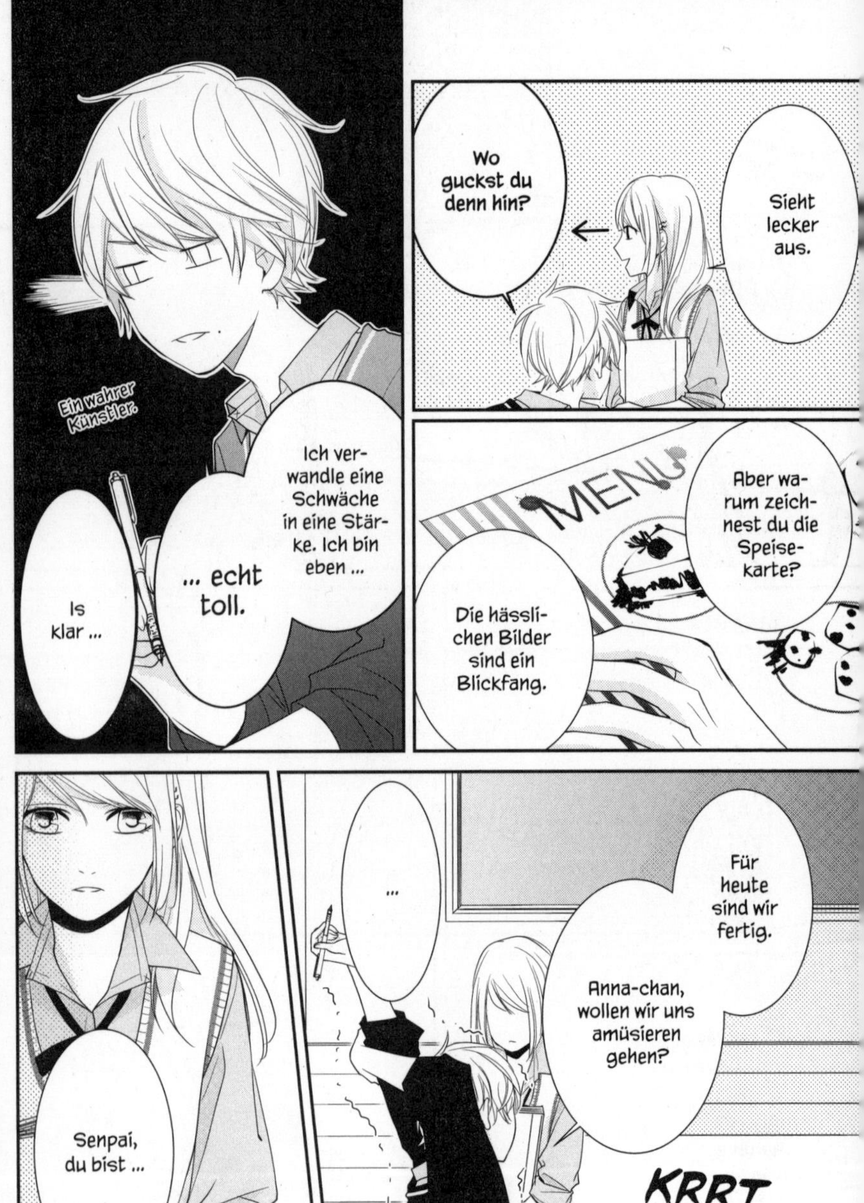
Sieht lecker aus.
Wo guckst du denn hin?
Aber warum zeichnest du die Speisekarte?
Die hässlichen Bilder sind ein Blickfang.
Ich verwandle eine Schwäche in eine Stärke. Ich bin eben ...
... echt toll.
Is klar ...
Ein wahrer Künstler.
Für heute sind wir fertig.
Anna-chan, wollen wir uns amüsieren gehen?
KRRT
...
Senpai, du bist ...

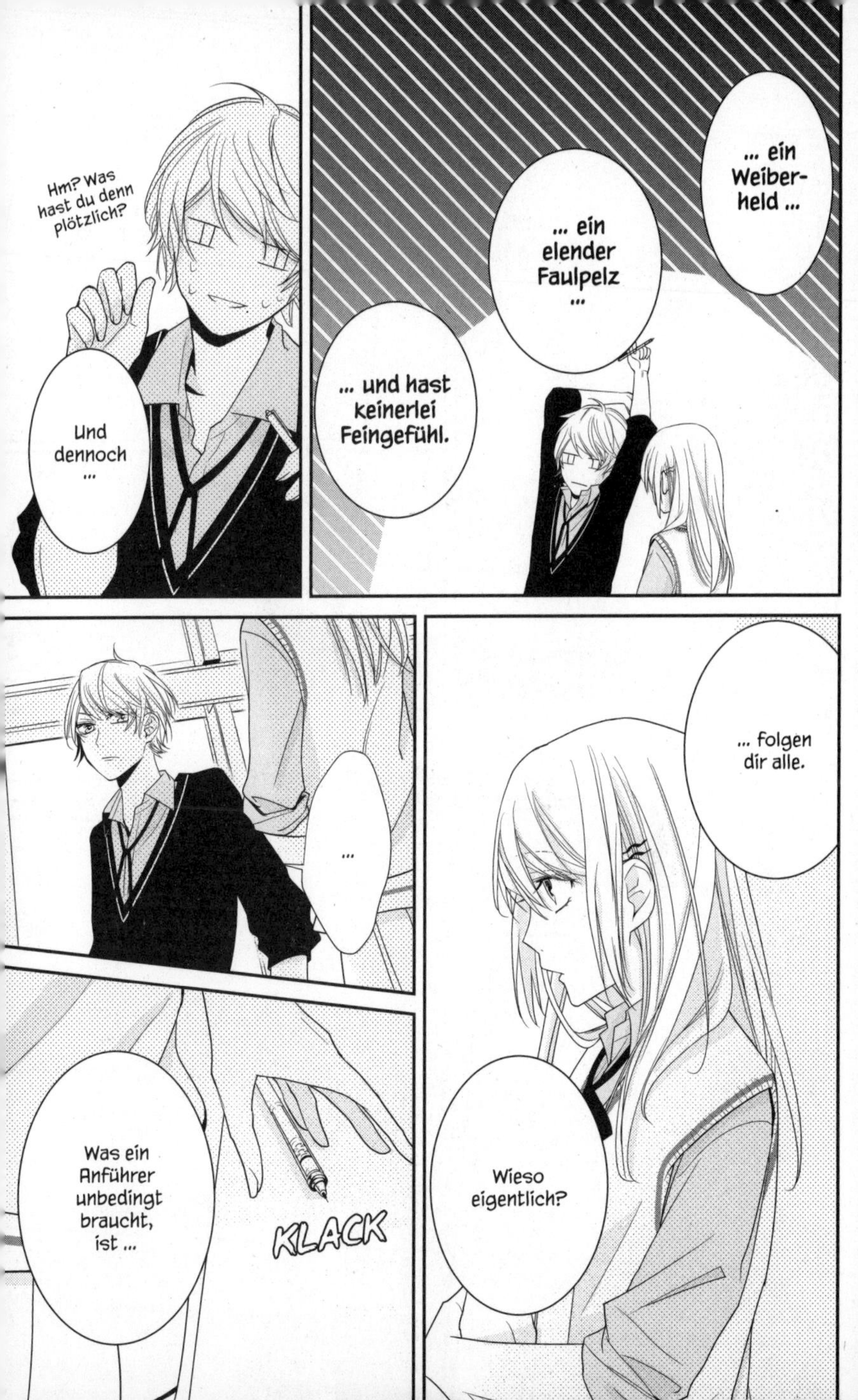

... ein Weiberheld ...
... ein elender Faulpelz ...
... und hast keinerlei Feingefühl.
Hm? Was hast du denn plötzlich?
Und dennoch ...
... folgen dir alle.
Wieso eigentlich?
...
KLACK
Was ein Anführer unbedingt braucht, ist ...

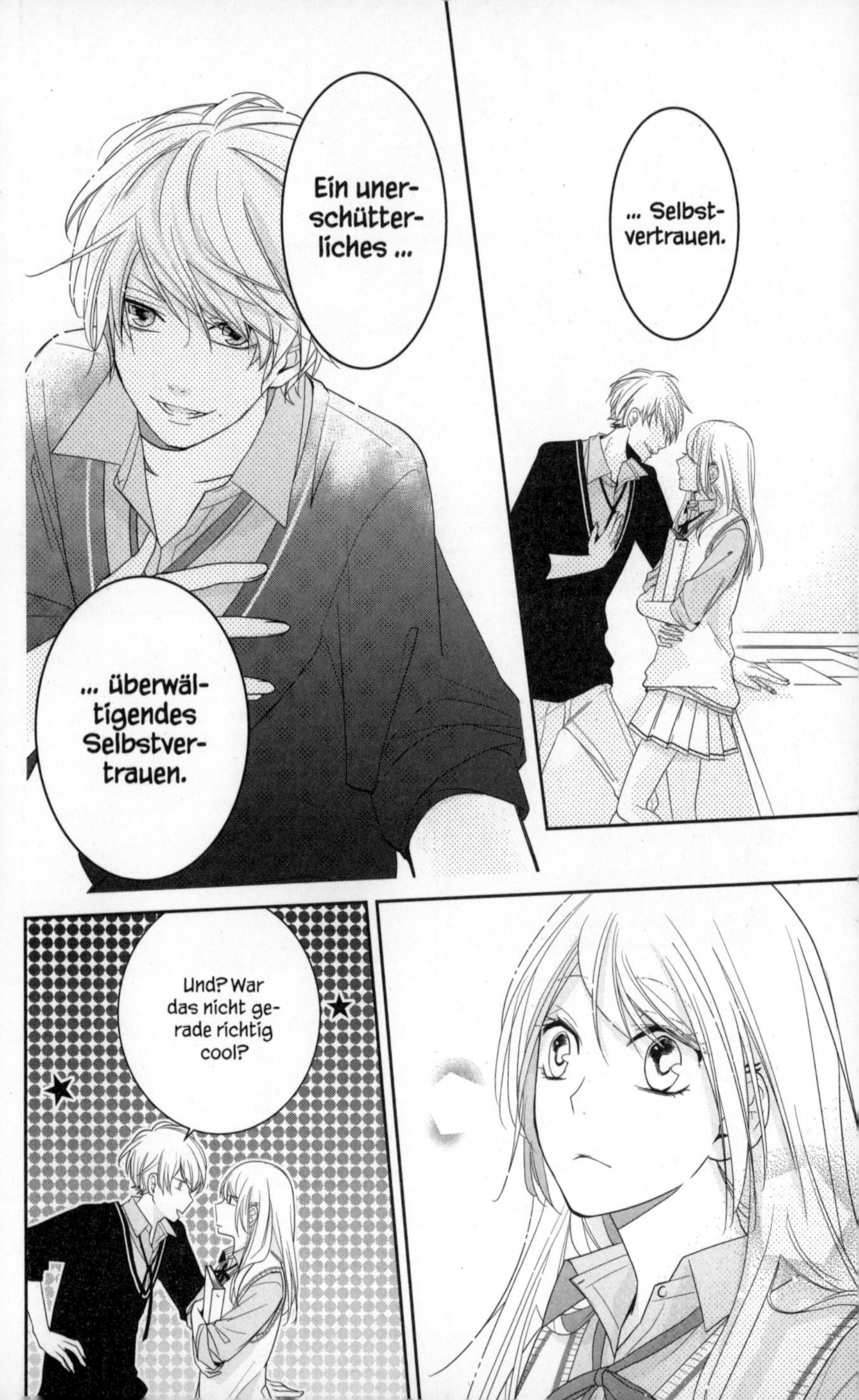
Ein unerschütterliches ...
... Selbstvertrauen.
... überwältigendes Selbstvertrauen.
Und? War das nicht gerade richtig cool?

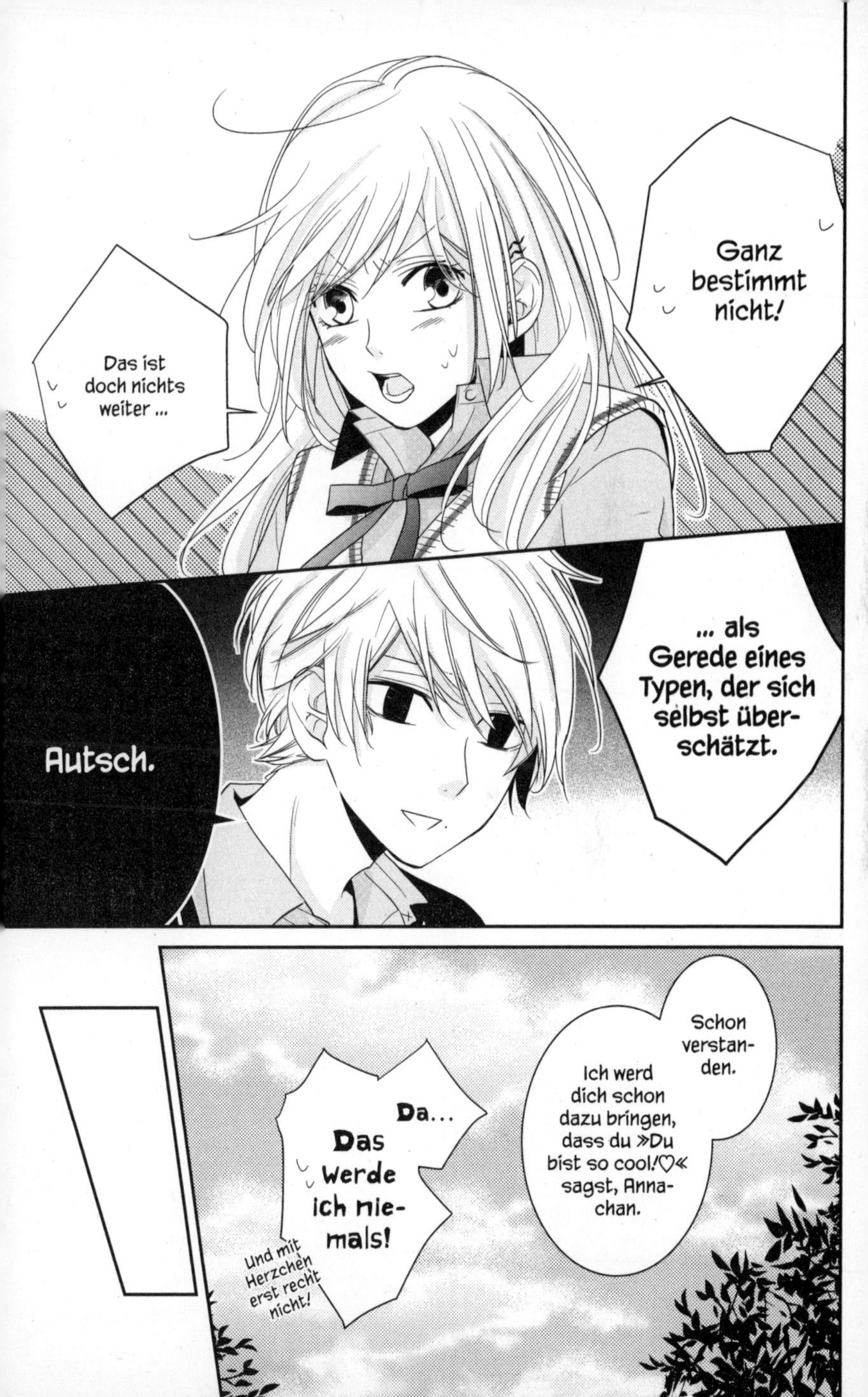
Ganz bestimmt nicht!
Das ist doch nichts weiter ...
... als Gerede eines Typen, der sich selbst überschätzt.
Autsch.
Schon verstanden.
Ich werd dich schon dazu bringen, dass du »Du bist so cool!♡« sagst, Anna-chan.
Da... Das werde ich niemals!
Und mit Herzchen erst recht nicht!

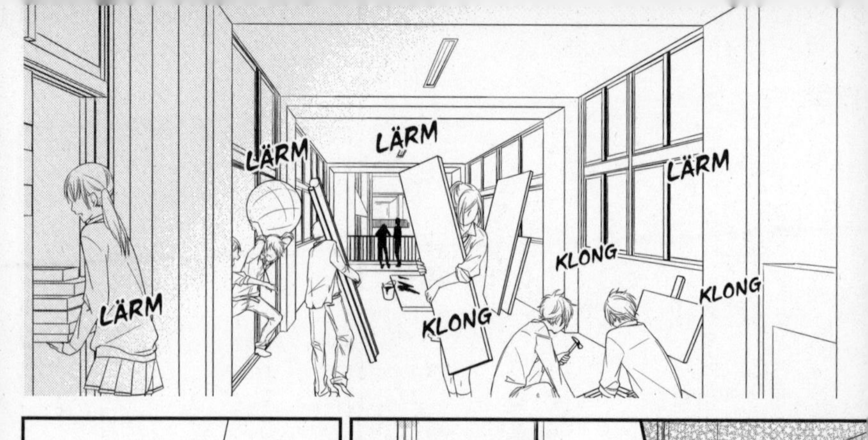

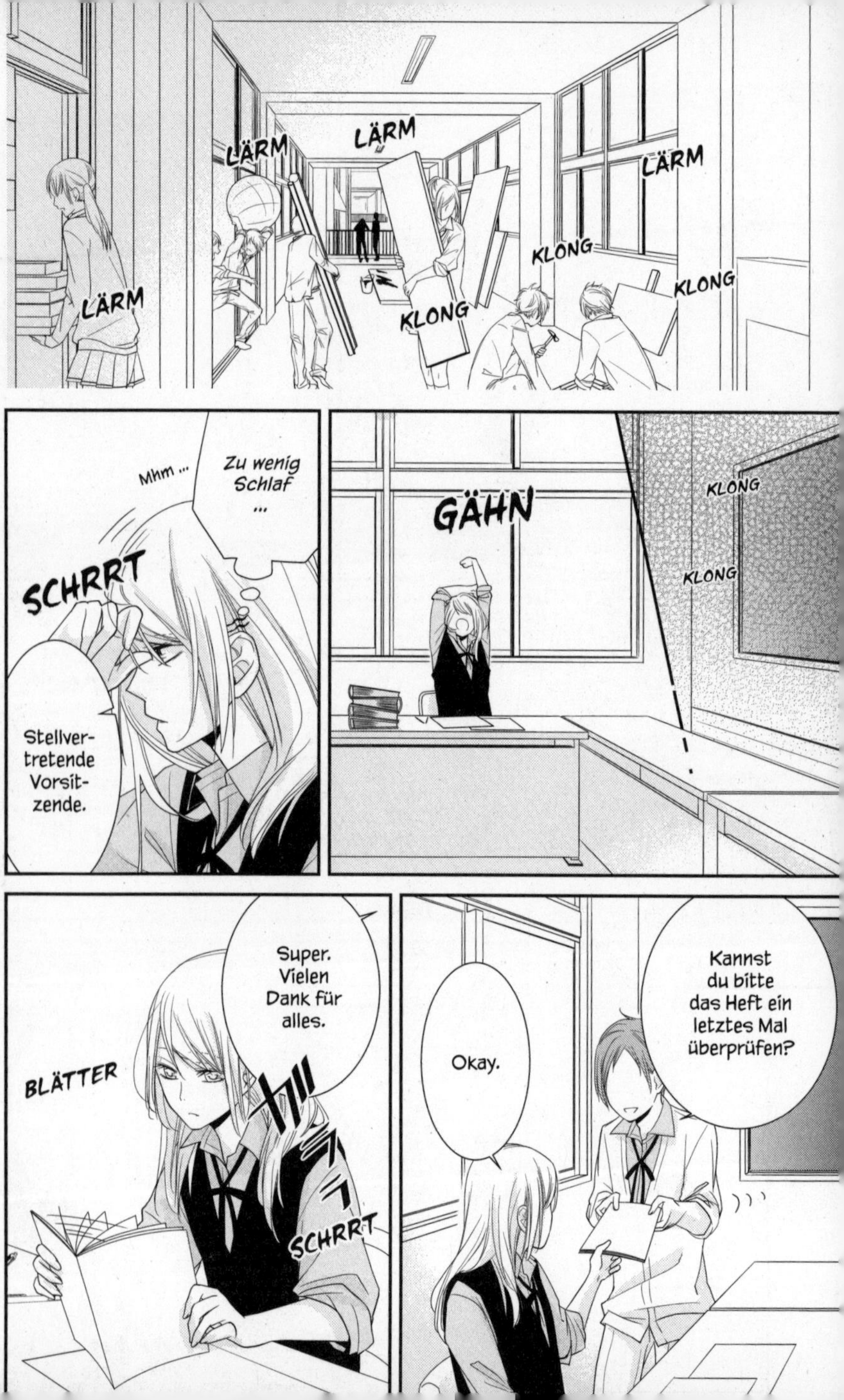

GÄHN

KLONG

KLONG

Zu wenig Schlaf ...

Mhm ...

SCHRRT

Stellvertretende Vorsitzende.

Kannst du bitte das Heft ein letztes Mal überprüfen?

Okay.

Super. Vielen Dank für alles.

BLÄTTER

SCHRRT

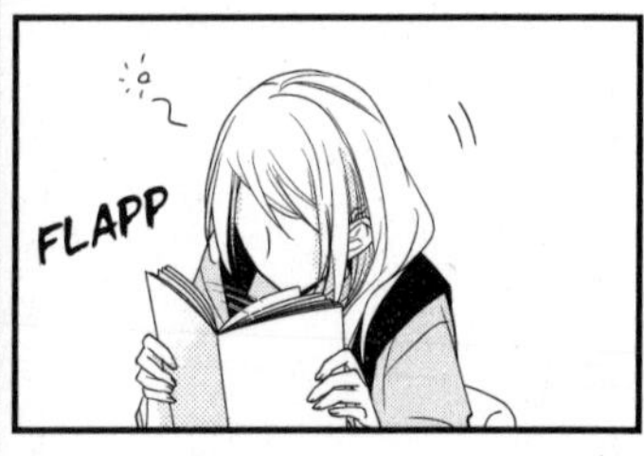
FLAPP

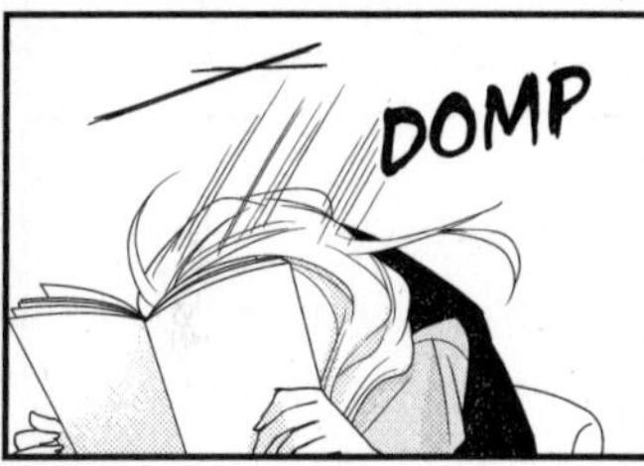
DOMP

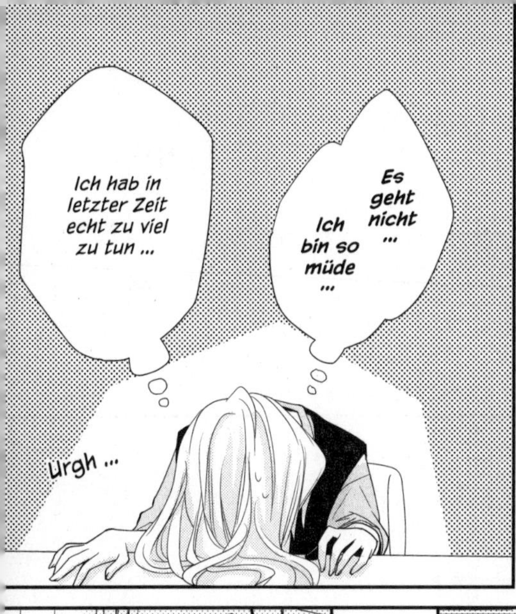
Es geht nicht ...
Ich bin so müde ...
Ich hab in letzter Zeit echt zu viel zu tun ...
Urgh ...

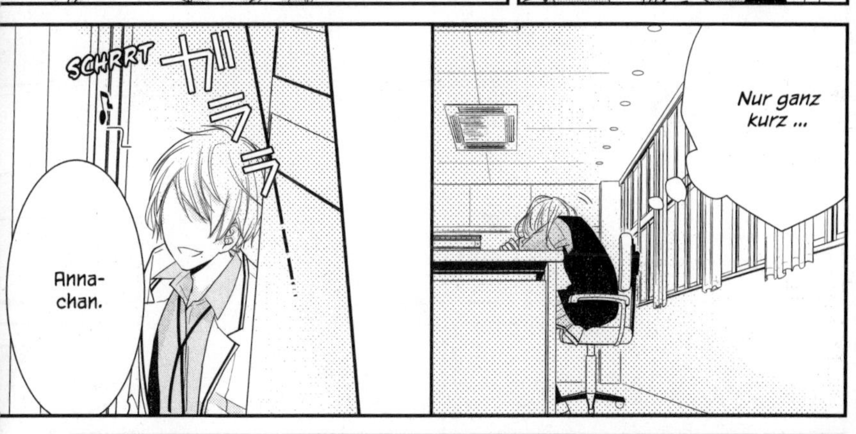
Nur ganz kurz ...
SCHRRT
Anna-chan.

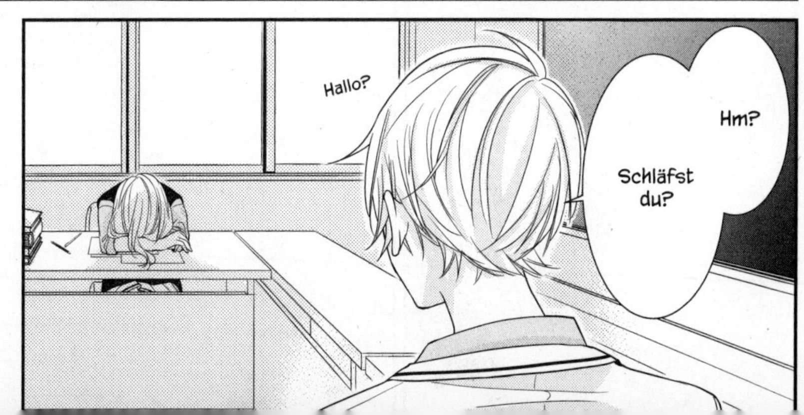
Hm?
Schläfst du?
Hallo?

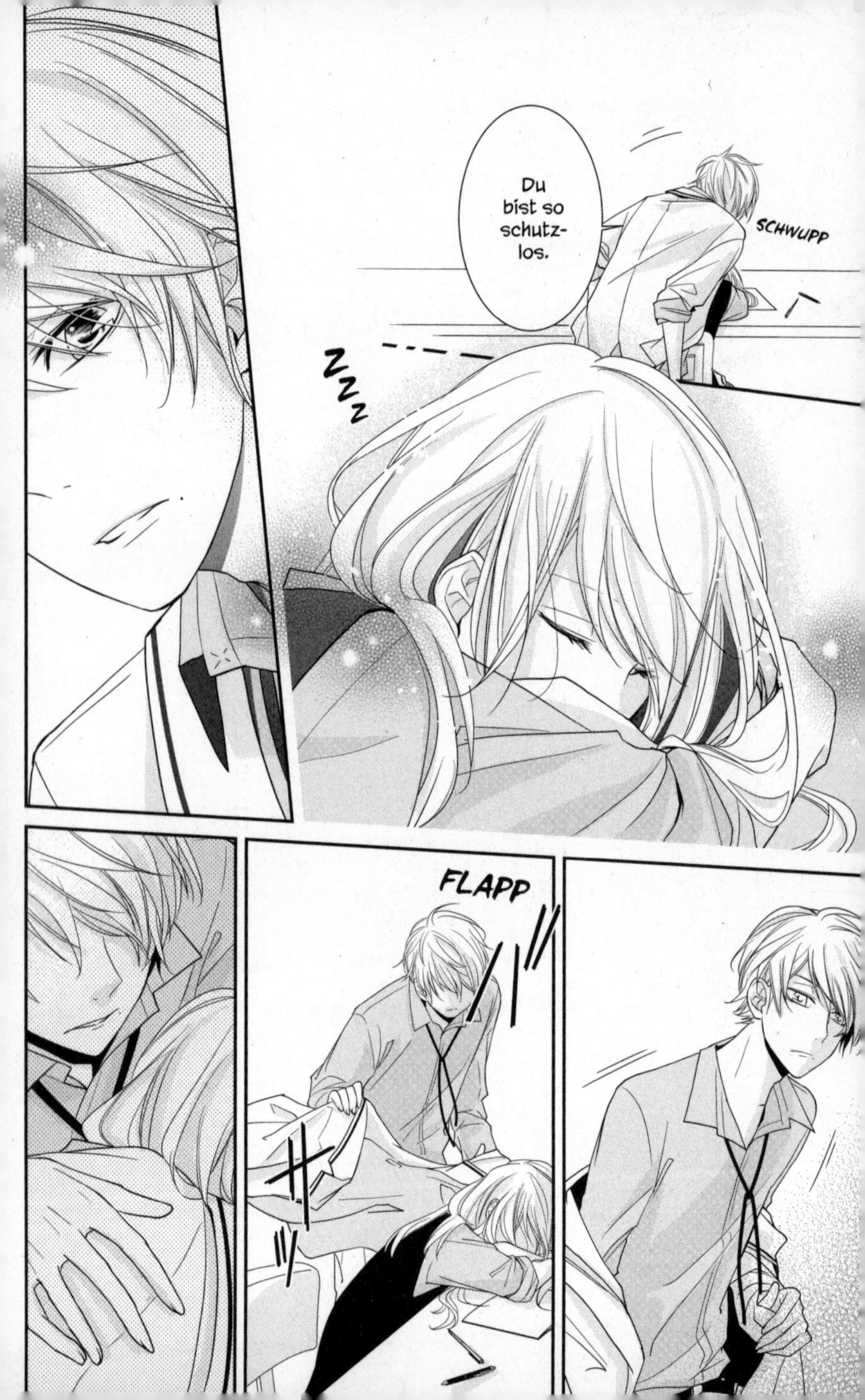
SCHWUPP
Du bist so schutz-los.
ZZZ
FLAPP

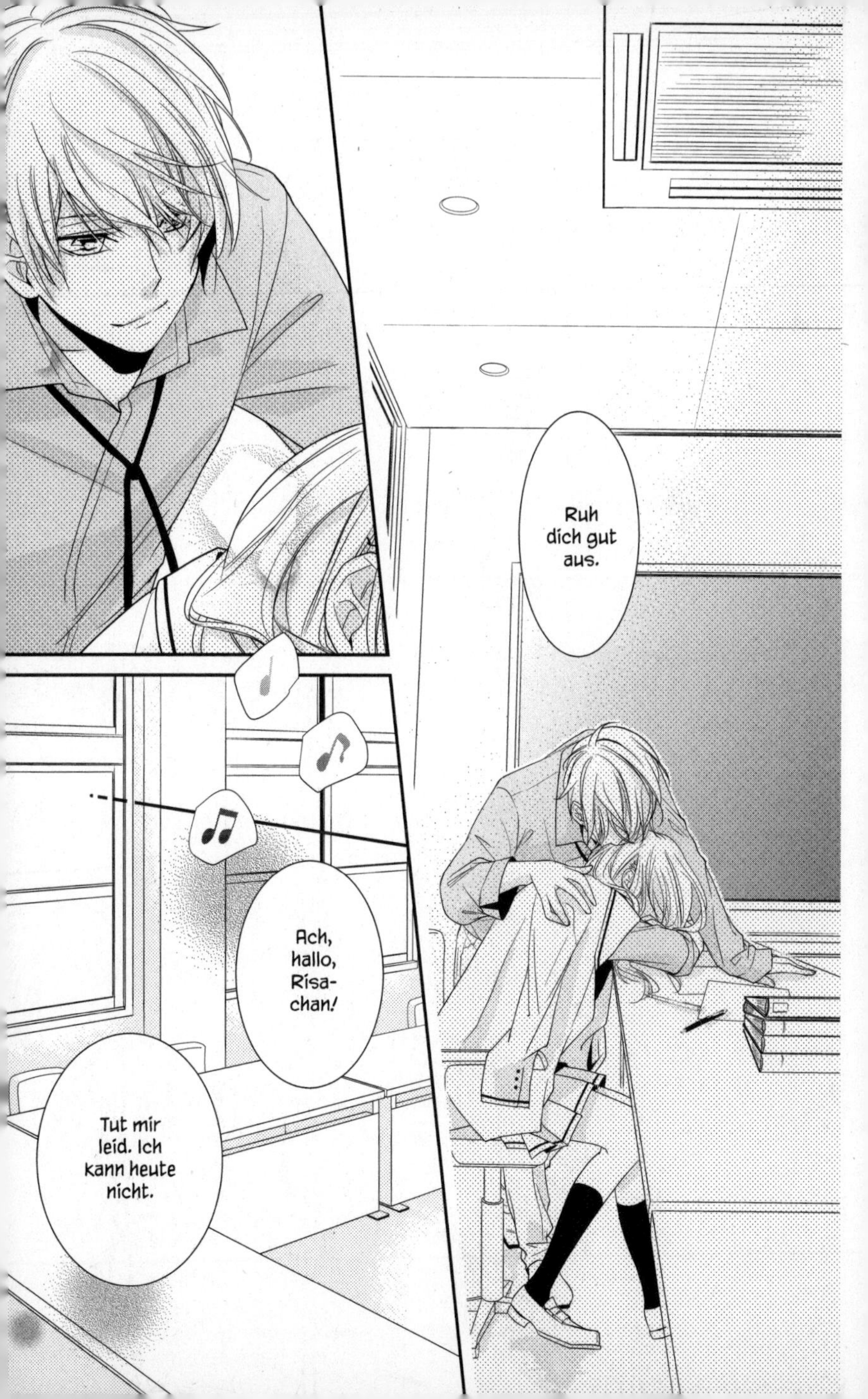
Ruh dich gut aus.
Ach, hallo, Risa-chan!
Tut mir leid. Ich kann heute nicht.

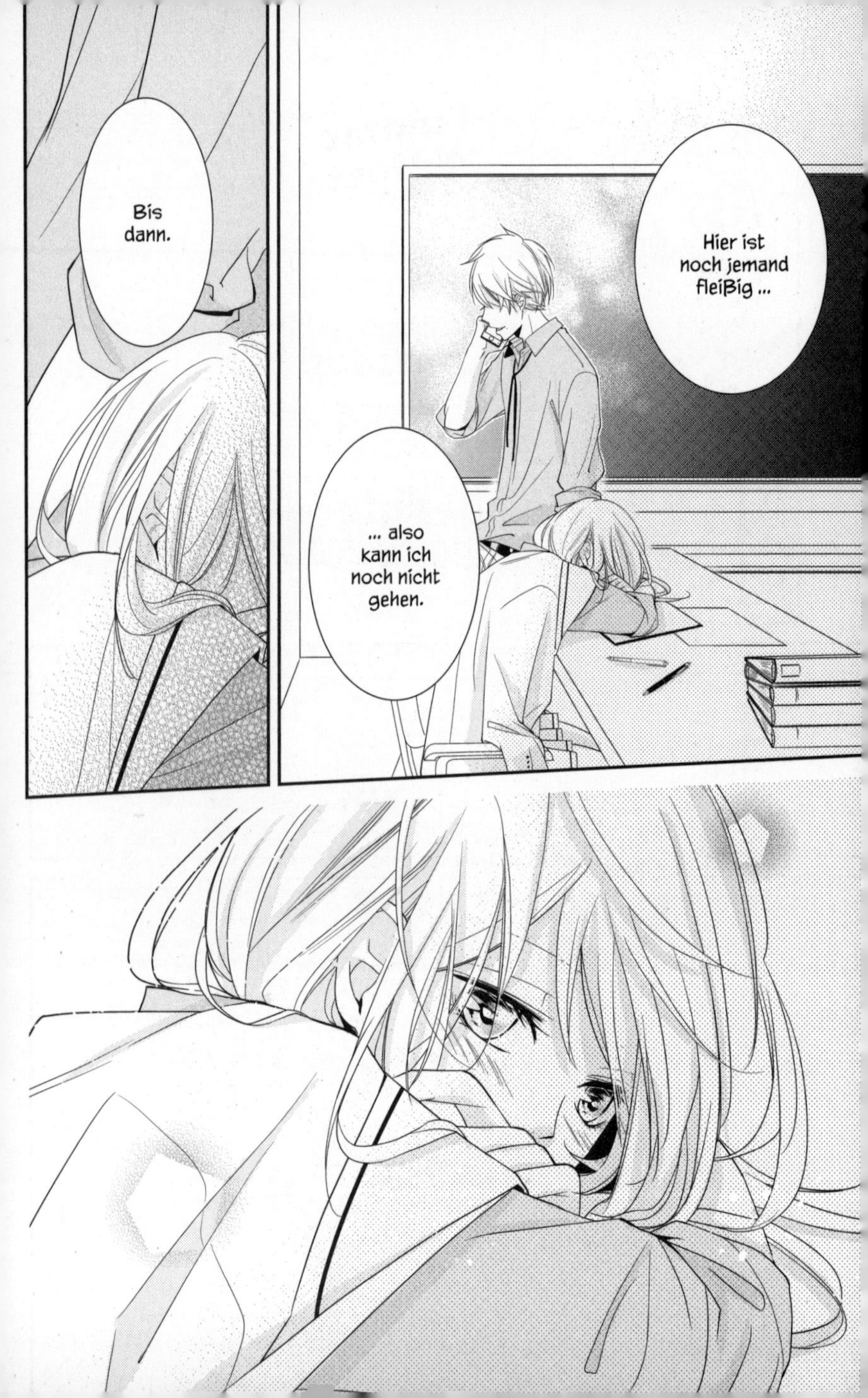
Hier ist noch jemand fleißig …
… also kann ich noch nicht gehen.
Bis dann.

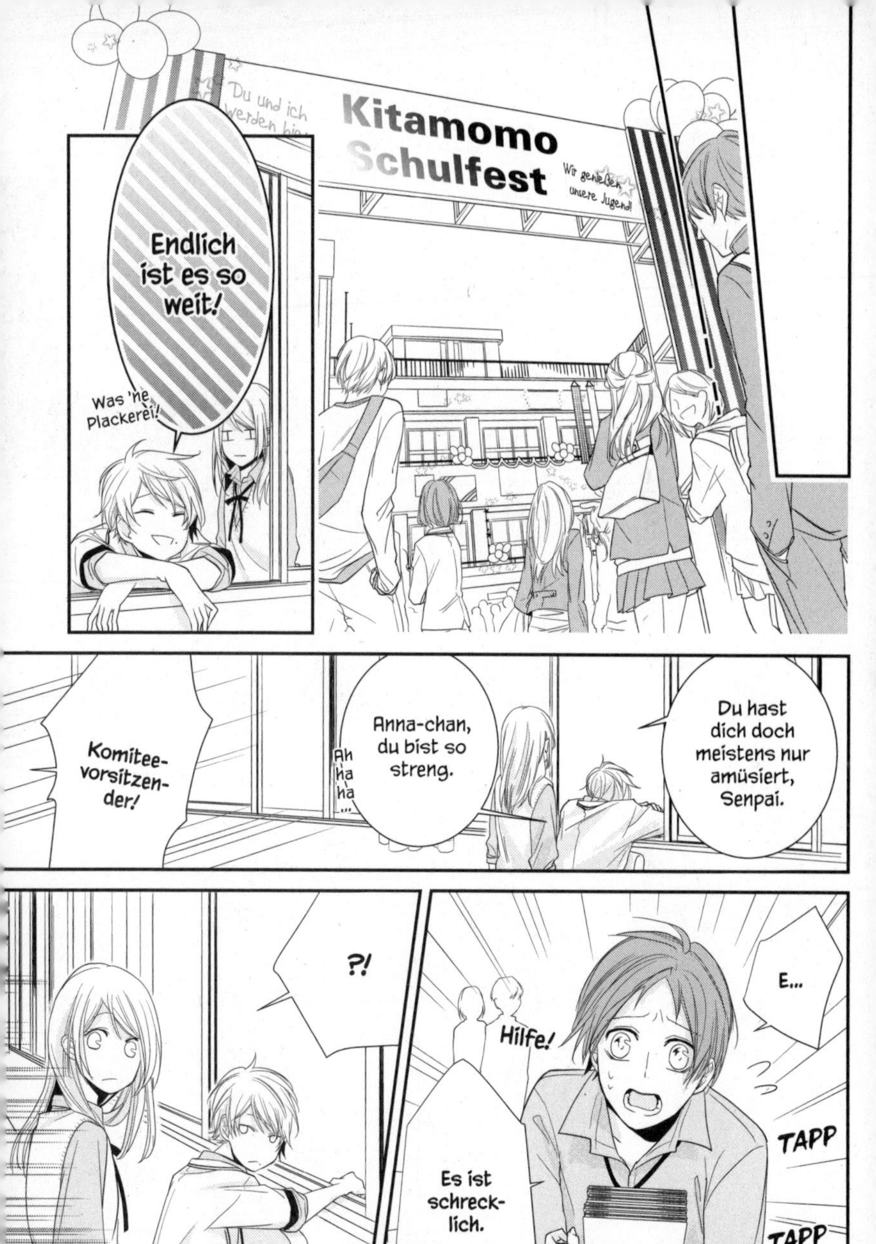
Kitamomo Schulfest
Du und ich werden hier
Wir genießen unsere Jugend!
Endlich ist es so weit!
Was 'ne Plackerei!
Du hast dich doch meistens nur amüsiert, Senpai.
Anna-chan, du bist so streng.
Ah ha ha ...
Komitee-vorsitzen-der!
E...
TAPP
TAPP
Hilfe!
Es ist schreck-lich.
?!

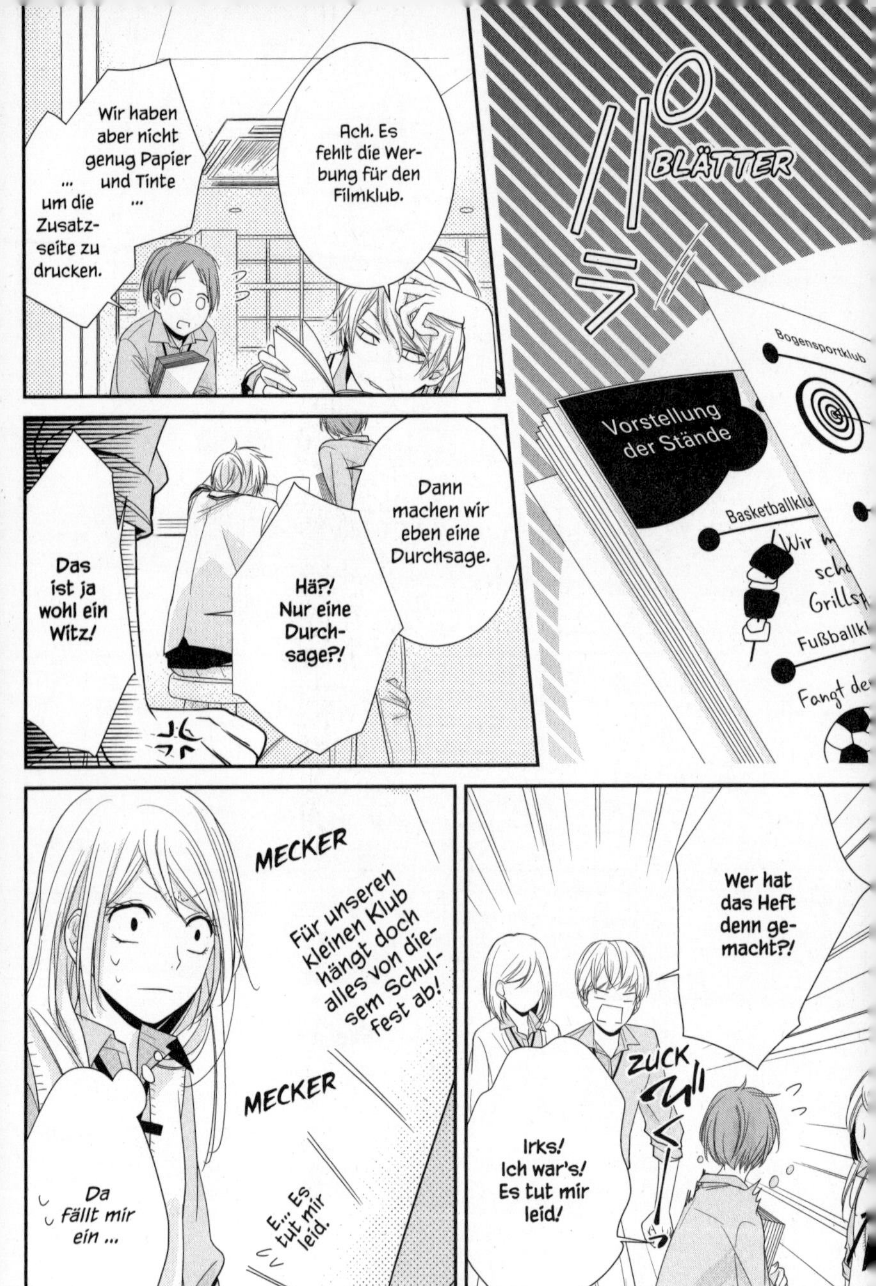

BLÄTTER
Bogensportklub
Vorstellung der Stände
Basketballklu
Fußballkl
Ach. Es fehlt die Werbung für den Filmklub.
Wir haben aber nicht genug Papier und Tinte ... um die Zusatzseite zu drucken.
...
Dann machen wir eben eine Durchsage.
Hä?! Nur eine Durchsage?!
Das ist ja wohl ein Witz!
Wer hat das Heft denn gemacht?!
ZUCK
Irks! Ich war's! Es tut mir leid!
MECKER
Für unseren kleinen Klub hängt doch alles von diesem Schulfest ab!
MECKER
E... Es tut mir leid.
Da fällt mir ein ...

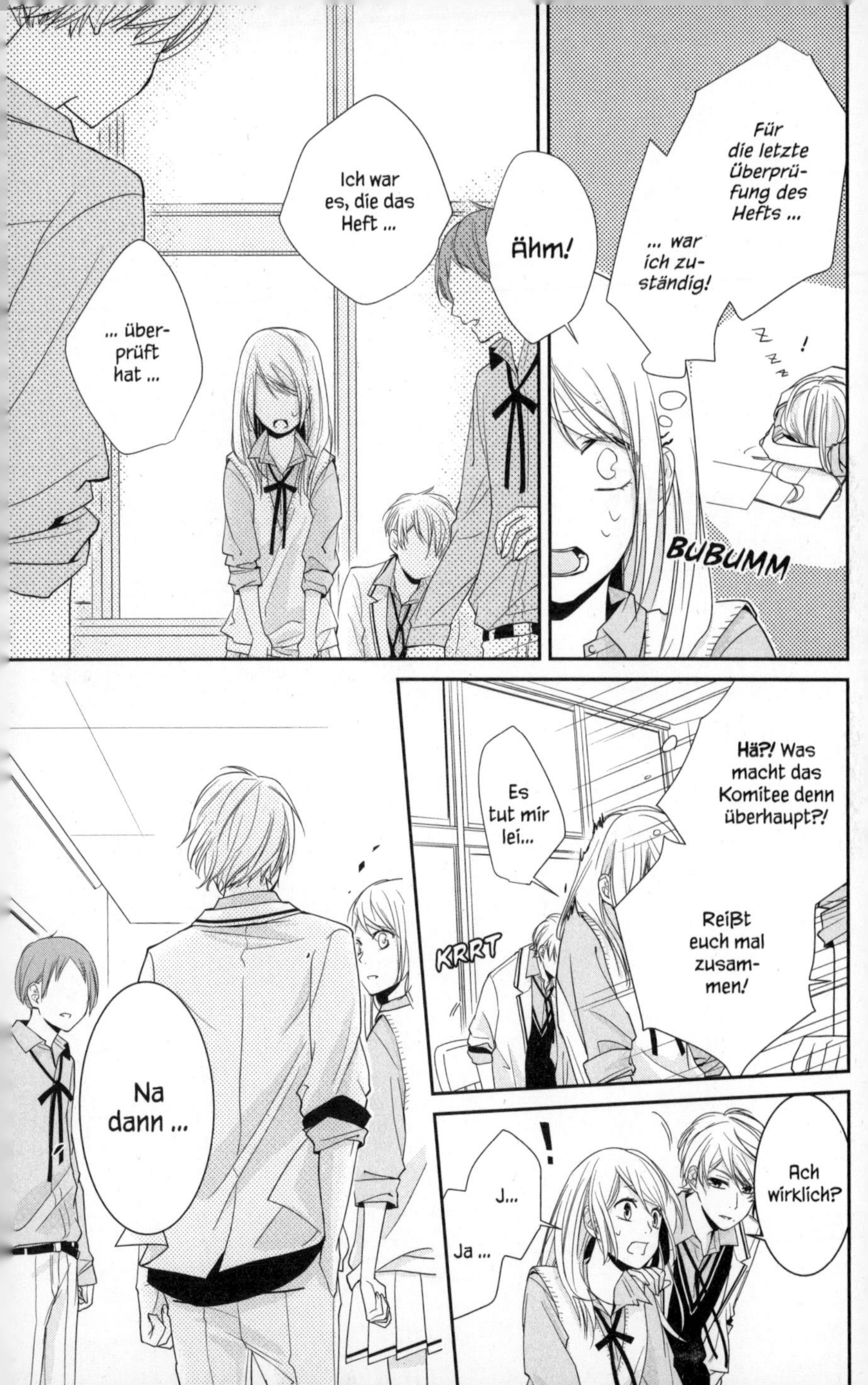
Für die letzte Überprüfung des Hefts ...
... war ich zuständig!
Z Z Z
!
BUBUMM
Ähm!
Ich war es, die das Heft ...
... überprüft hat ...
Hä?! Was macht das Komitee denn überhaupt?!
Reißt euch mal zusammen!
Es tut mir lei...
KRRT
Na dann ...
Ach wirklich?
!
J...
Ja ...

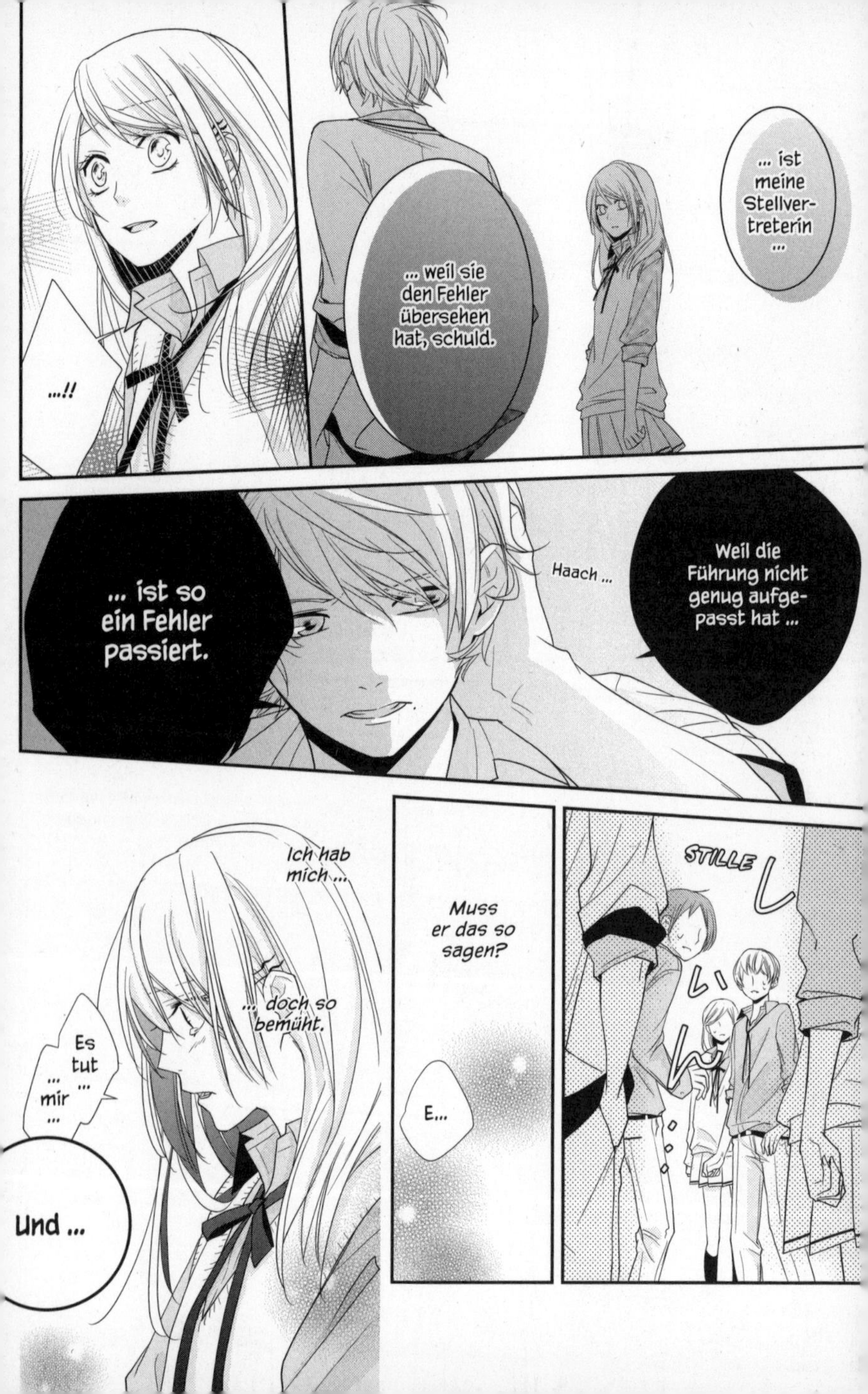
... ist meine Stellvertreterin ...
... weil sie den Fehler übersehen hat, schuld.
...!!
Weil die Führung nicht genug aufgepasst hat ...
Haach ...
... ist so ein Fehler passiert.
STILLE
Muss er das so sagen?
E...
Ich hab mich ...
... doch so bemüht.
Es tut ... mir ...
Und ...

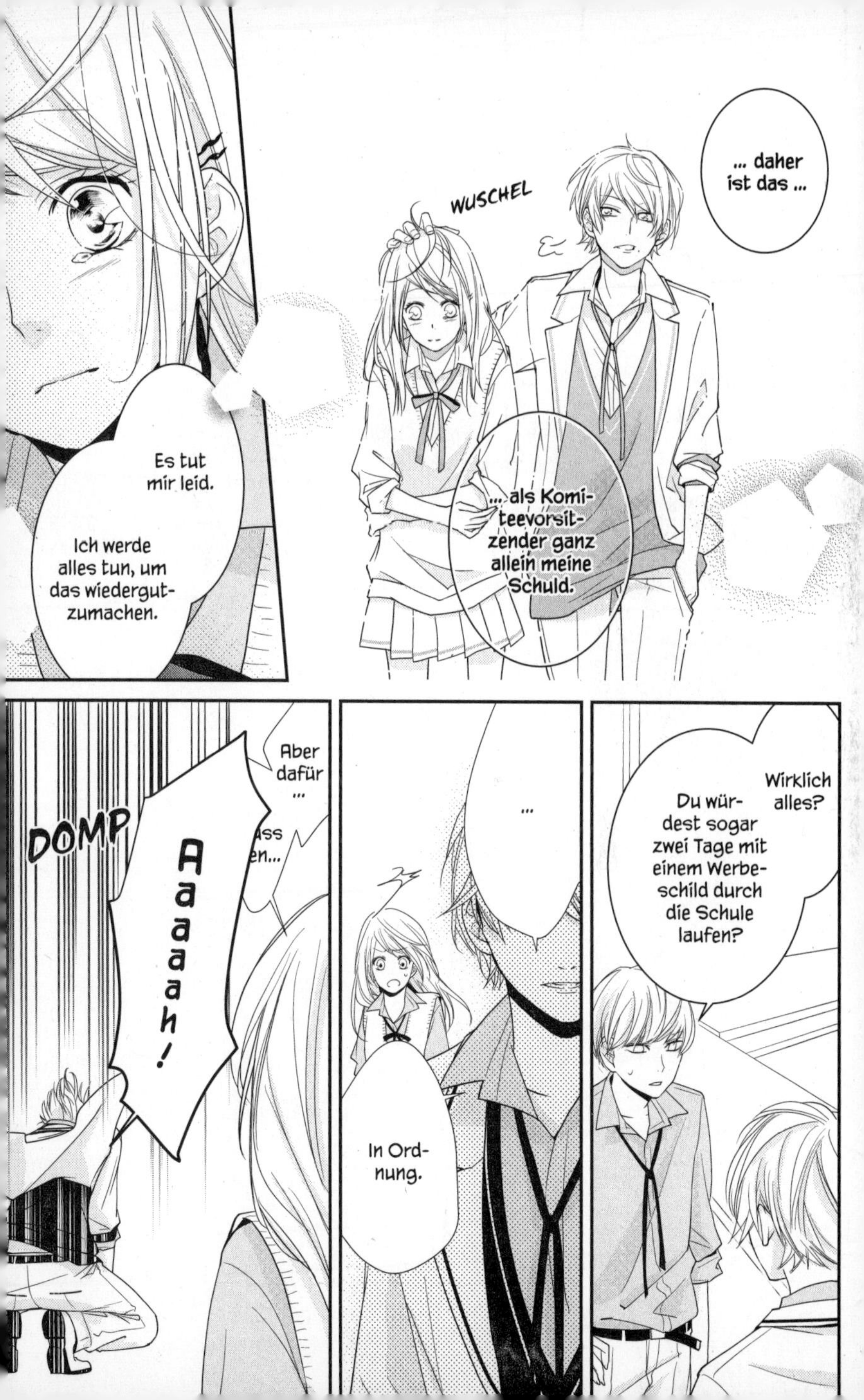
... daher ist das ...
WUSCHEL
... als Komiteevorsitzender ganz allein meine Schuld.
Es tut mir leid.
Ich werde alles tun, um das wiedergutzumachen.
Wirklich alles?
Du würdest sogar zwei Tage mit einem Werbeschild durch die Schule laufen?
...
In Ordnung.
Aber dafür ...
Aaaaaah!
DOMP

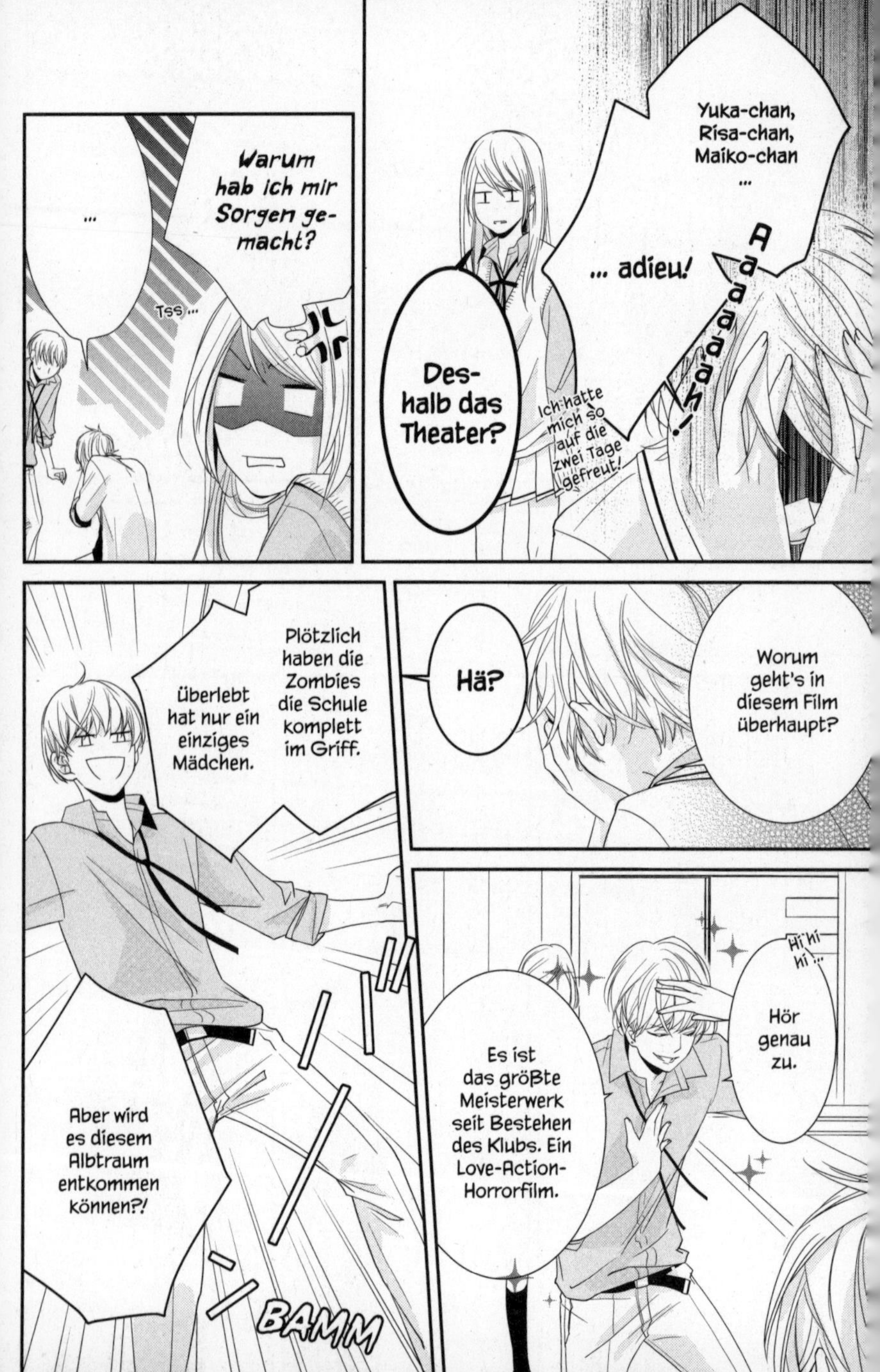
Yuka-chan, Risa-chan, Maiko-chan ...
... adieu!
Aaaaaaah!
Ich hatte mich so auf die zwei Tage gefreut!
Des-halb das Theater?
Warum hab ich mir Sorgen ge-macht?
...
Tss ...
Worum geht's in diesem Film überhaupt?
Hä?
Plötzlich haben die Zombies die Schule komplett im Griff.
überlebt hat nur ein einziges Mädchen.
Hihihi ...
Hör genau zu.
Es ist das größte Meisterwerk seit Bestehen des Klubs. Ein Love-Action-Horrorfilm.
Aber wird es diesem Albtraum entkommen können?!
BAMM

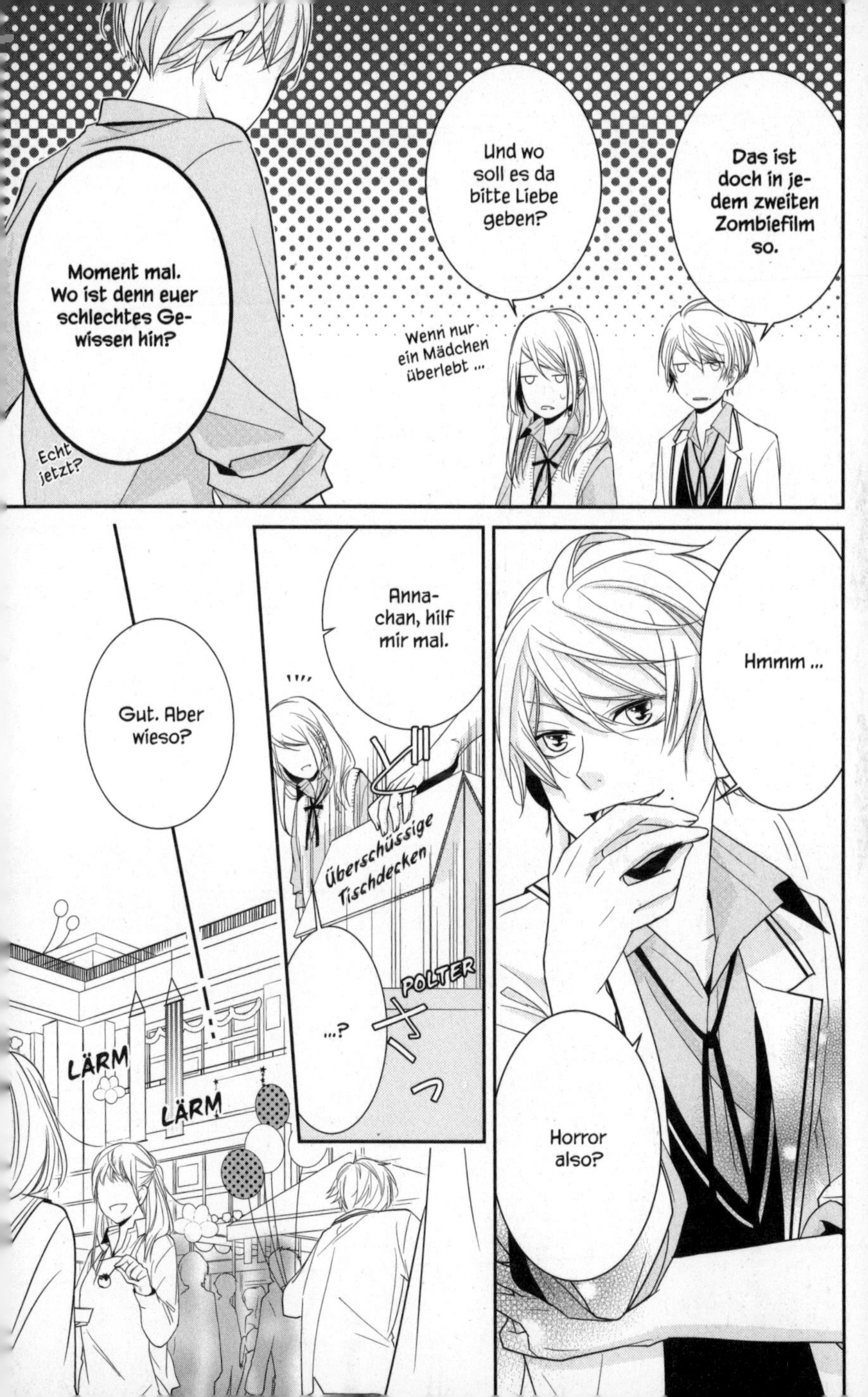
Das ist doch in jedem zweiten Zombiefilm so.
Und wo soll es da bitte Liebe geben?
Wenn nur ein Mädchen überlebt ...
Moment mal. Wo ist denn euer schlechtes Gewissen hin?
Echt jetzt?
Hmmm ...
Horror also?
Anna-chan, hilf mir mal.
Überschüssige Tischdecken
POLTER
...?
Gut. Aber wieso?
LÄRM
LÄRM

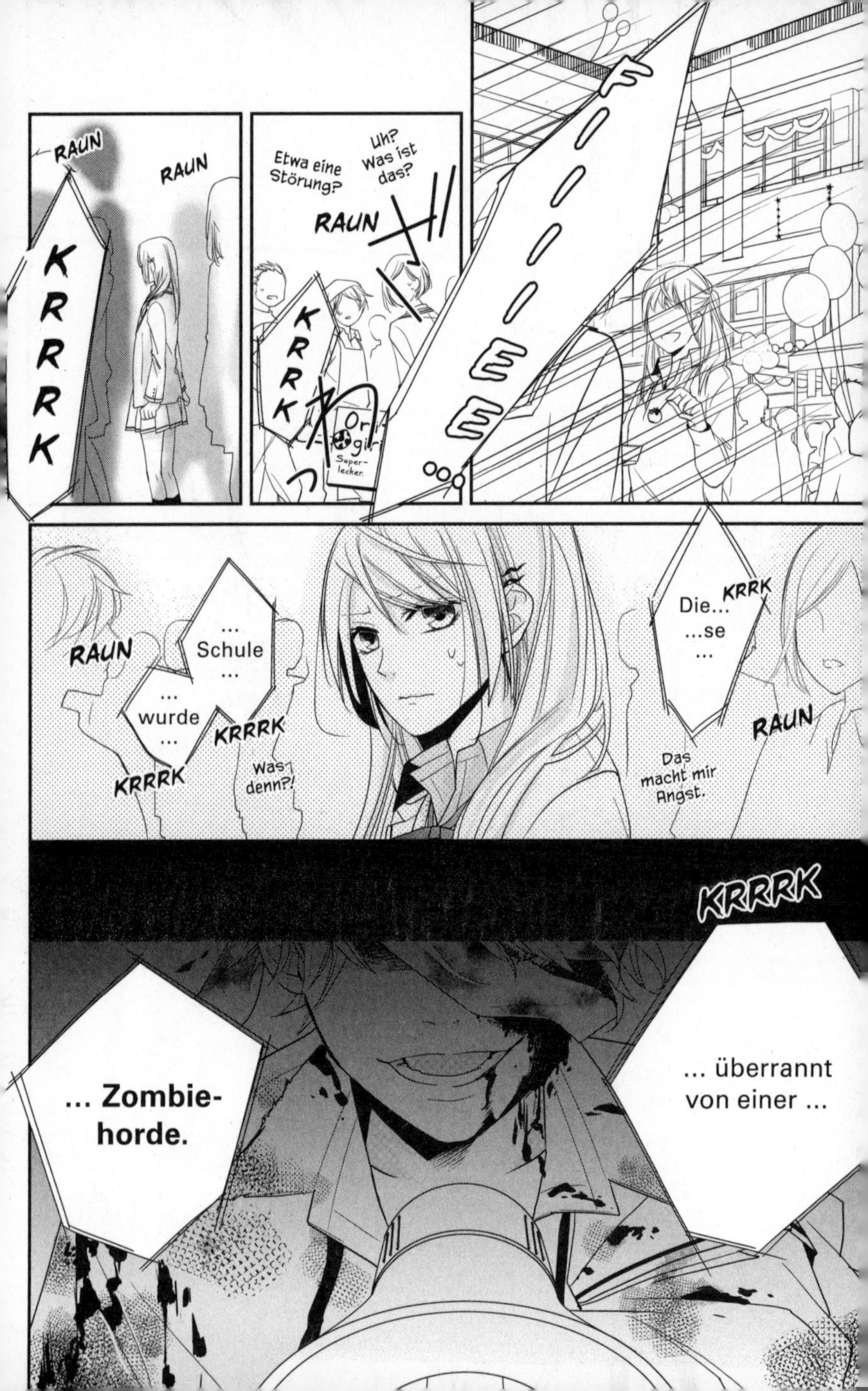
FIIIIIEEE
Uh? Was ist das?
Etwa eine Störung?
RAUN
KRRRK
Onigiri
Superlecker.
RAUN
RAUN
KRRRRK
Die... ...se ...
KRRK
RAUN
Das macht mir Angst.
... Schule ...
... wurde ...
KRRRK
KRRRK
RAUN
Was denn?!
KRRRK
... überrannt von einer ...
... Zombie-horde.

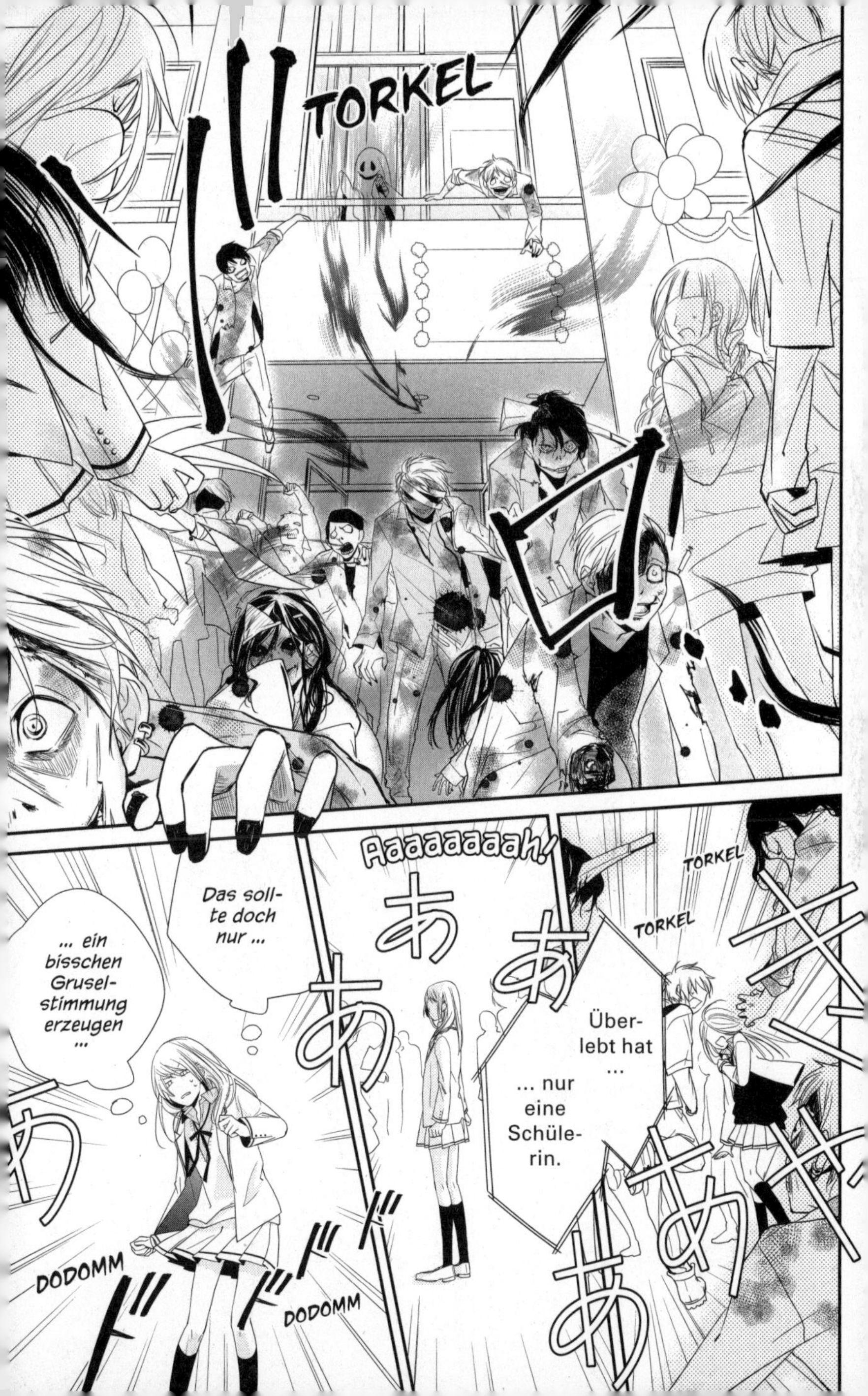

TORKEL
Das sollte doch nur ...
... ein bisschen Gruselstimmung erzeugen ...
Aaaaaaaaah!
あ
あ
あ
TORKEL
TORKEL
Überlebt hat ...
... nur eine Schülerin.
あ
あ
DODOMM
DODOMM

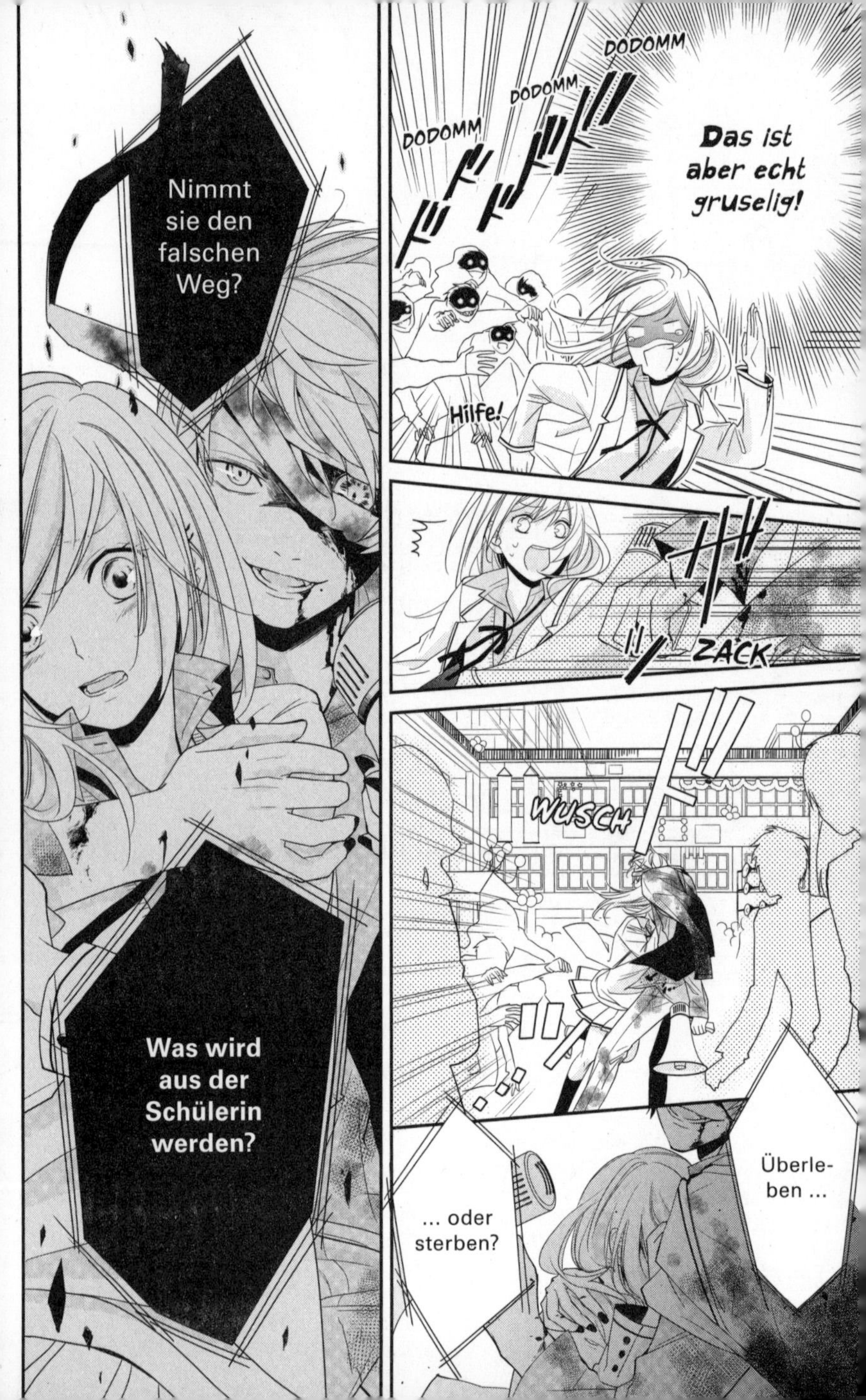
Nimmt sie den falschen Weg?
Was wird aus der Schülerin werden?
DODOMM
DODOMM
DODOMM
Das ist aber echt gruselig!
Hilfe!
ZACK
WUSCH
Überle-ben ...
... oder sterben?

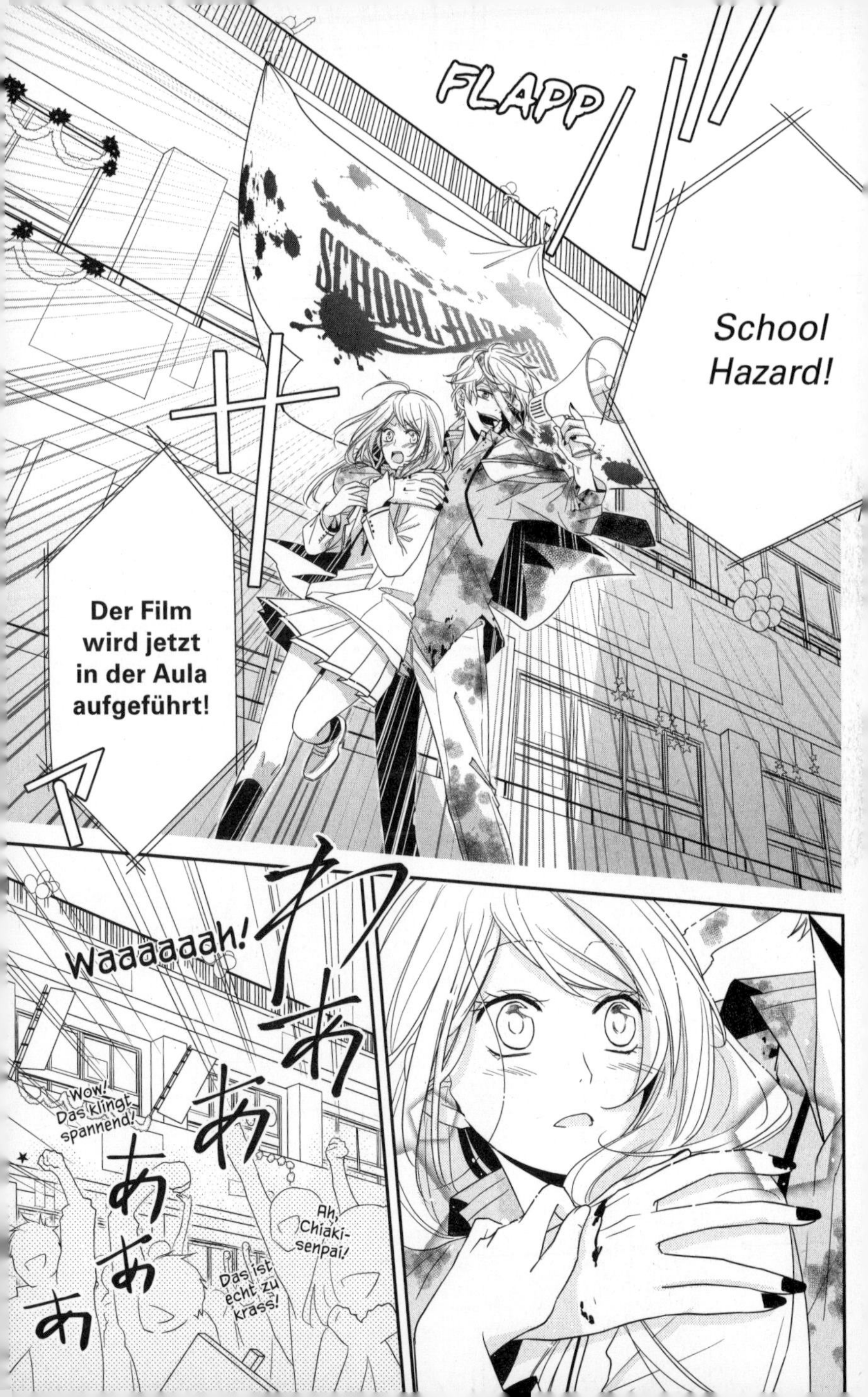

FLAPP
School Hazard!
Der Film wird jetzt in der Aula aufgeführt!
わああああ
Waaaaaaah!
Ah, Chiaki-senpai!
Das ist echt zu krass!
Wow! Das klingt spannend!

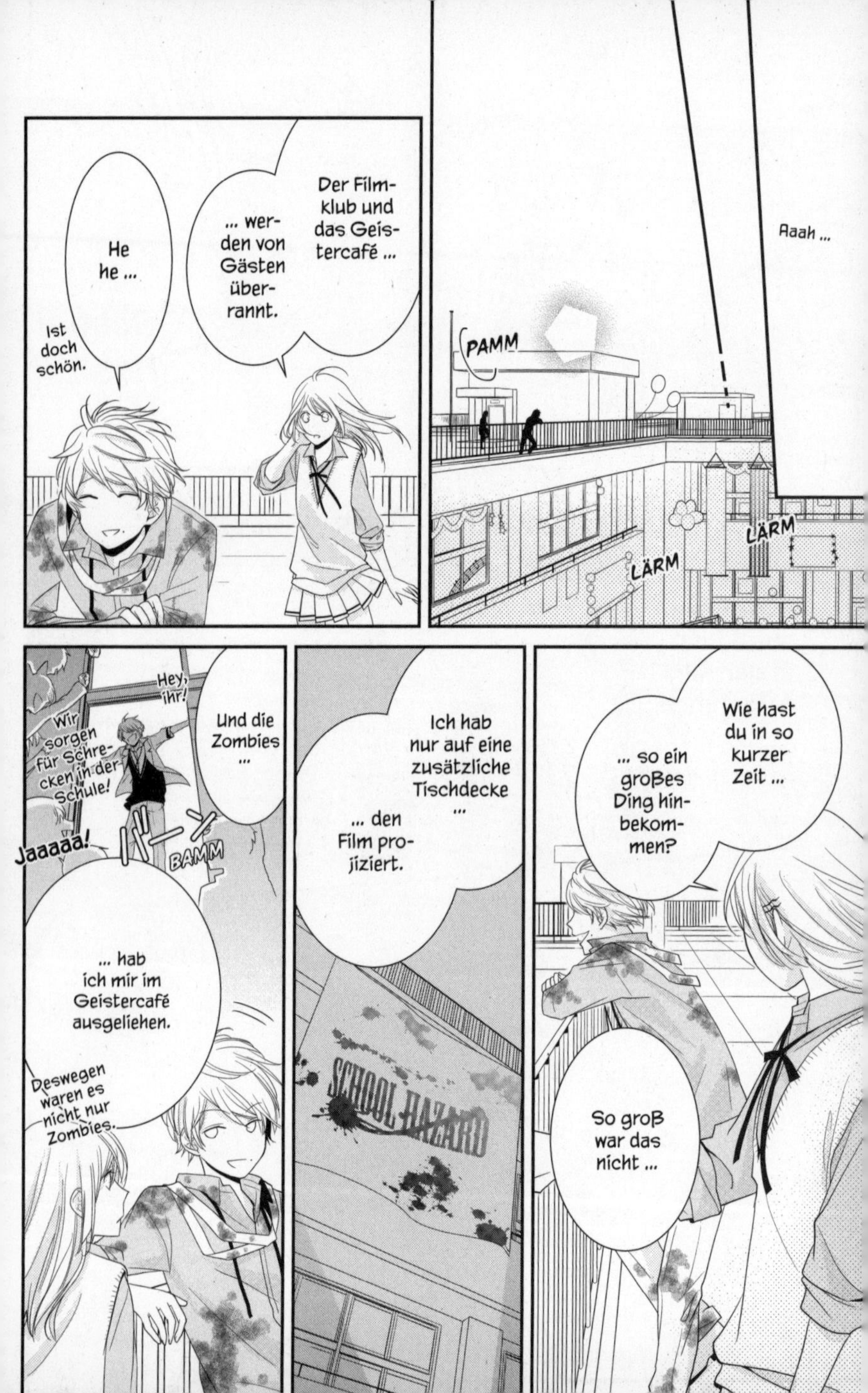
Aaah ...
PAMM
LÄRM
LÄRM
Der Film-klub und das Geis-tercafé ...
... wer-den von Gästen über-rannt.
He he ...
Ist doch schön.
Wie hast du in so kurzer Zeit ...
... so ein großes Ding hin-bekom-men?
So groß war das nicht ...
Ich hab nur auf eine zusätzliche Tischdecke ...
... den Film pro-jiziert.
SCHOOL HAZARD
Und die Zombies ...
Hey, ihr!
Wir sorgen für Schre-cken in der Schule!
Jaaaaa!
BAMM
... hab ich mir im Geistercafé ausgeliehen.
Deswegen waren es nicht nur Zombies.

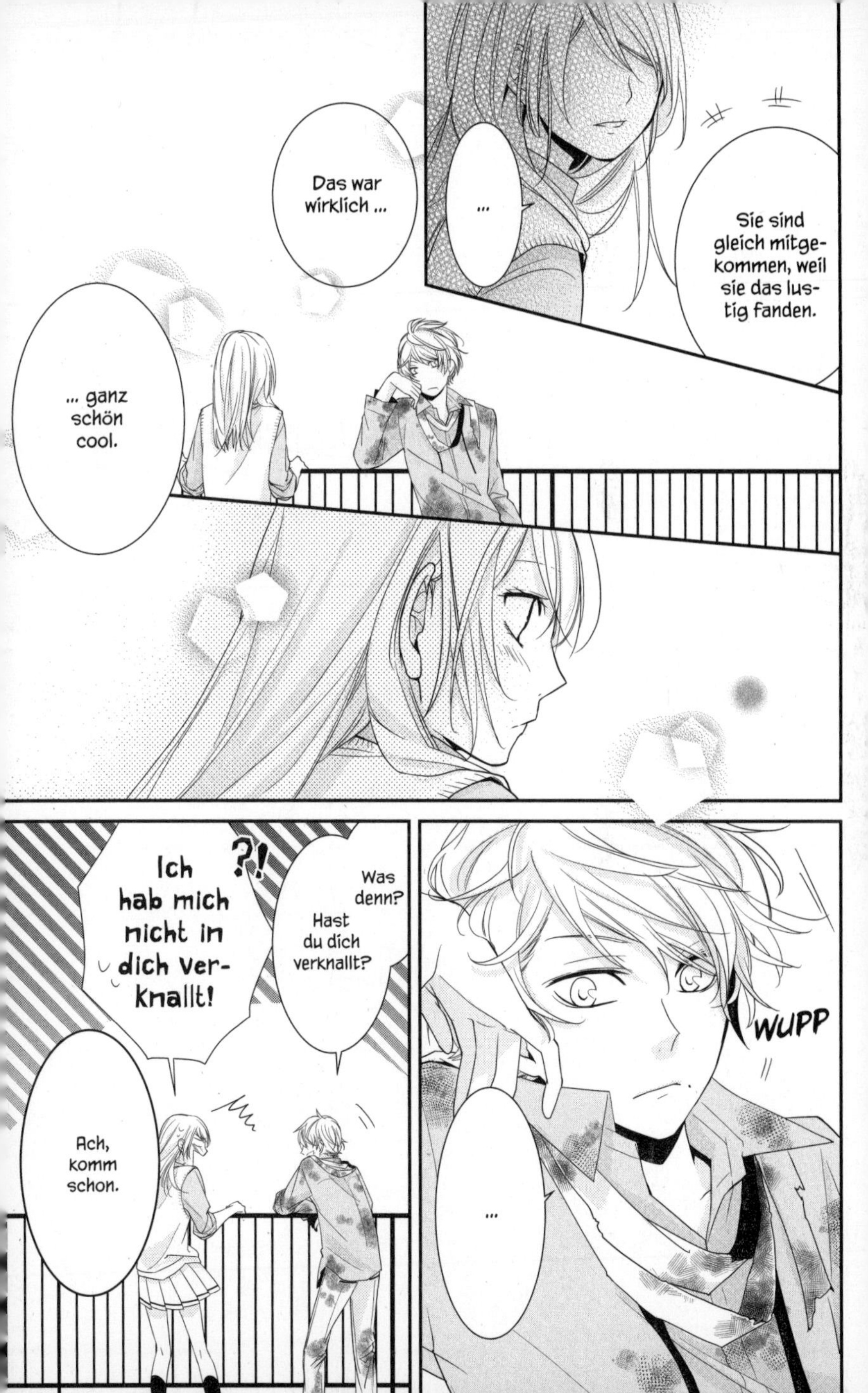
Sie sind gleich mitgekommen, weil sie das lustig fanden.
...
Das war wirklich ...
... ganz schön cool.
Was denn? Hast du dich verknallt?
?!
Ich hab mich nicht in dich verknallt!
Ach, komm schon.
WUPP
...

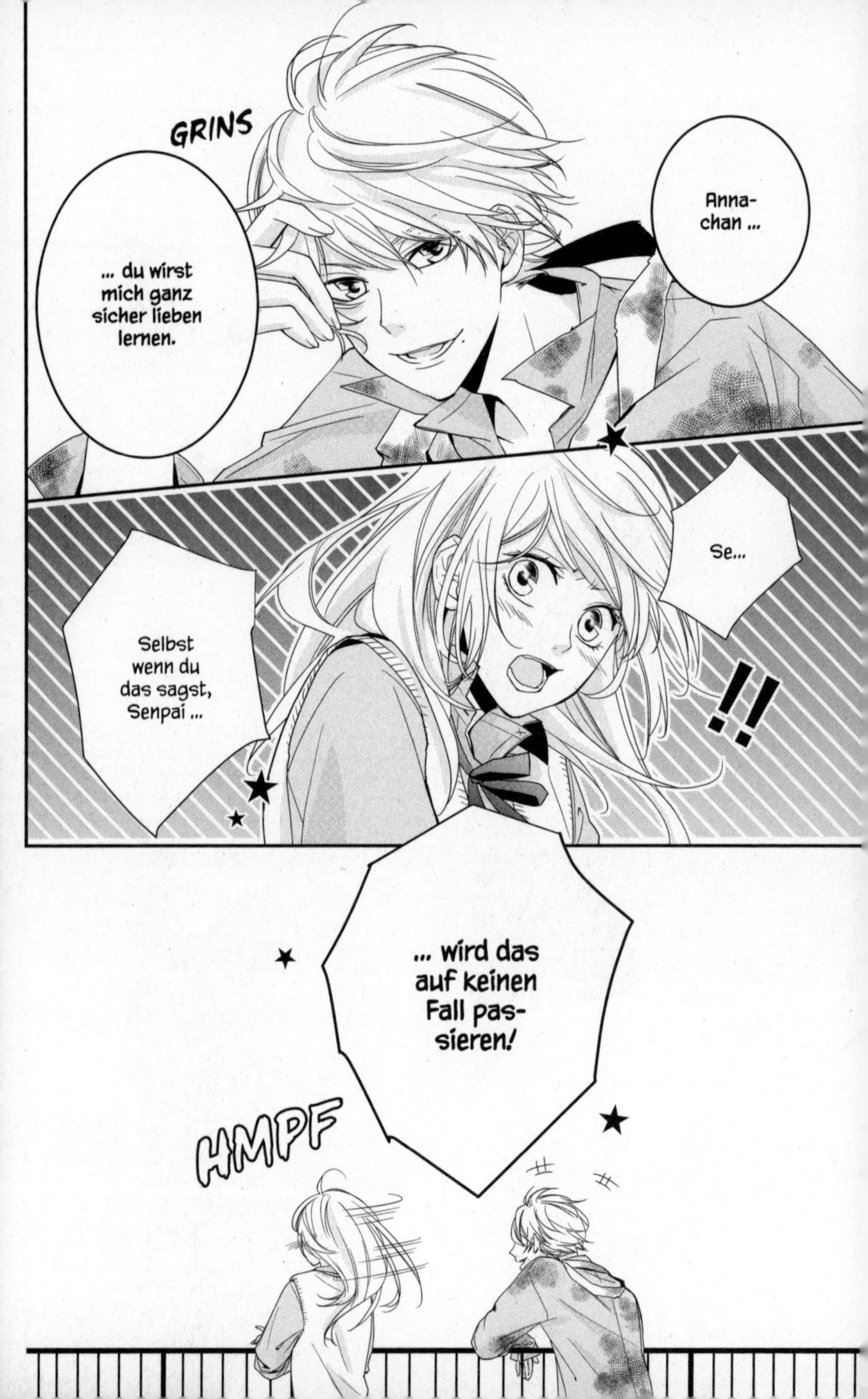
Anna-
chan ...
GRINS
... du wirst mich ganz sicher lieben lernen.
Se...
!!
Selbst wenn du das sagst, Senpai ...
... wird das auf keinen Fall pas-
sieren!
HMPF

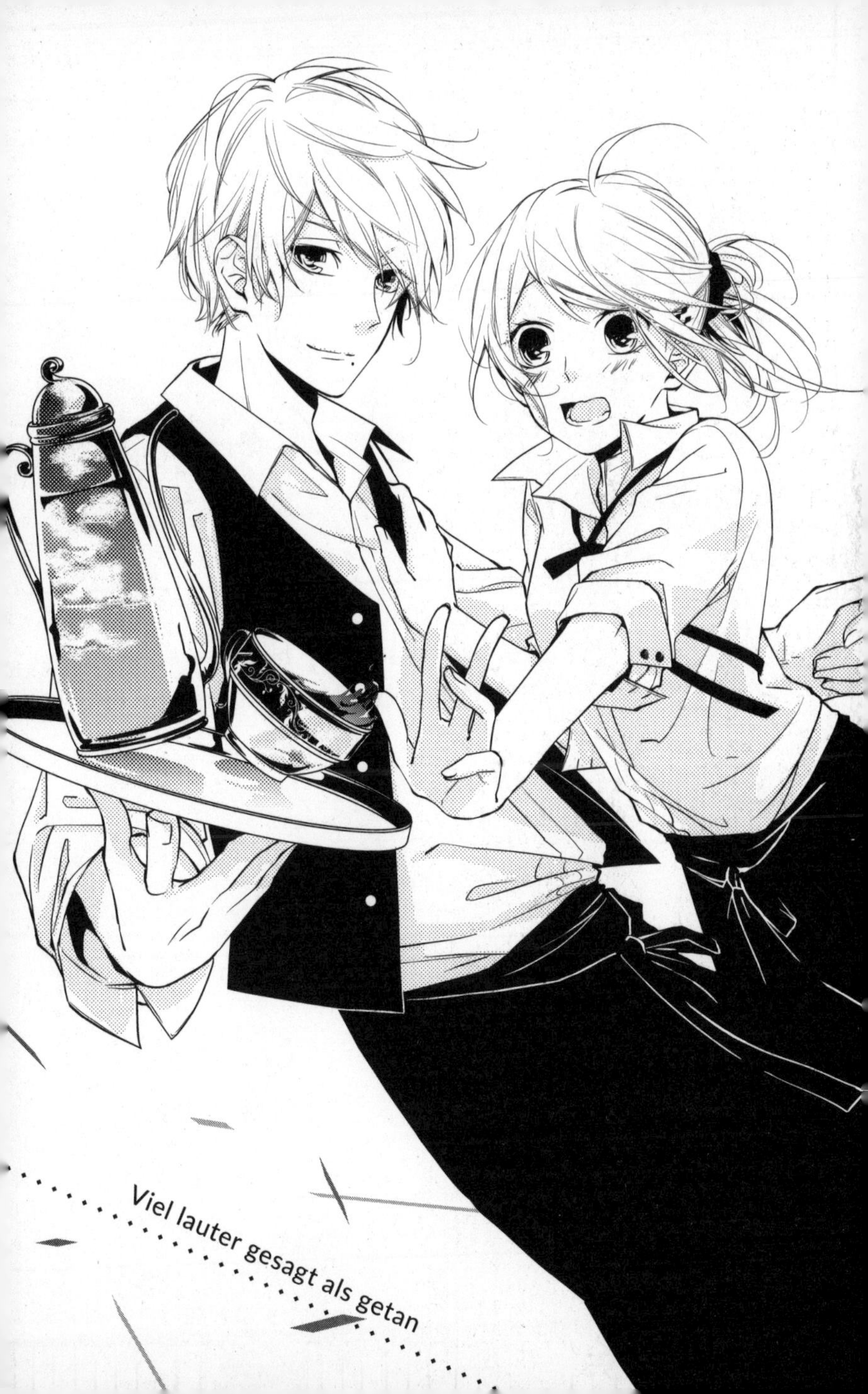
Viel lauter gesagt als getan

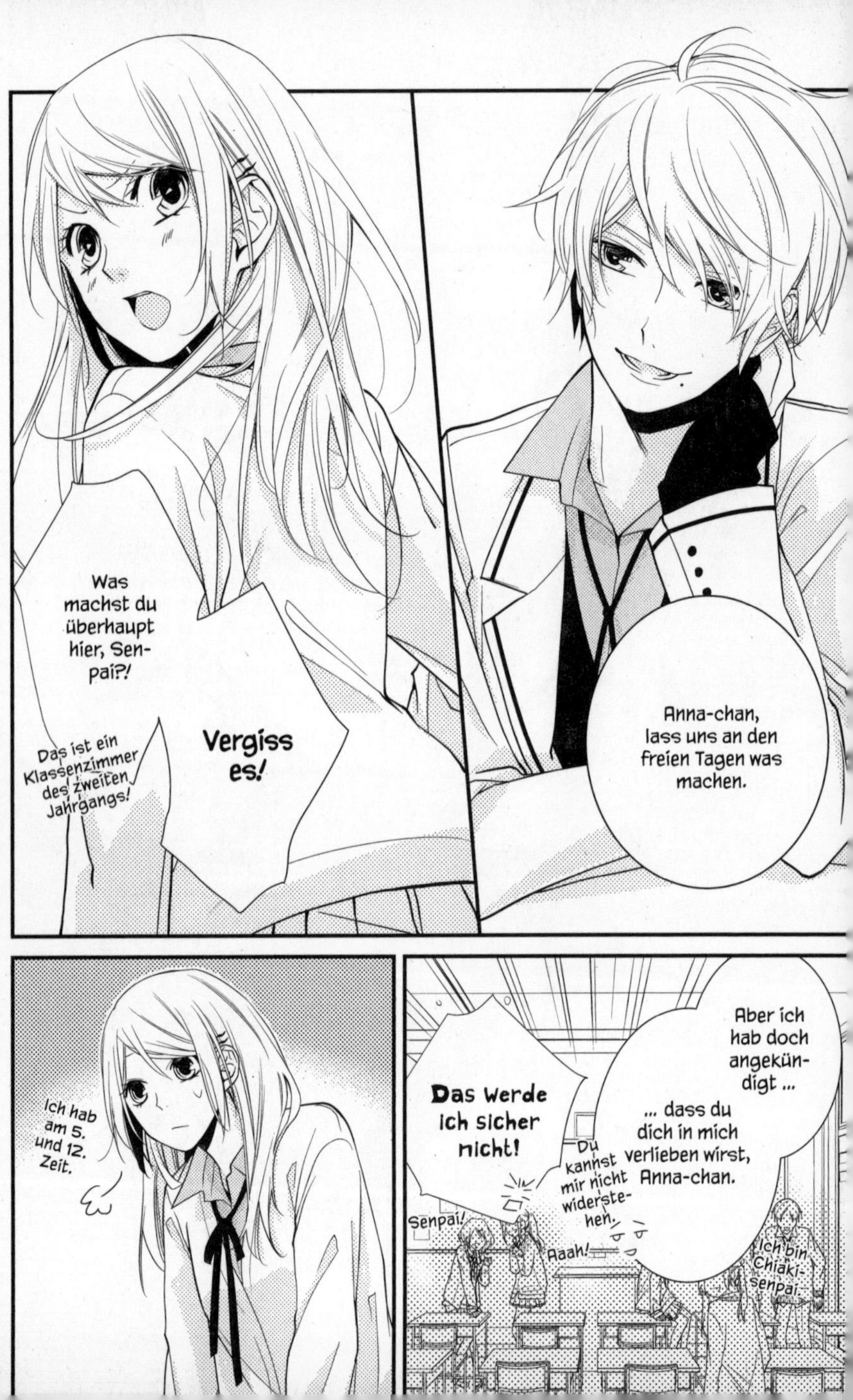

Anna-chan, lass uns an den freien Tagen was machen.

Was machst du überhaupt hier, Senpai?!

Vergiss es!

Das ist ein Klassenzimmer des zweiten Jahrgangs!

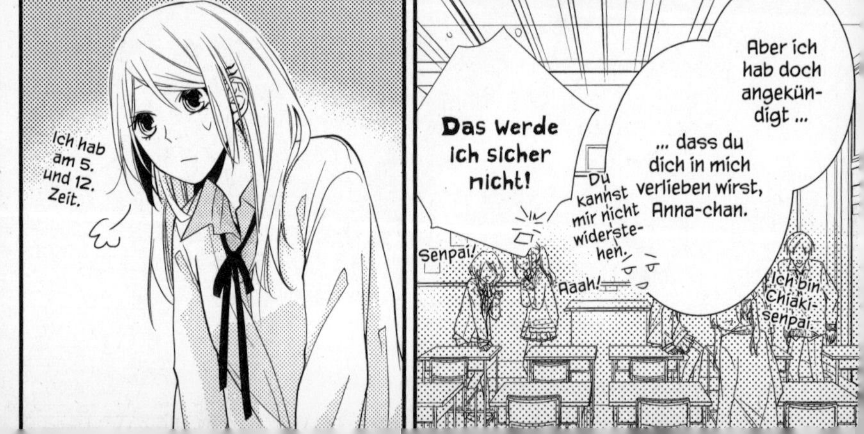

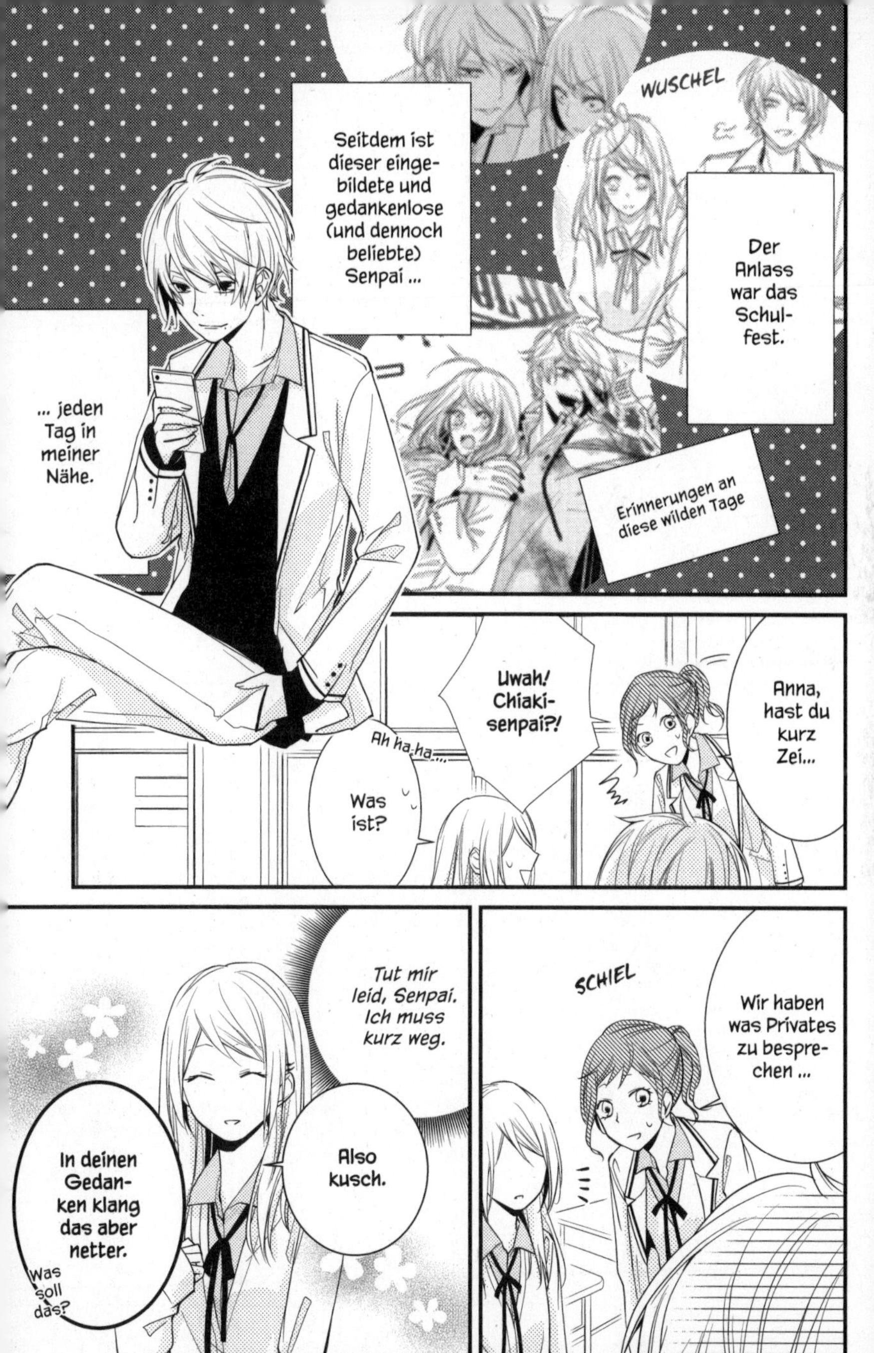
WUSCHEL
Der Anlass war das Schulfest.
Erinnerungen an diese wilden Tage
Seitdem ist dieser eingebildete und gedankenlose (und dennoch beliebte) Senpai ...
... jeden Tag in meiner Nähe.
Anna, hast du kurz Zei...
Uwah! Chiaki-senpai?!
Ah ha-ha ...
Was ist?
Wir haben was Privates zu besprechen ...
SCHIEL
Tut mir leid, Senpai. Ich muss kurz weg.
Also kusch.
In deinen Gedanken klang das aber netter.
Was soll das?

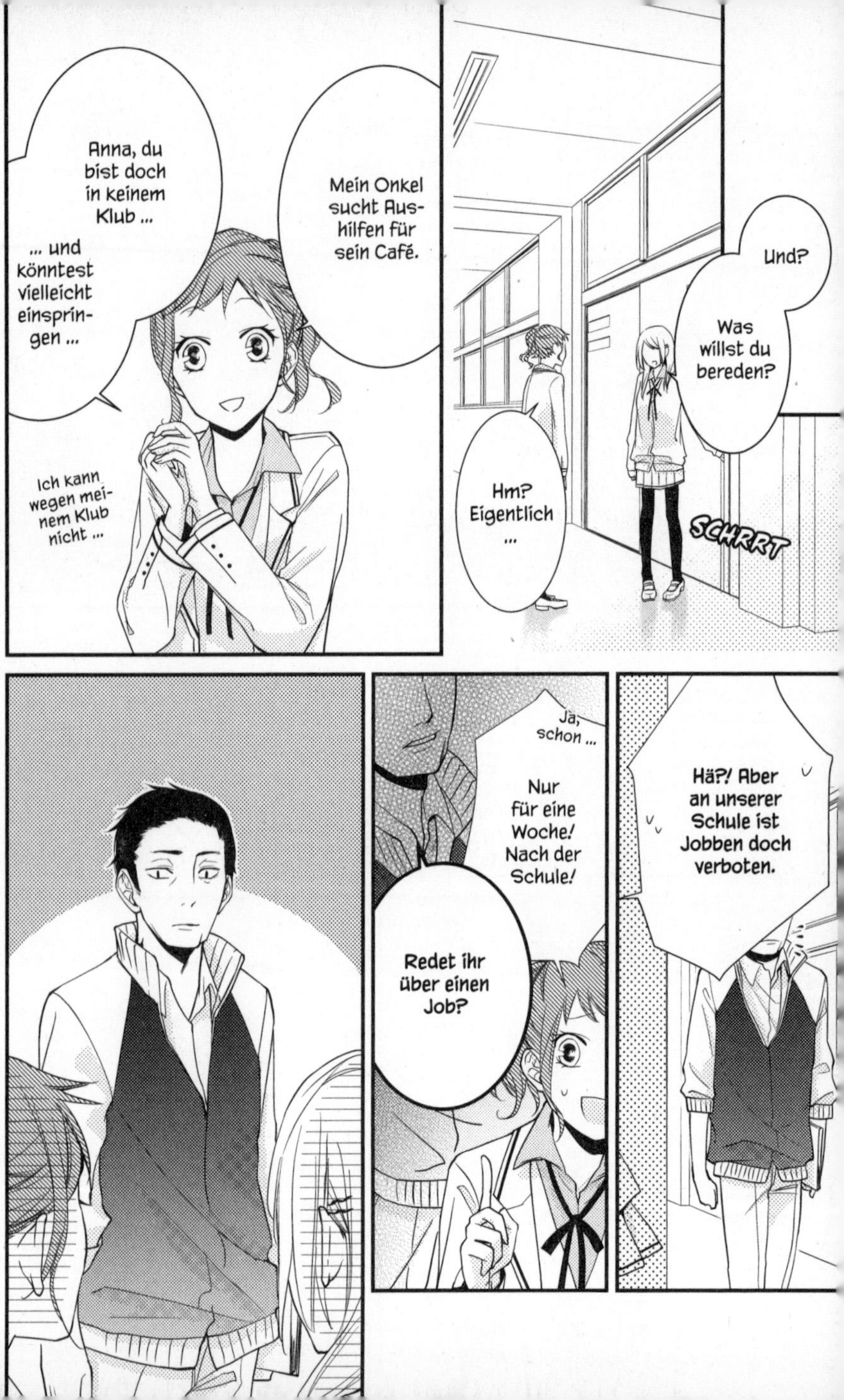

Und?
Was willst du bereden?
Hm? Eigentlich ...
Mein Onkel sucht Aushilfen für sein Café.
Anna, du bist doch in keinem Klub ...
... und könntest vielleicht einspringen ...
Ich kann wegen meinem Klub nicht ...
SCHRRT

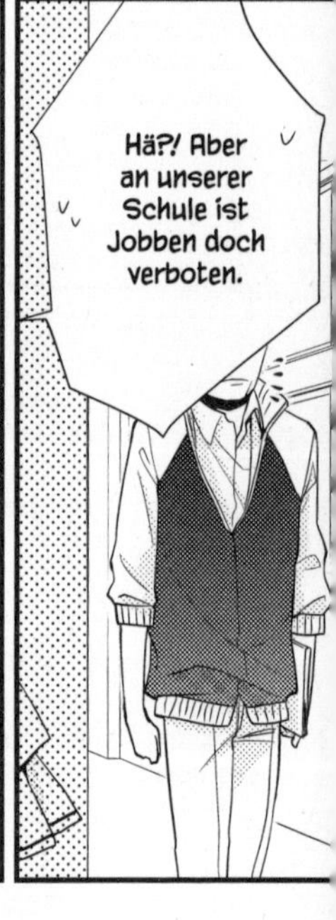

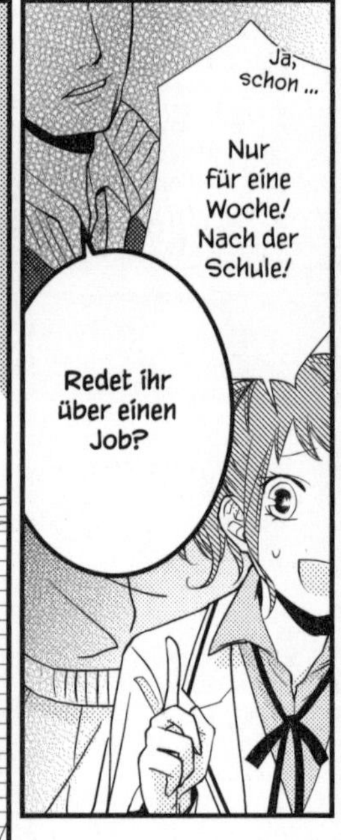

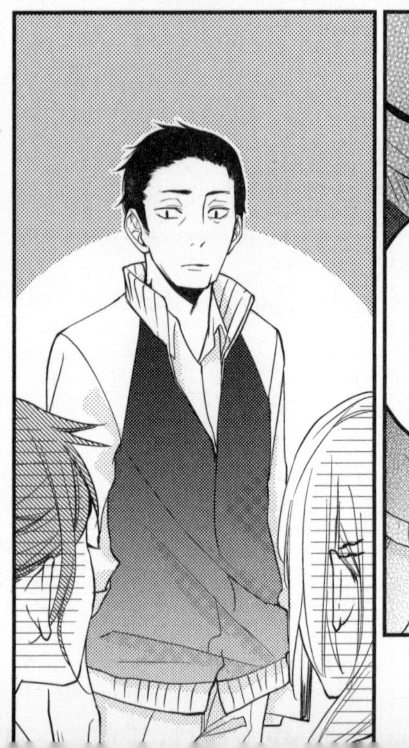

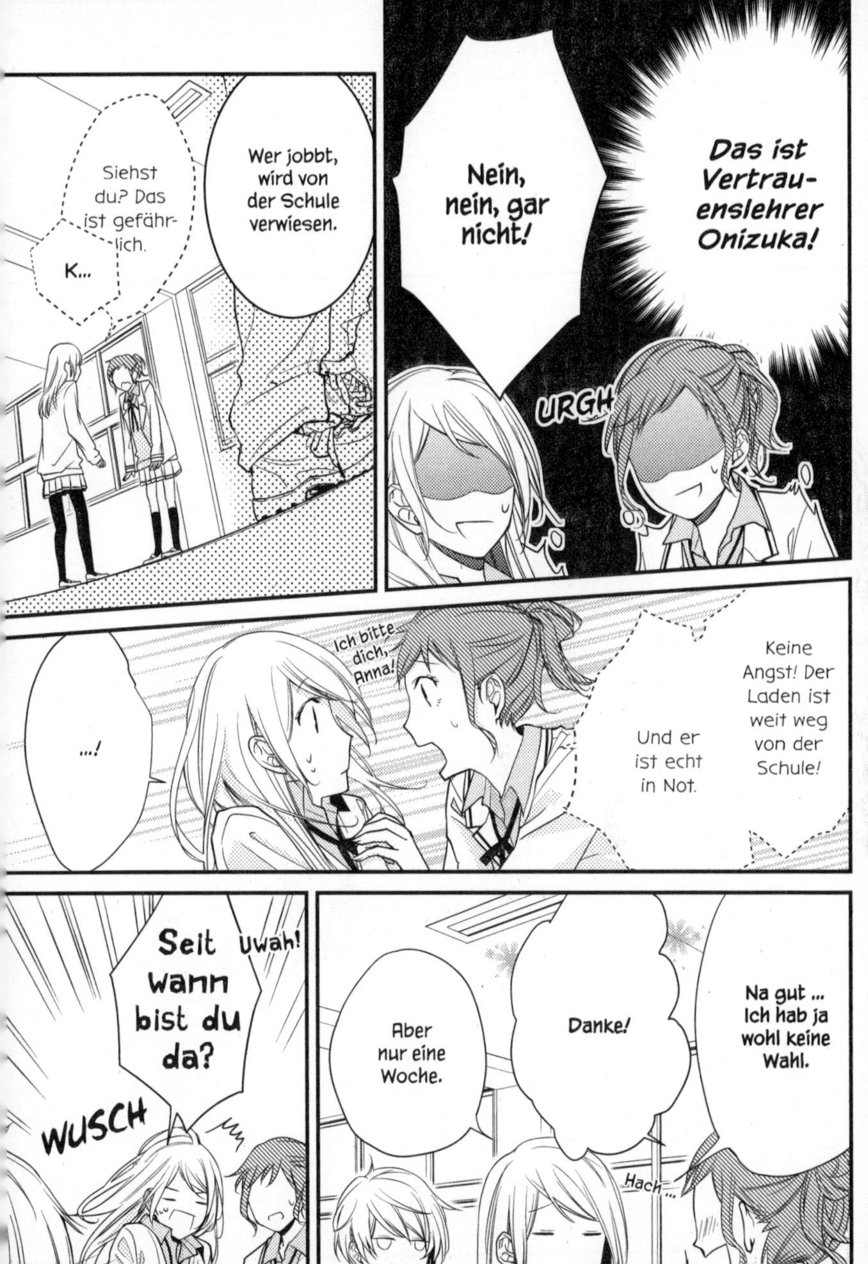
Das ist Vertrauenslehrer Onizuka!
Nein, nein, gar nicht!
URGH
Wer jobbt, wird von der Schule verwiesen.
Siehst du? Das ist gefährlich.
K...
Keine Angst! Der Laden ist weit weg von der Schule!
Und er ist echt in Not.
Ich bitte dich, Anna!
...!
Na gut ... Ich hab ja wohl keine Wahl.
Danke!
Aber nur eine Woche.
Hach ...
Seit wann bist du da?
Uwah!
WUSCH

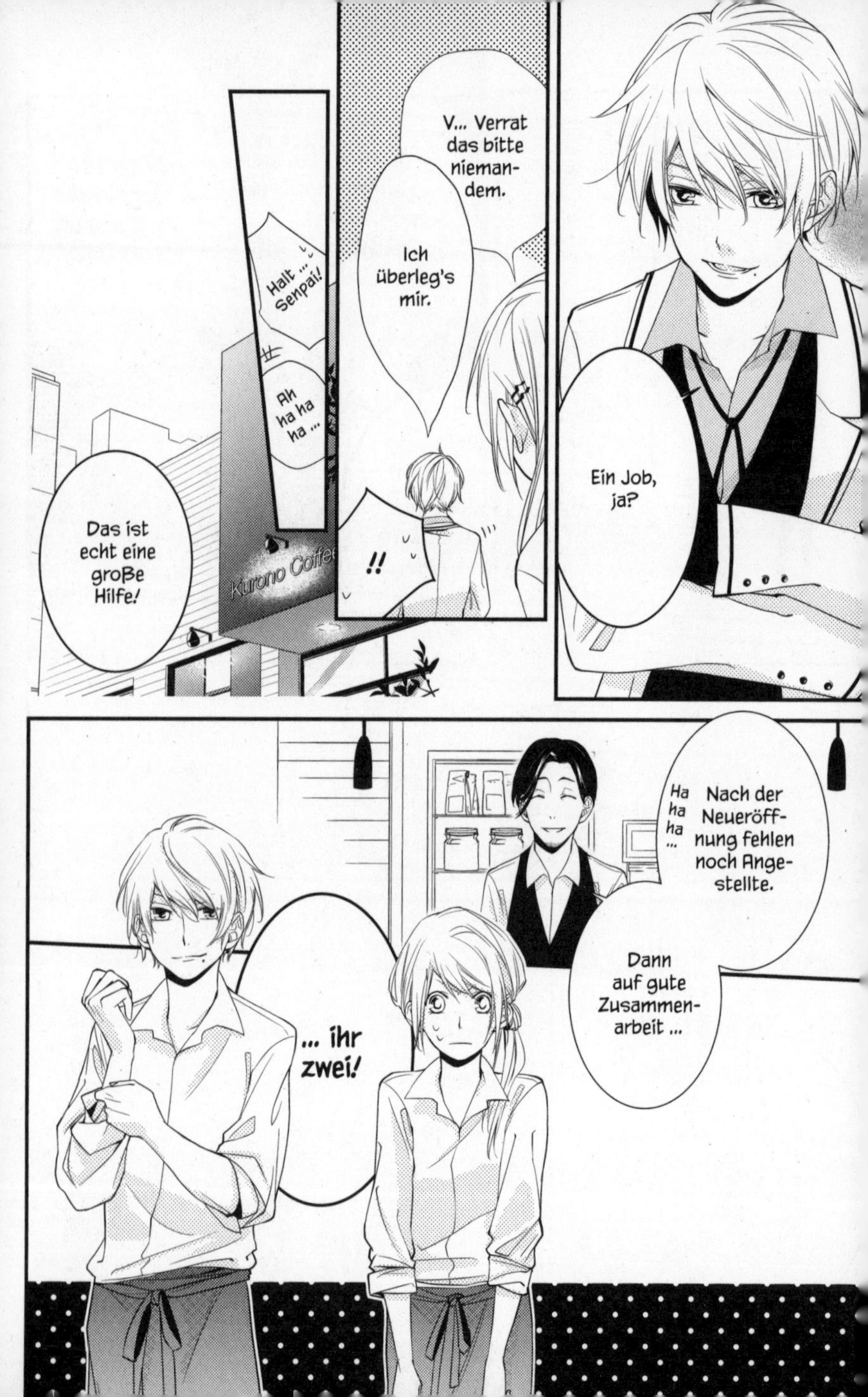
Ein Job, ja?
V... Verrat das bitte niemandem.
Ich überleg's mir.
!!
Halt ... Senpai!
Ah ha ha ha ...
Das ist echt eine große Hilfe!
Nach der Neueröffnung fehlen noch Angestellte.
Ha ha ha ...
Dann auf gute Zusammenarbeit ...
... ihr zwei!

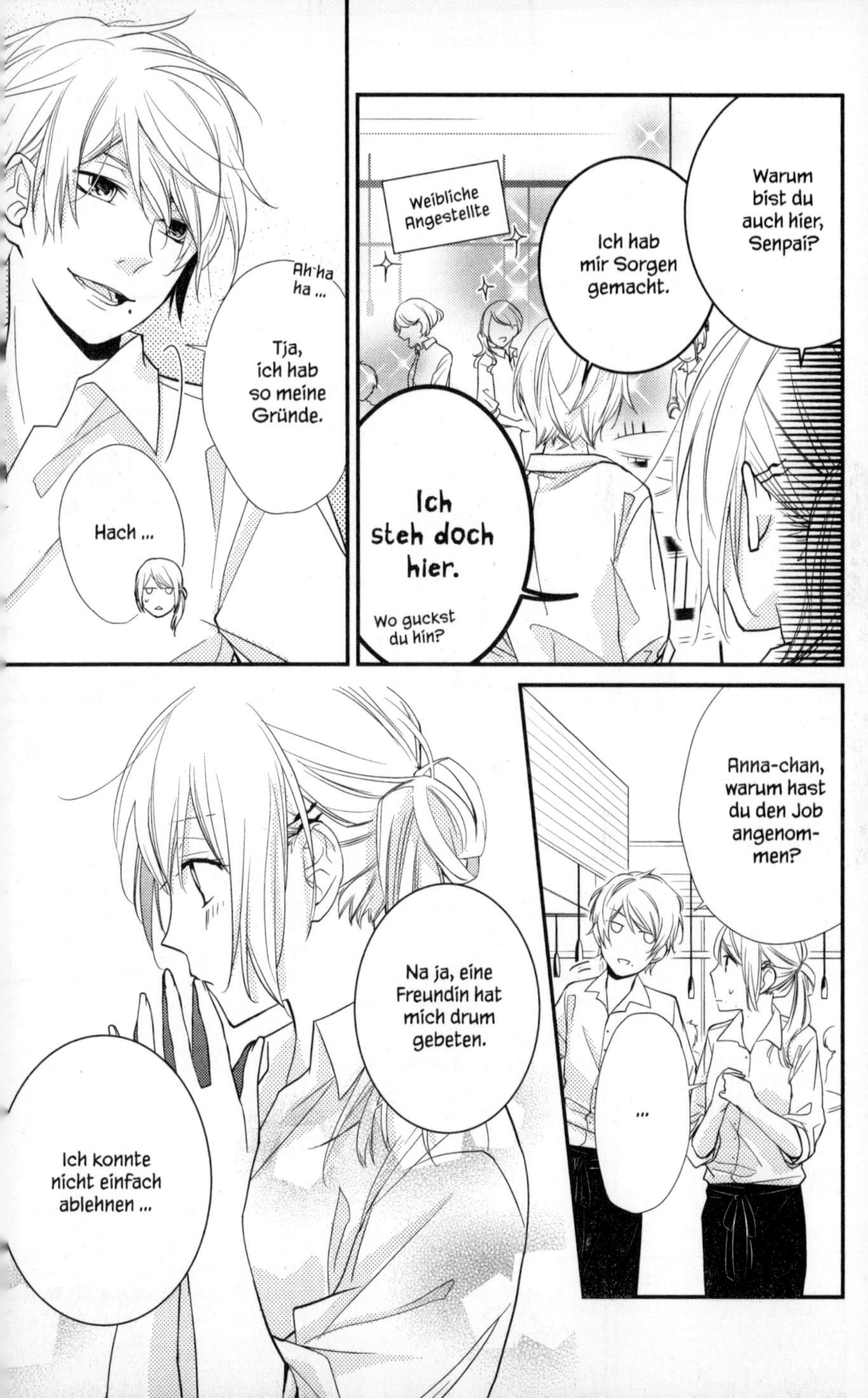
Warum bist du auch hier, Senpai?
Ich hab mir Sorgen gemacht.
Weibliche Angestellte
Ich steh doch hier.
Wo guckst du hin?
Ah-ha ha ...
Tja, ich hab so meine Gründe.
Hach ...
Anna-chan, warum hast du den Job angenom-men?
...
Na ja, eine Freundin hat mich drum gebeten.
Ich konnte nicht einfach ablehnen ...

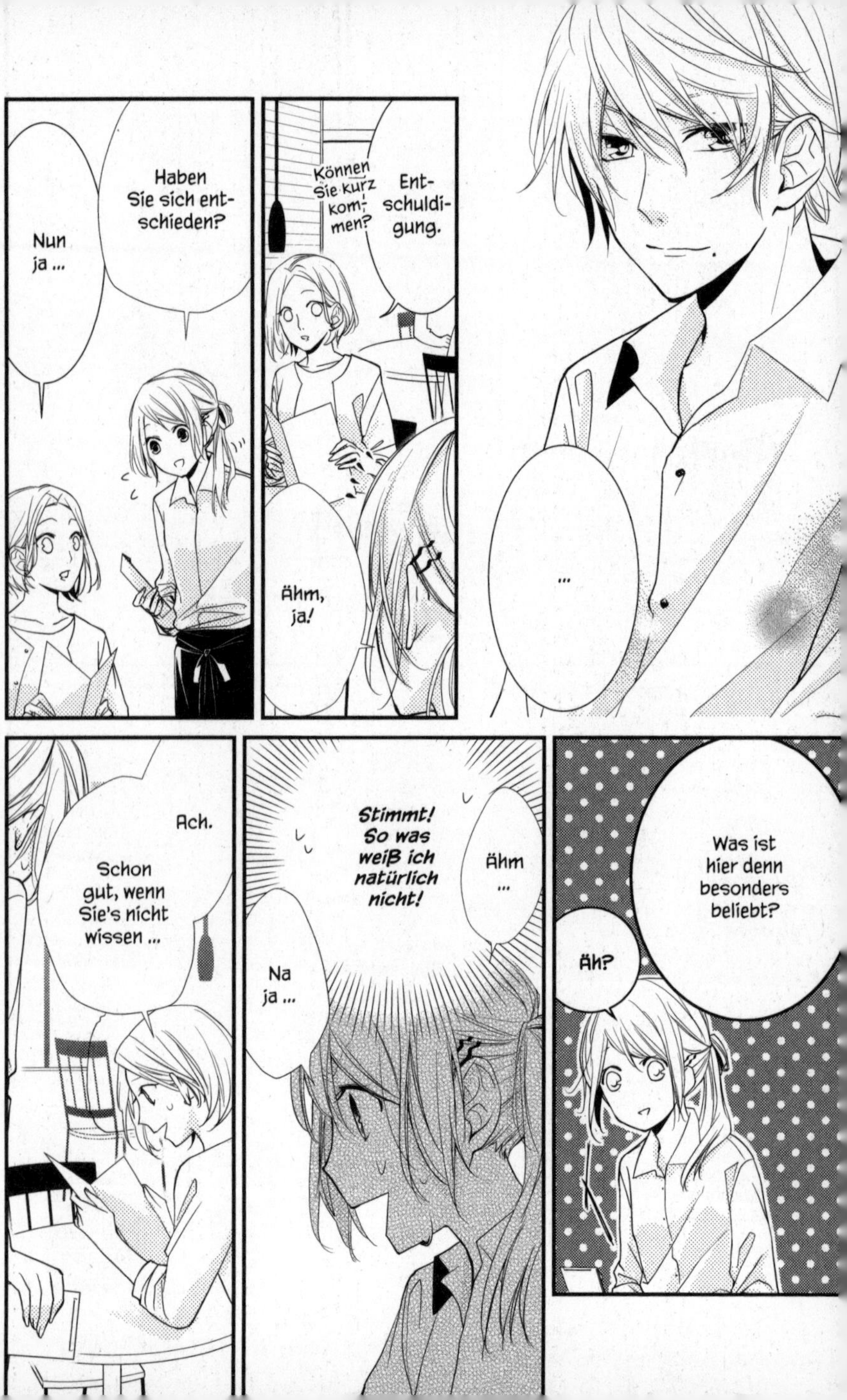

…

Entschuldigung.

Können Sie kurz kommen?

Ähm, ja!

Haben Sie sich entschieden?

Nun ja …

Was ist hier denn besonders beliebt?

Äh?

Ähm …

Stimmt! So was weiß ich natürlich nicht!

Na ja …

Ach.

Schon gut, wenn Sie's nicht wissen …

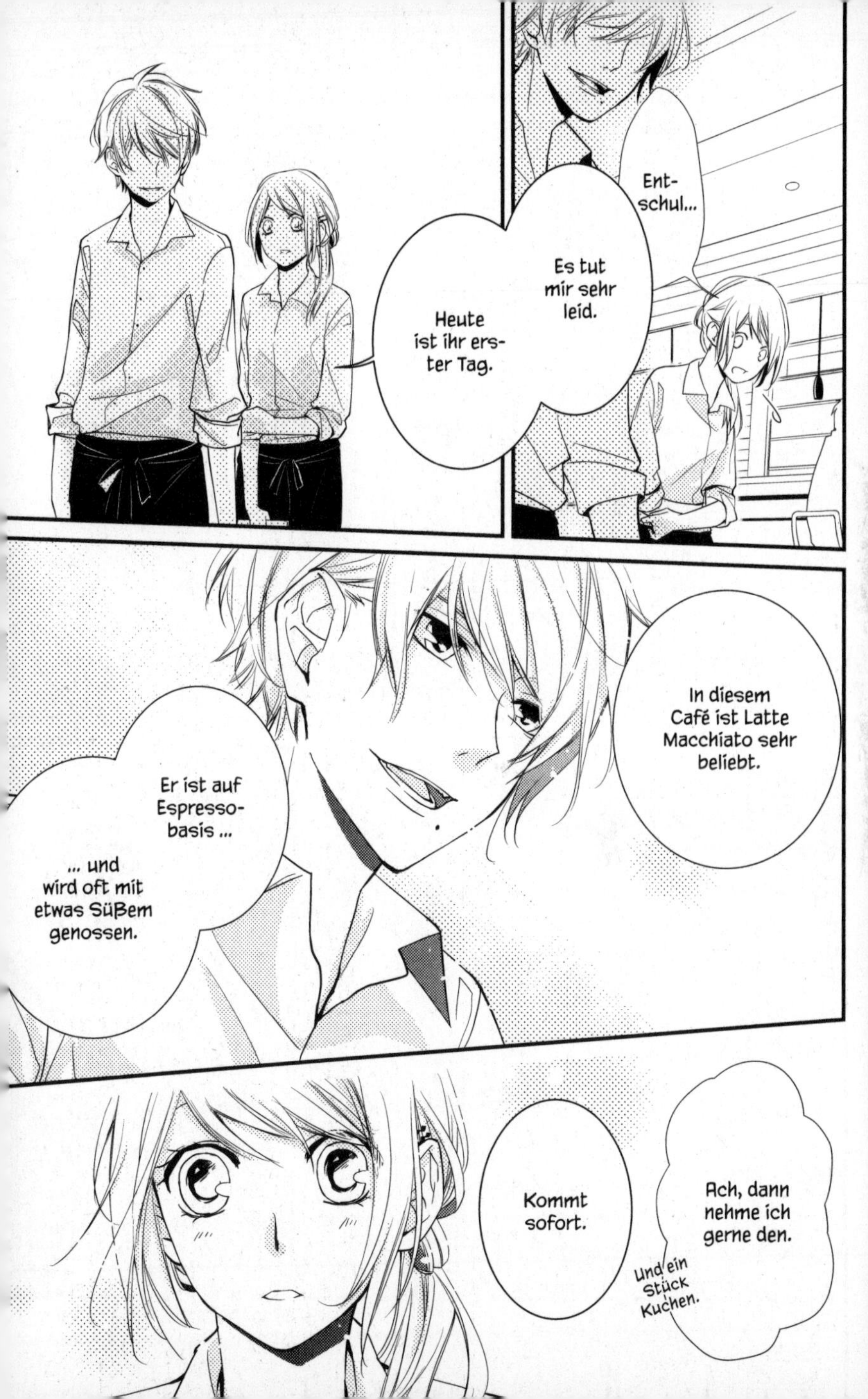
Entschul...
Es tut mir sehr leid.
Heute ist ihr erster Tag.
In diesem Café ist Latte Macchiato sehr beliebt.
Er ist auf Espressobasis ...
... und wird oft mit etwas Süßem genossen.
Ach, dann nehme ich gerne den.
Und ein Stück Kuchen.
Kommt sofort.

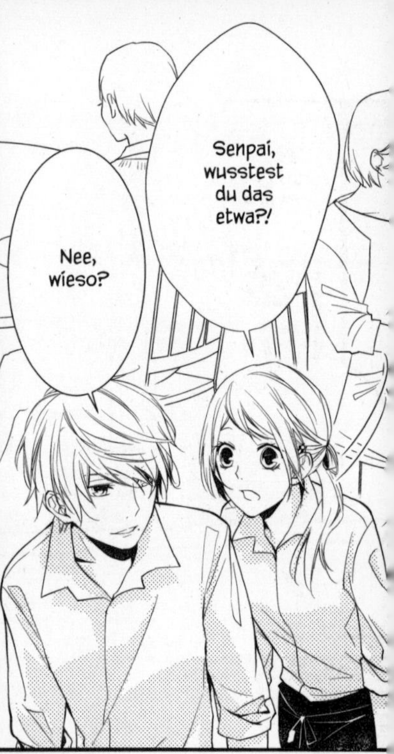
Senpai, wusstest du das etwa?!
Nee, wieso?

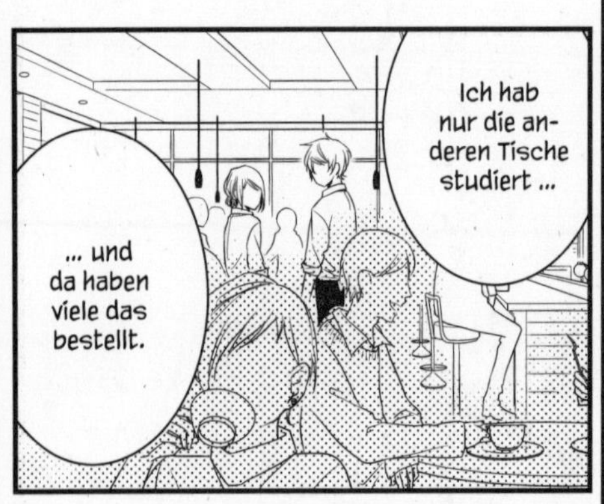
Ich hab nur die anderen Tische studiert ...
... und da haben viele das bestellt.

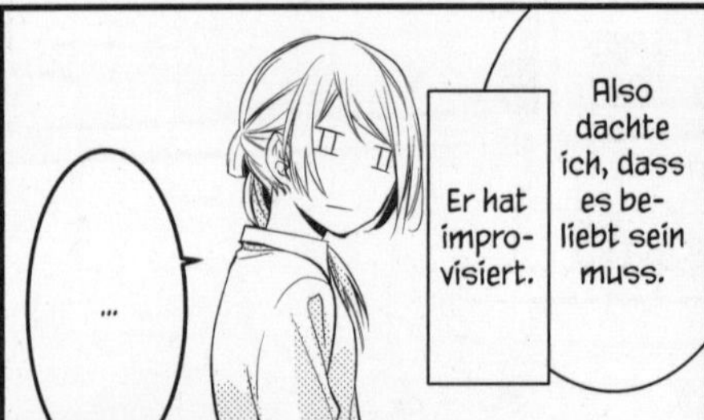
Also dachte ich, dass es beliebt sein muss.
Er hat improvisiert.
...

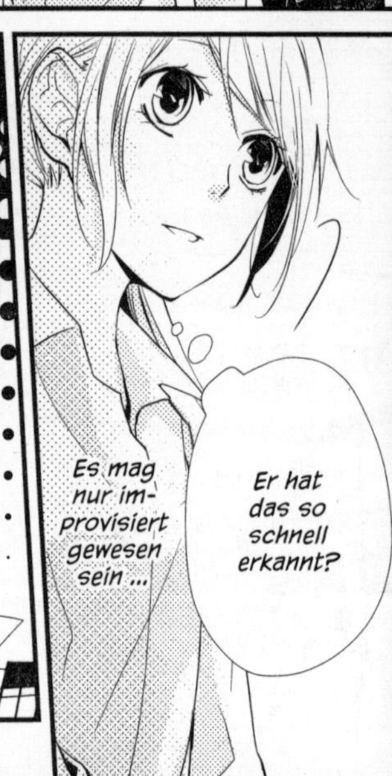
Er hat das so schnell erkannt?
Es mag nur improvisiert gewesen sein ...

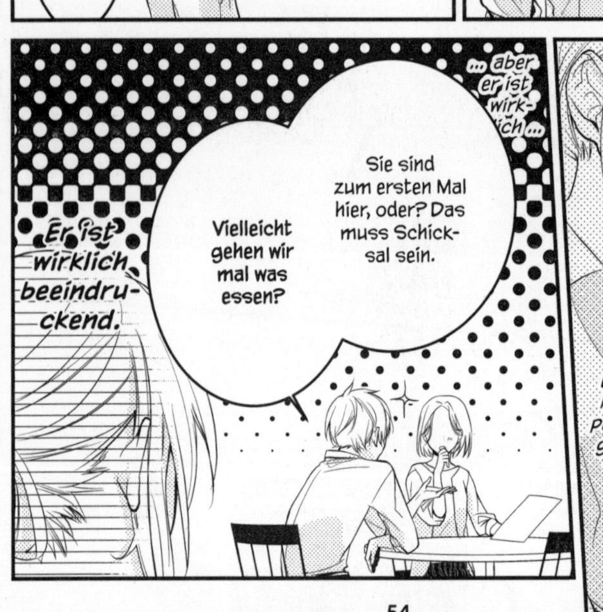
... aber er ist wirklich ...
Sie sind zum ersten Mal hier, oder? Das muss Schicksal sein.
Vielleicht gehen wir mal was essen?
Er ist wirklich beeindruckend.

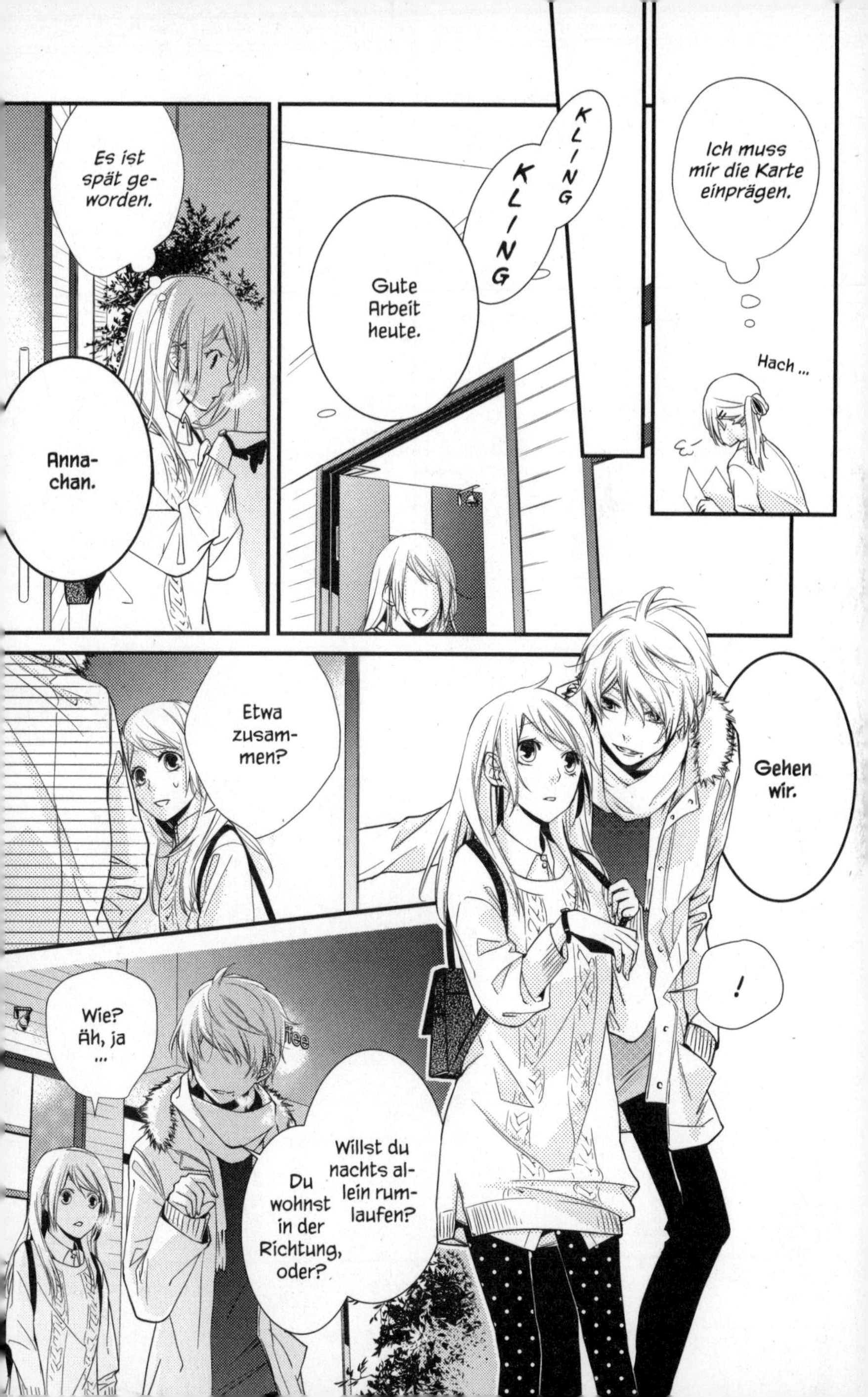
Ich muss mir die Karte einprägen.
Hach ...
KLING KLING
Gute Arbeit heute.
Es ist spät geworden.
Anna-chan.
Gehen wir.
!
Etwa zusammen?
Willst du nachts allein rumlaufen?
Du wohnst in der Richtung, oder?
Wie? Äh, ja ...

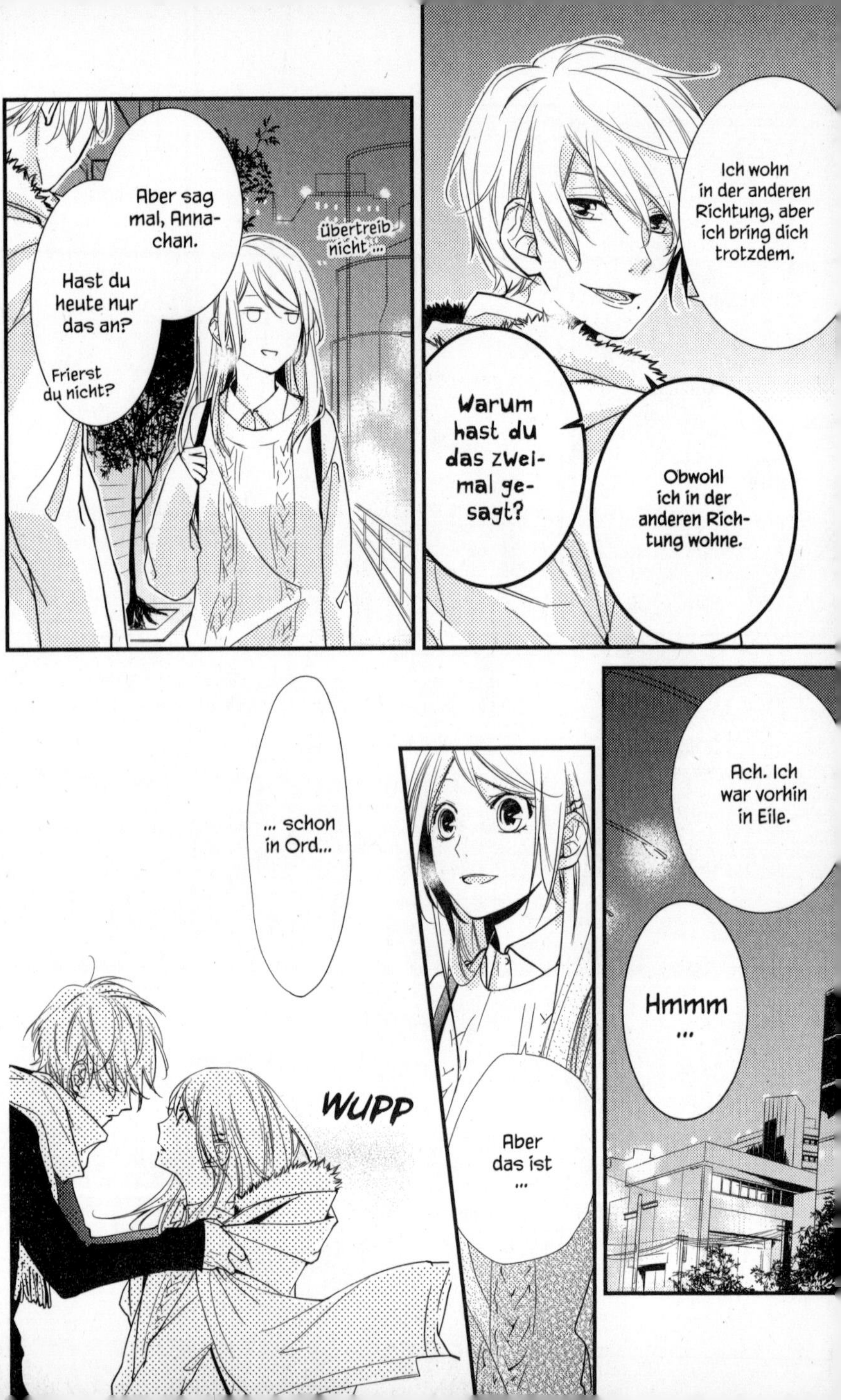

Ich wohn in der anderen Richtung, aber ich bring dich trotzdem.

Obwohl ich in der anderen Richtung wohne.

Warum hast du das zweimal gesagt?

Aber sag mal, Anna-chan.

Hast du heute nur das an?

Frierst du nicht?

übertreib nicht ...

Ach. Ich war vorhin in Eile.

Hmmm ...

Aber das ist ...

... schon in Ord...

WUPP

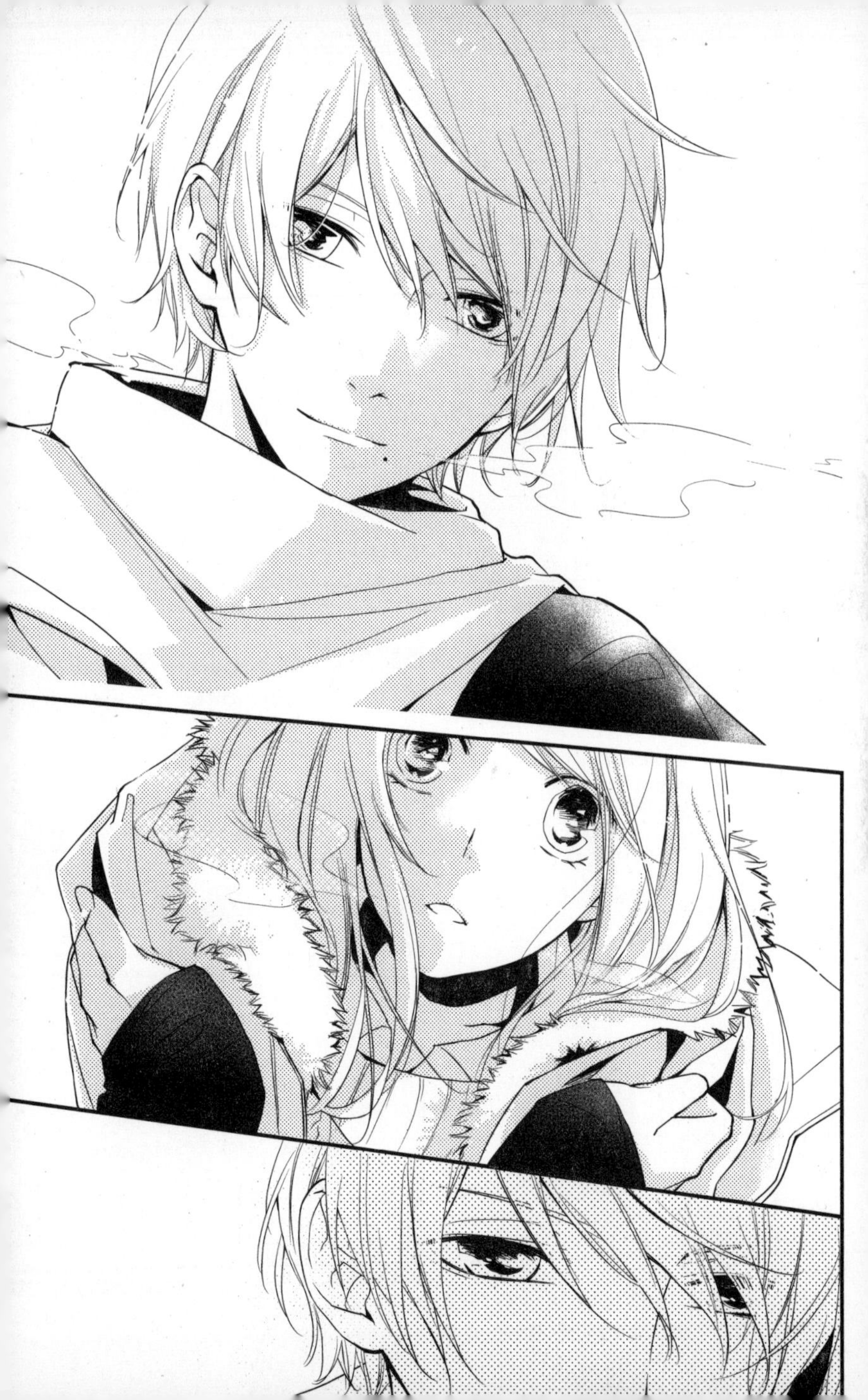

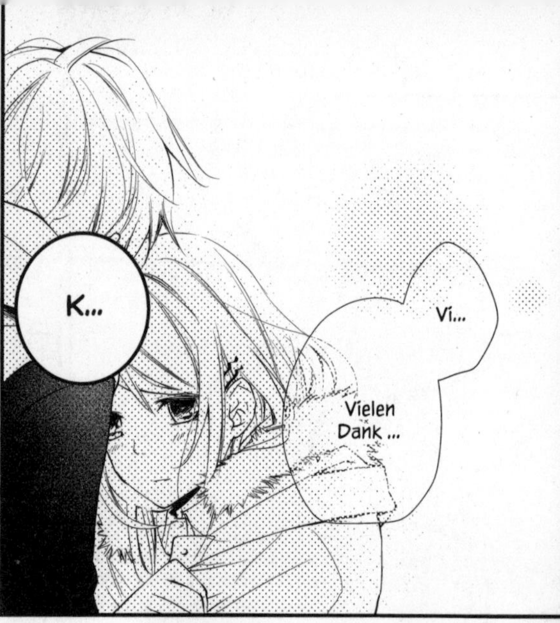
Vi...
Vielen Dank ...
K...

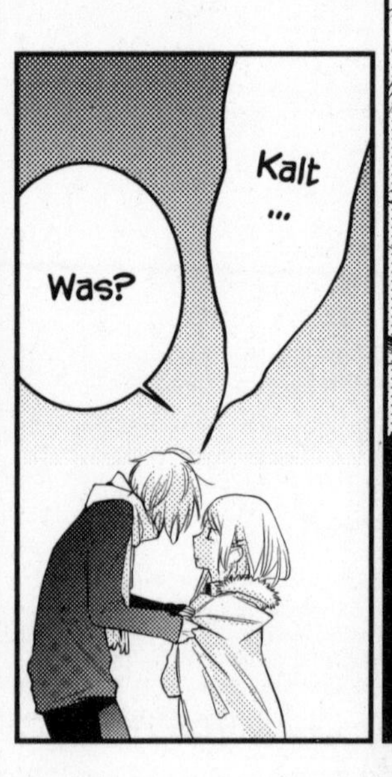
Kalt ...
Was?

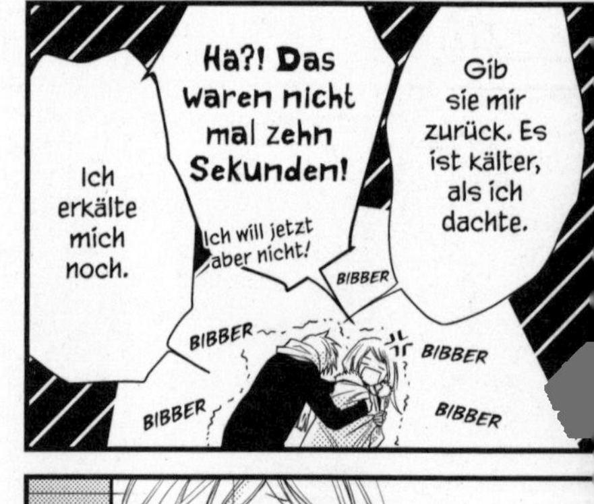
Gib sie mir zurück. Es ist kälter, als ich dachte.
Ha?! Das waren nicht mal zehn Sekunden!
Ich will jetzt aber nicht!
Ich erkälte mich noch.
BIBBER
BIBBER
BIBBER
BIBBER
BIBBER

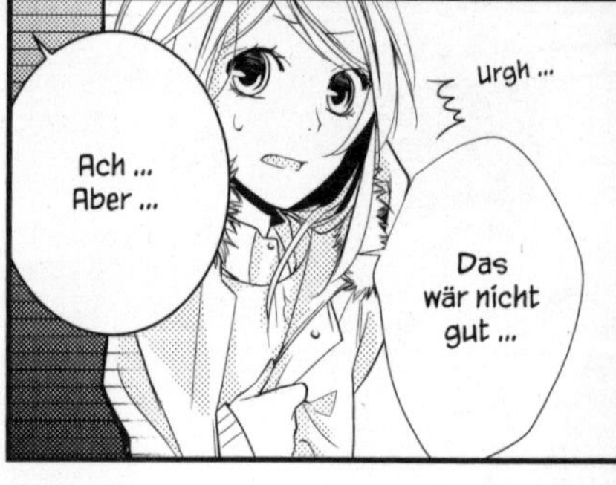
Urgh ...
Das wär nicht gut ...
Ach ... Aber ...

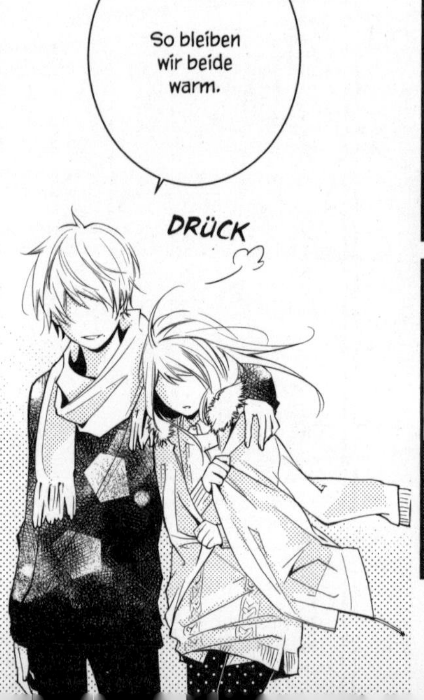
So bleiben wir beide warm.
DRÜCK

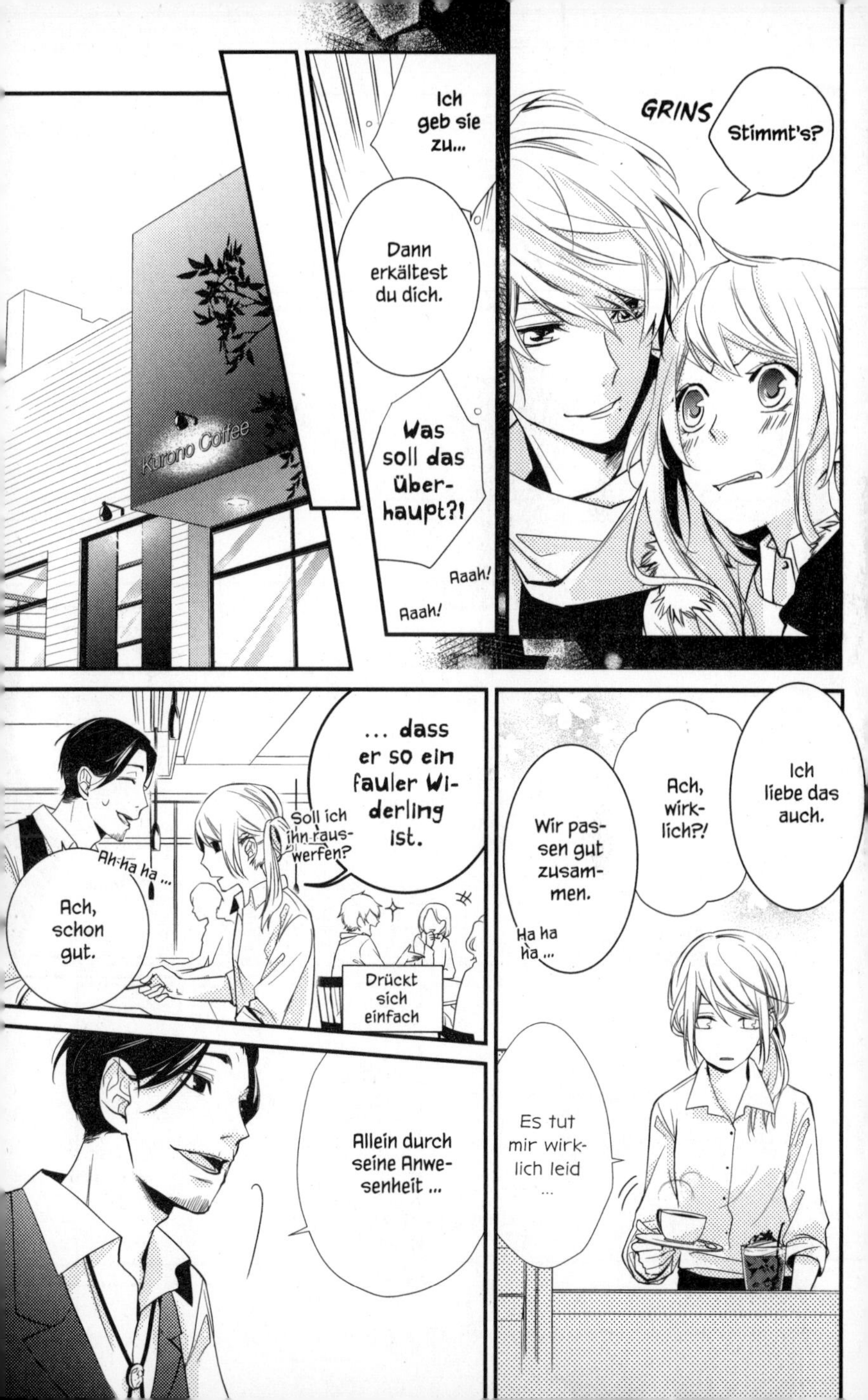
GRINS
Stimmt's?
Ich geb sie zu...
Dann erkältest du dich.
Was soll das überhaupt?!
Aaah!
Aaah!
Kurono Coffee
Ich liebe das auch.
Ach, wirklich?!
Wir passen gut zusammen.
Ha ha ha ...
... dass er so ein fauler Widerling ist.
Soll ich ihn rauswerfen?
Ah ha ha ...
Ach, schon gut.
Drückt sich einfach
Es tut mir wirklich leid ...
Allein durch seine Anwesenheit ...

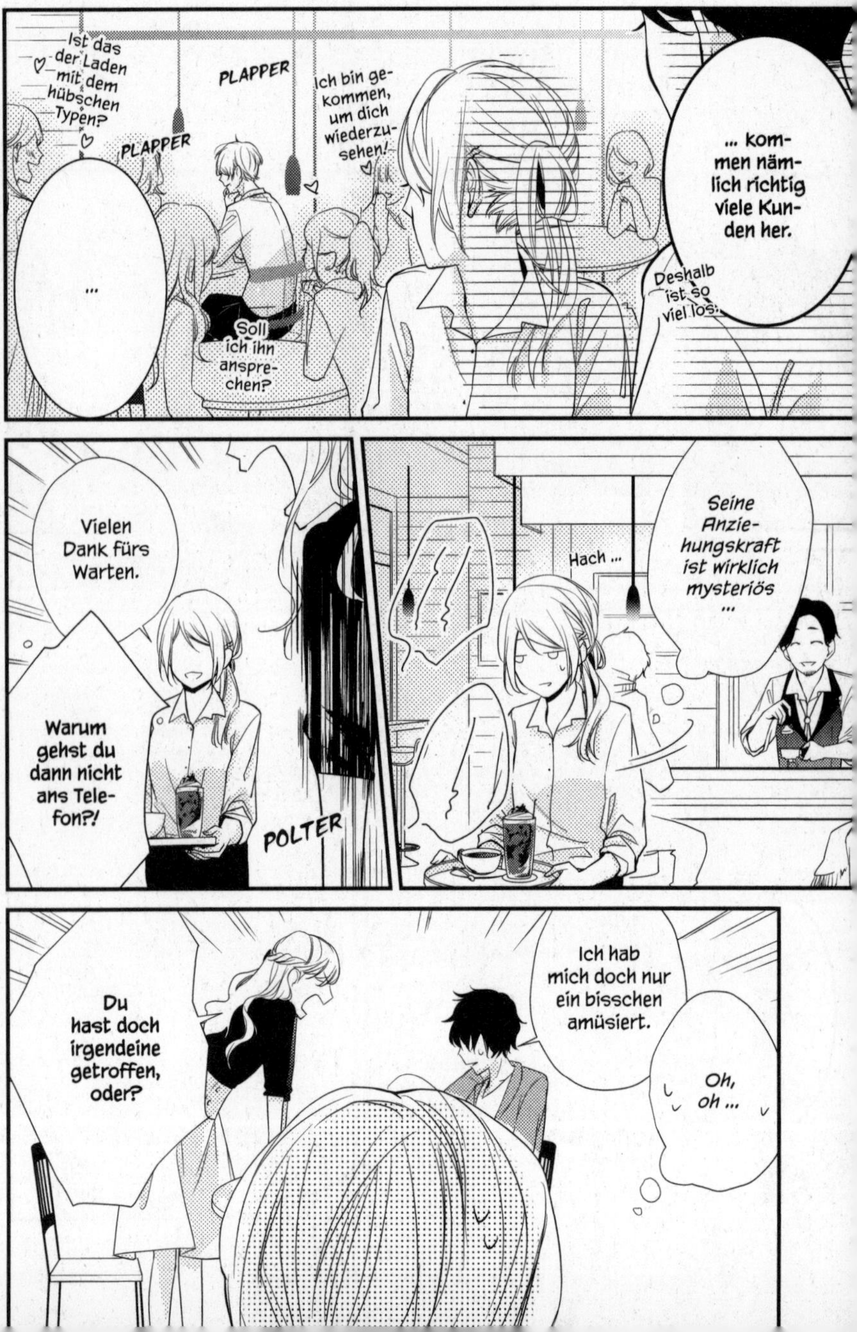

... kommen nämlich richtig viele Kunden her.
Deshalb ist so viel los.
Ich bin gekommen, um dich wiederzusehen!
PLAPPER
Ist das der Laden mit dem hübschen Typen?
PLAPPER
Soll ich ihn ansprechen?
...
Seine Anziehungskraft ist wirklich mysteriös ...
Hach ...
POLTER
Vielen Dank fürs Warten.
Warum gehst du dann nicht ans Telefon?!

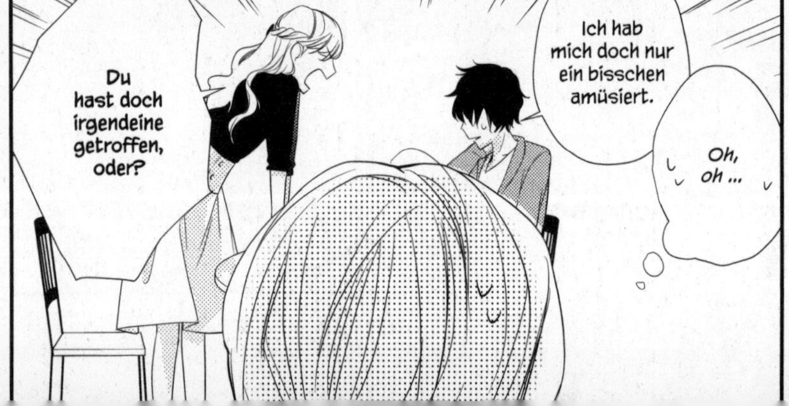

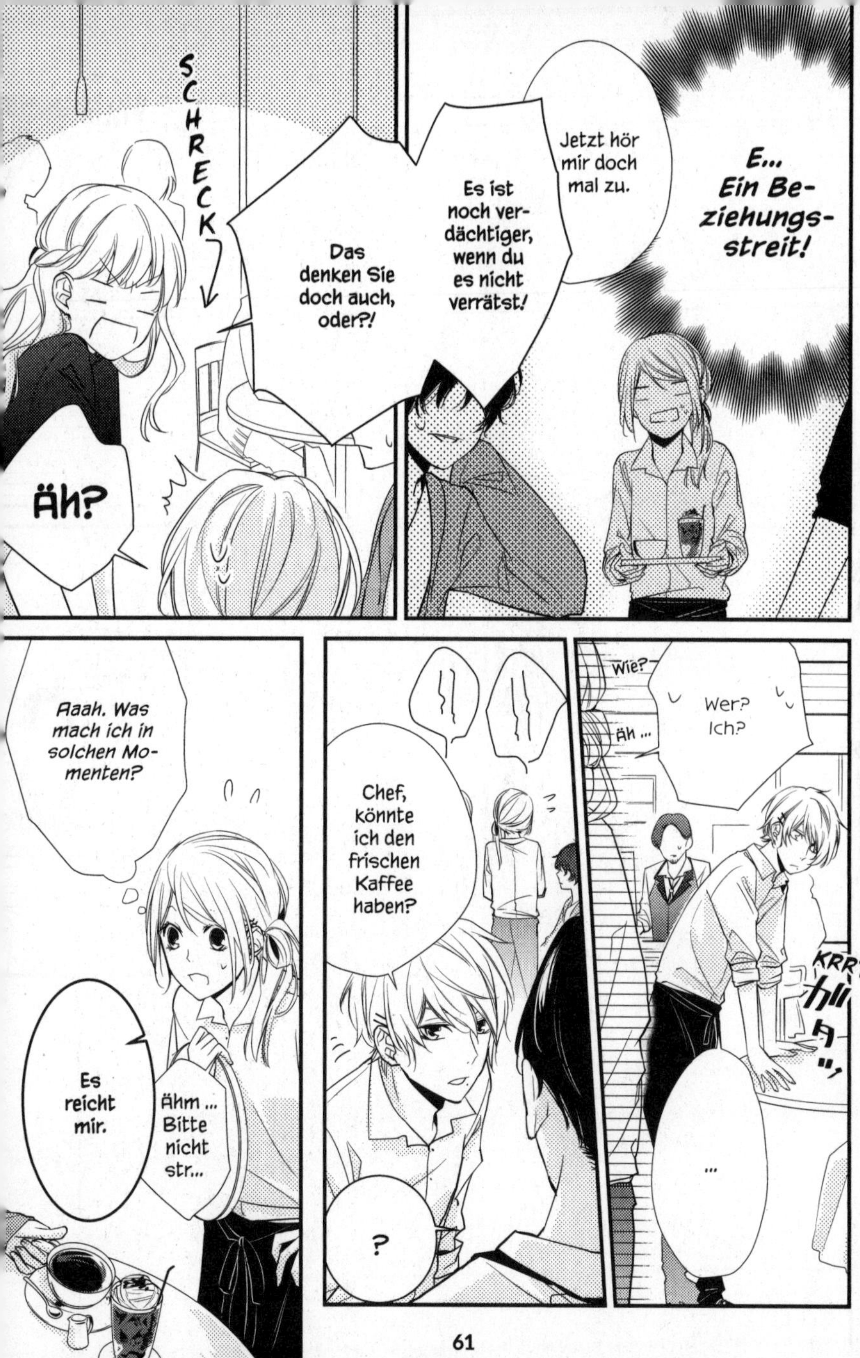

E... Ein Beziehungsstreit!

Jetzt hör mir doch mal zu.

Es ist noch verdächtiger, wenn du es nicht verrätst!

Das denken Sie doch auch, oder?!

SCHRECK

Äh?

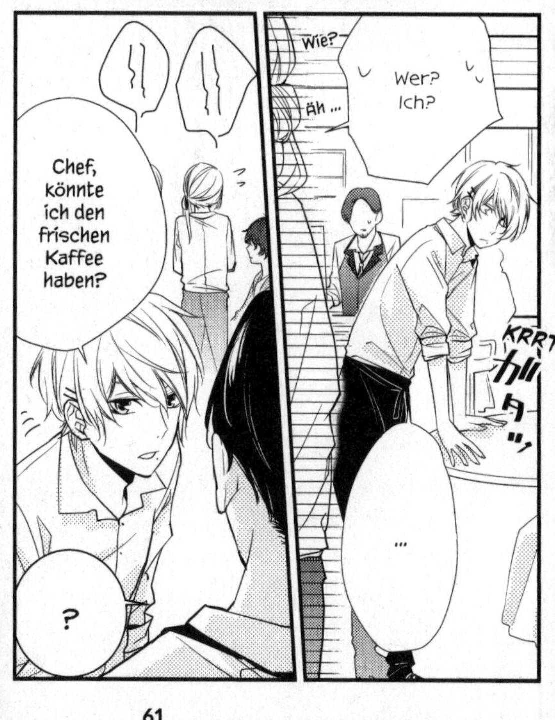

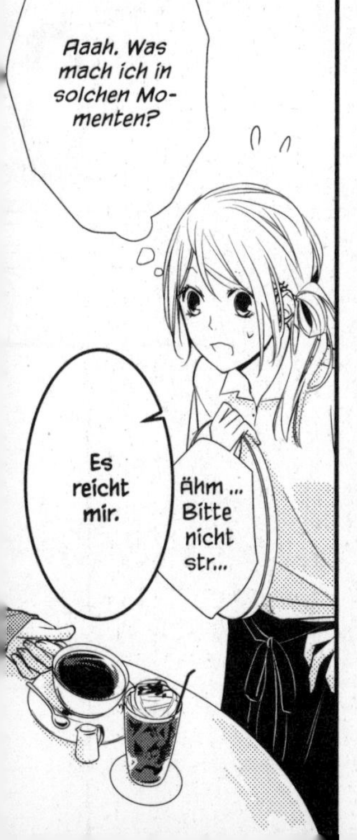

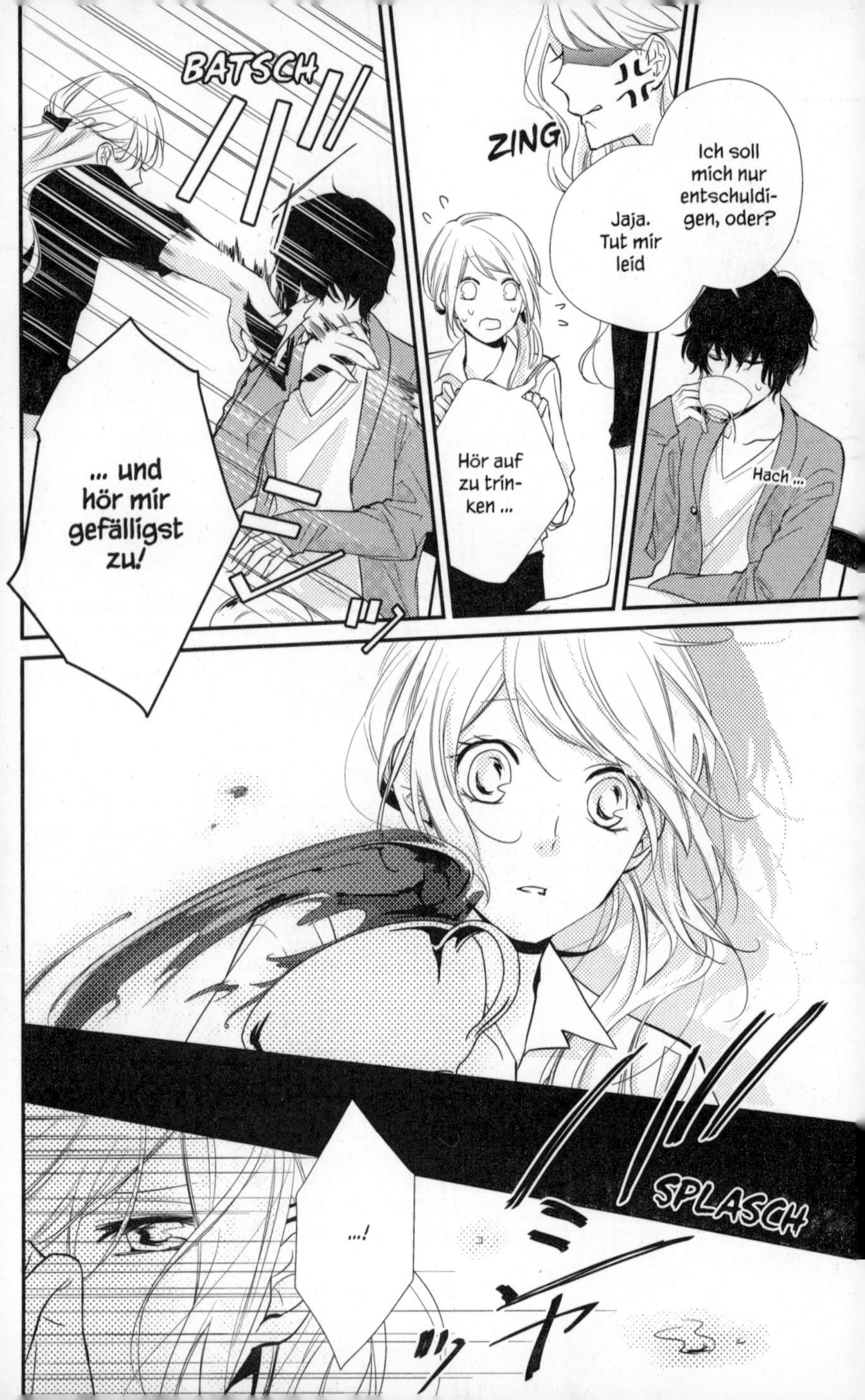
ZING
Ich soll mich nur entschuldigen, oder?
Jaja. Tut mir leid
Hach ...
Hör auf zu trinken ...
BATSCH
... und hör mir gefälligst zu!
SPLASCH
...!

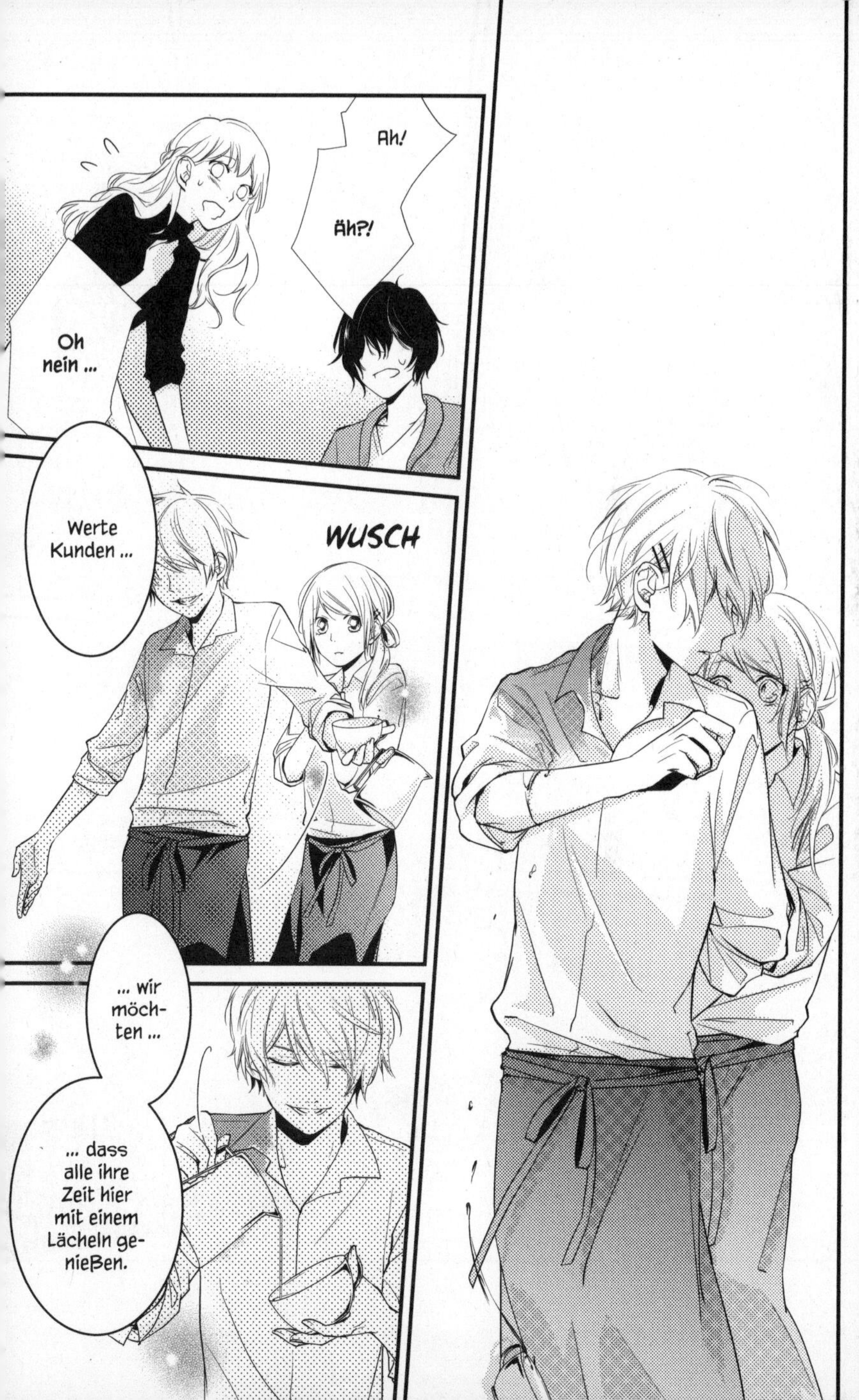
Ah!
Äh?!
Oh nein ...
Werte Kunden ...
WUSCH
... wir möch-ten ...
... dass alle ihre Zeit hier mit einem Lächeln ge-nießen.

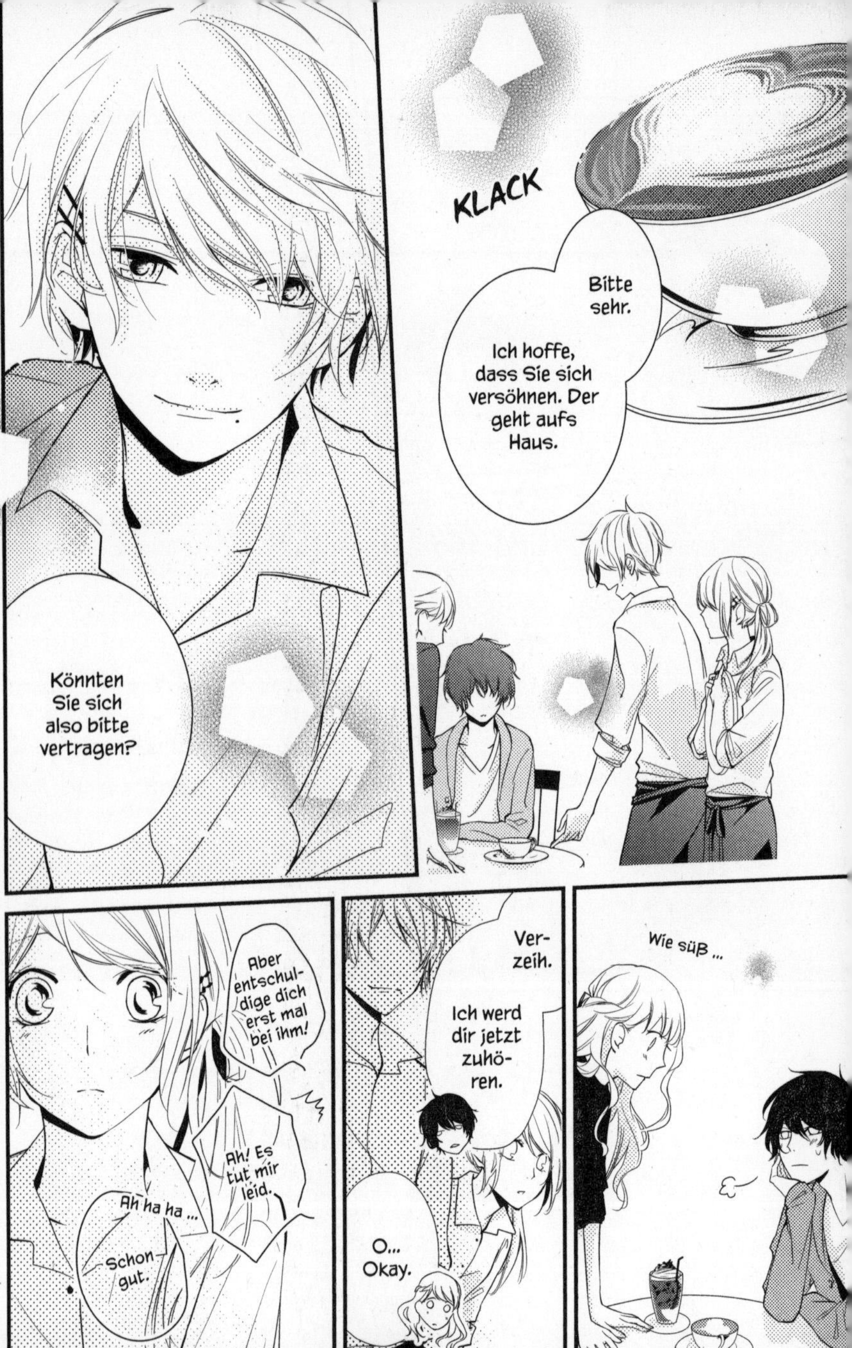

KLACK

Bitte sehr.

Ich hoffe, dass Sie sich versöhnen. Der geht aufs Haus.

Könnten Sie sich also bitte vertragen?

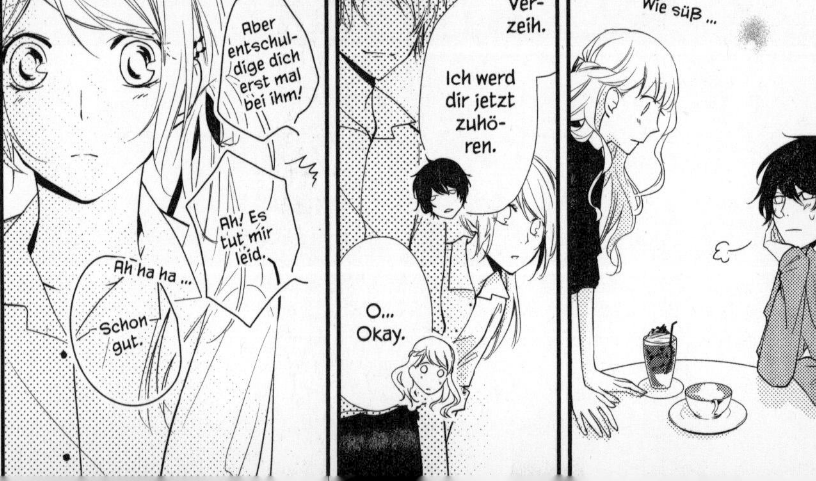

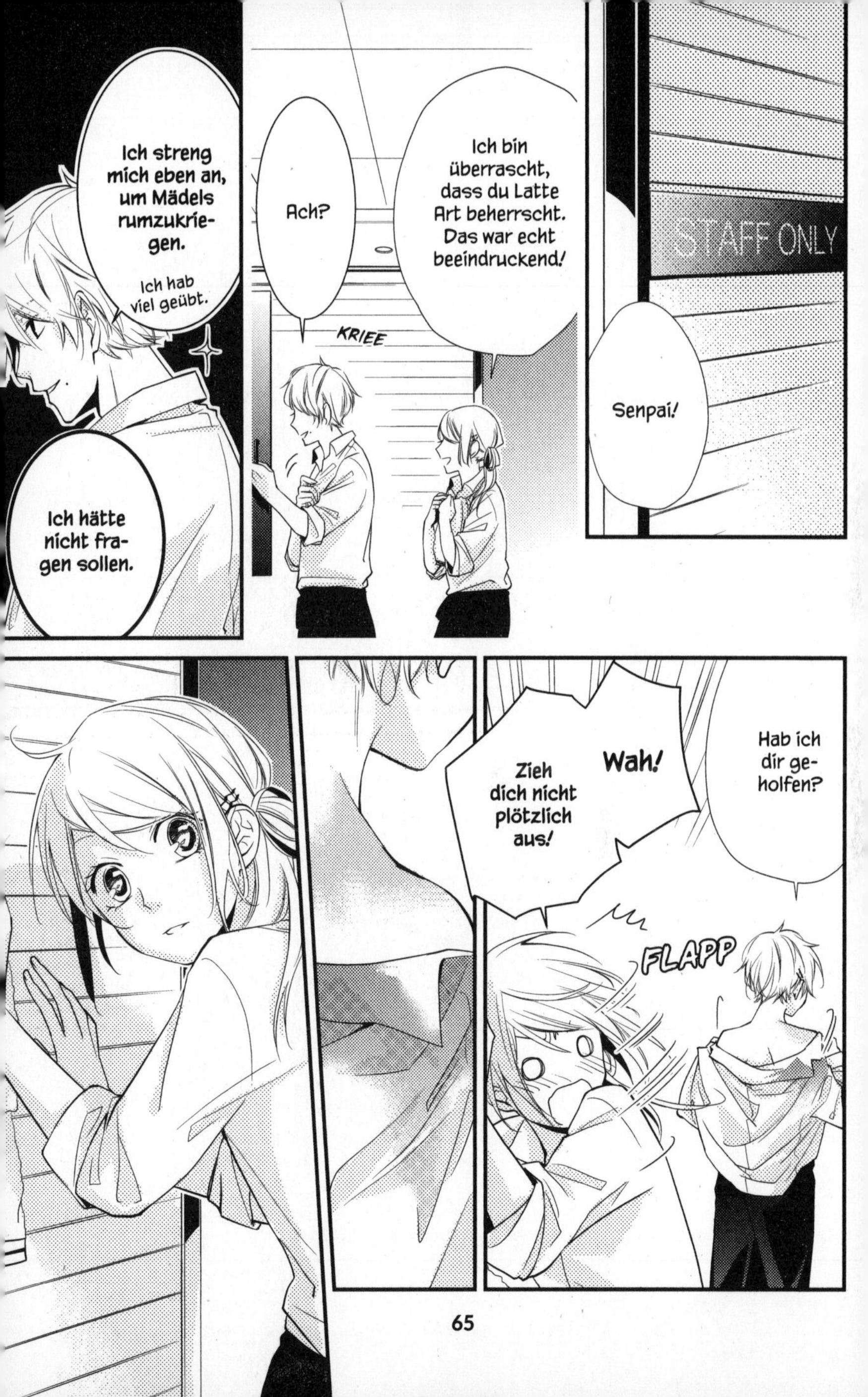
STAFF ONLY
Senpai!
Ich bin überrascht, dass du Latte Art beherrscht. Das war echt beeindruckend!
Ach?
KRIEE
Ich streng mich eben an, um Mädels rumzukriegen.
Ich hab viel geübt.
Ich hätte nicht fragen sollen.
Hab ich dir geholfen?
Wah!
Zieh dich nicht plötzlich aus!
FLAPP

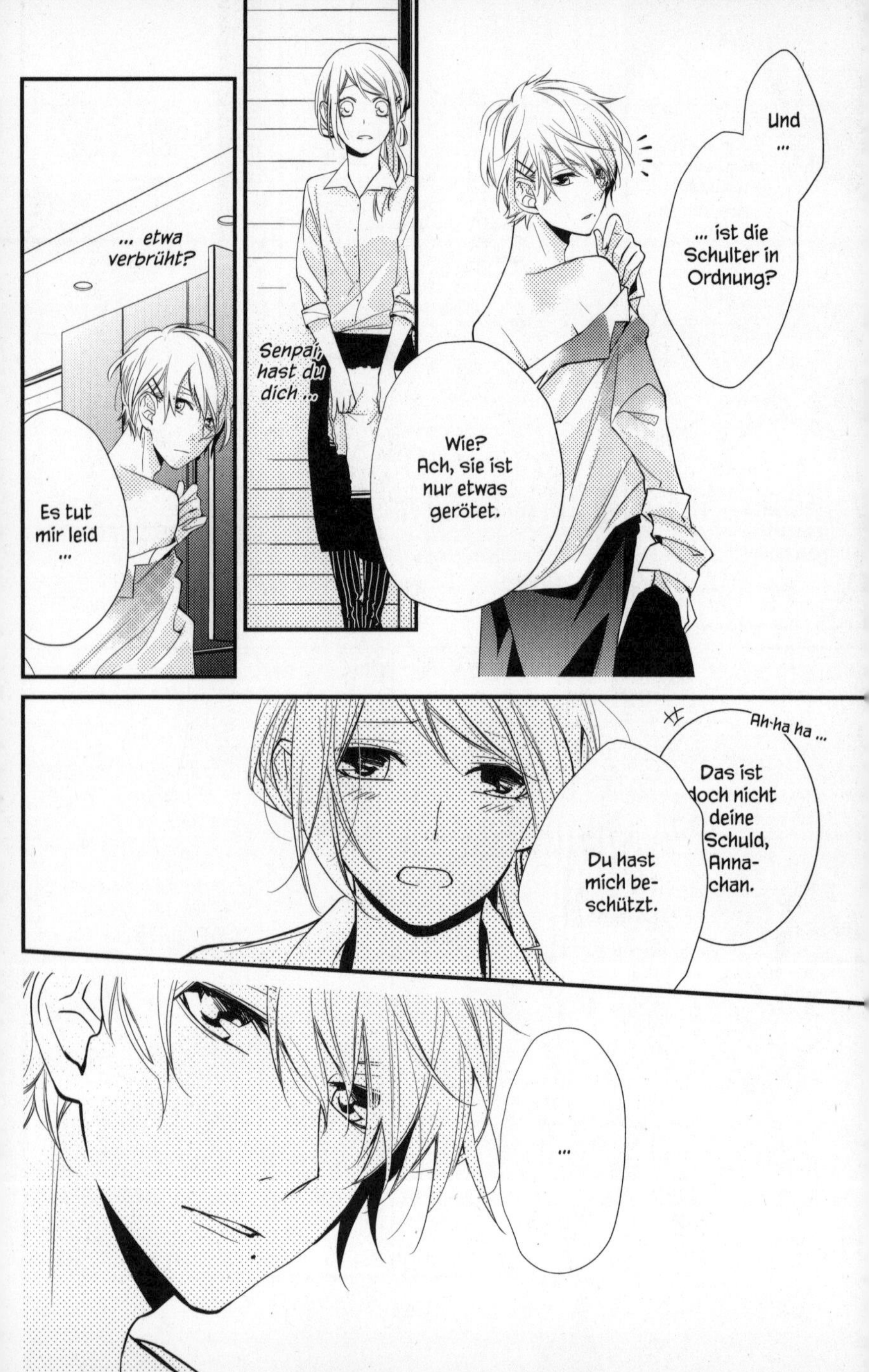

Und ...
... ist die Schulter in Ordnung?
Wie? Ach, sie ist nur etwas gerötet.
Senpai, hast du dich ...
... etwa verbrüht?
Es tut mir leid ...
Ah-ha ha ...
Das ist doch nicht deine Schuld, Anna-chan.
Du hast mich beschützt.
...

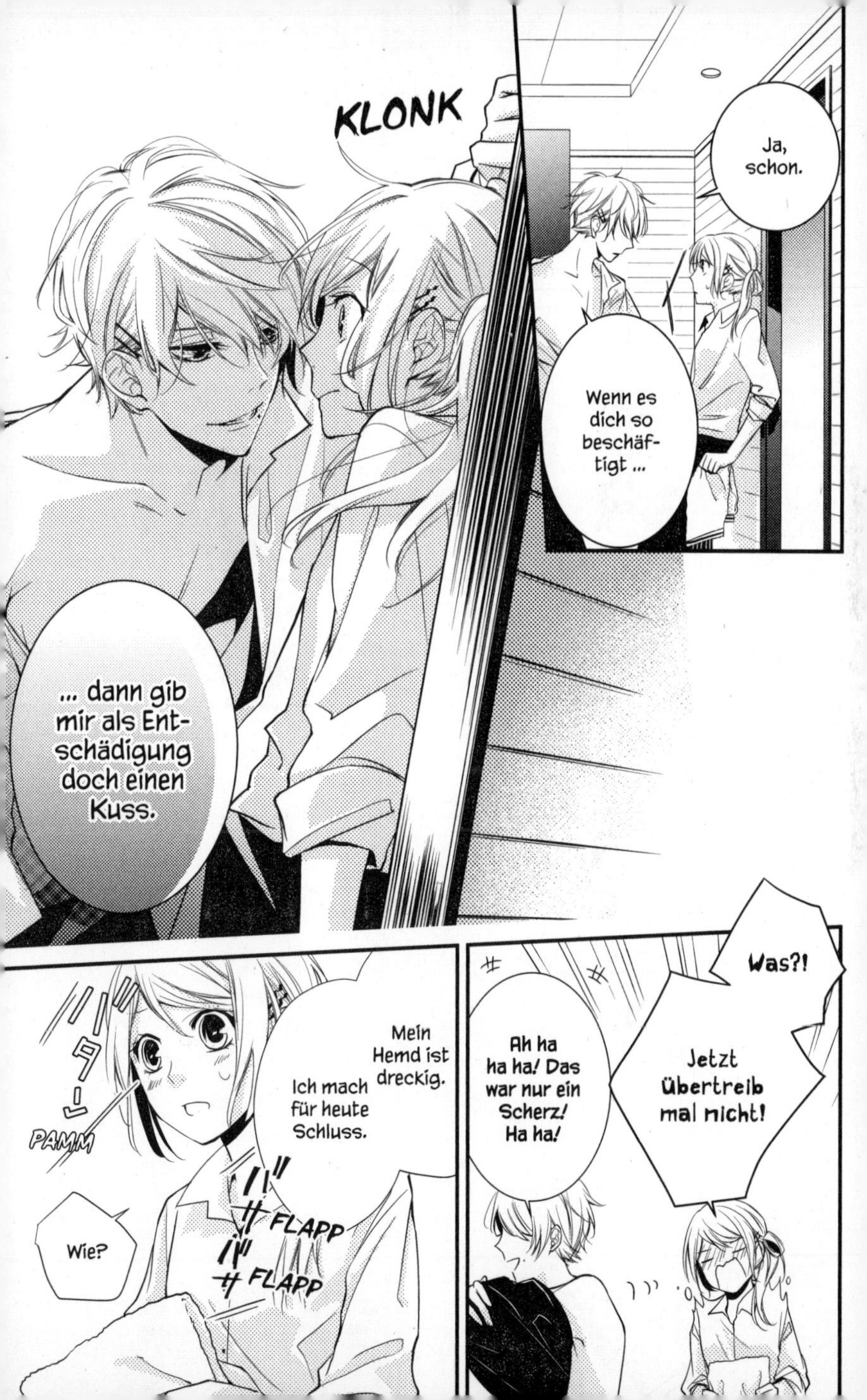
Ja, schon.
Wenn es dich so beschäftigt ...
KLONK
... dann gib mir als Entschädigung doch einen Kuss.
Was?!
Jetzt Übertreib mal nicht!
Ah ha ha ha! Das war nur ein Scherz! Ha ha!
Mein Hemd ist dreckig.
Ich mach für heute Schluss.
PAMM
FLAPP
FLAPP
Wie?

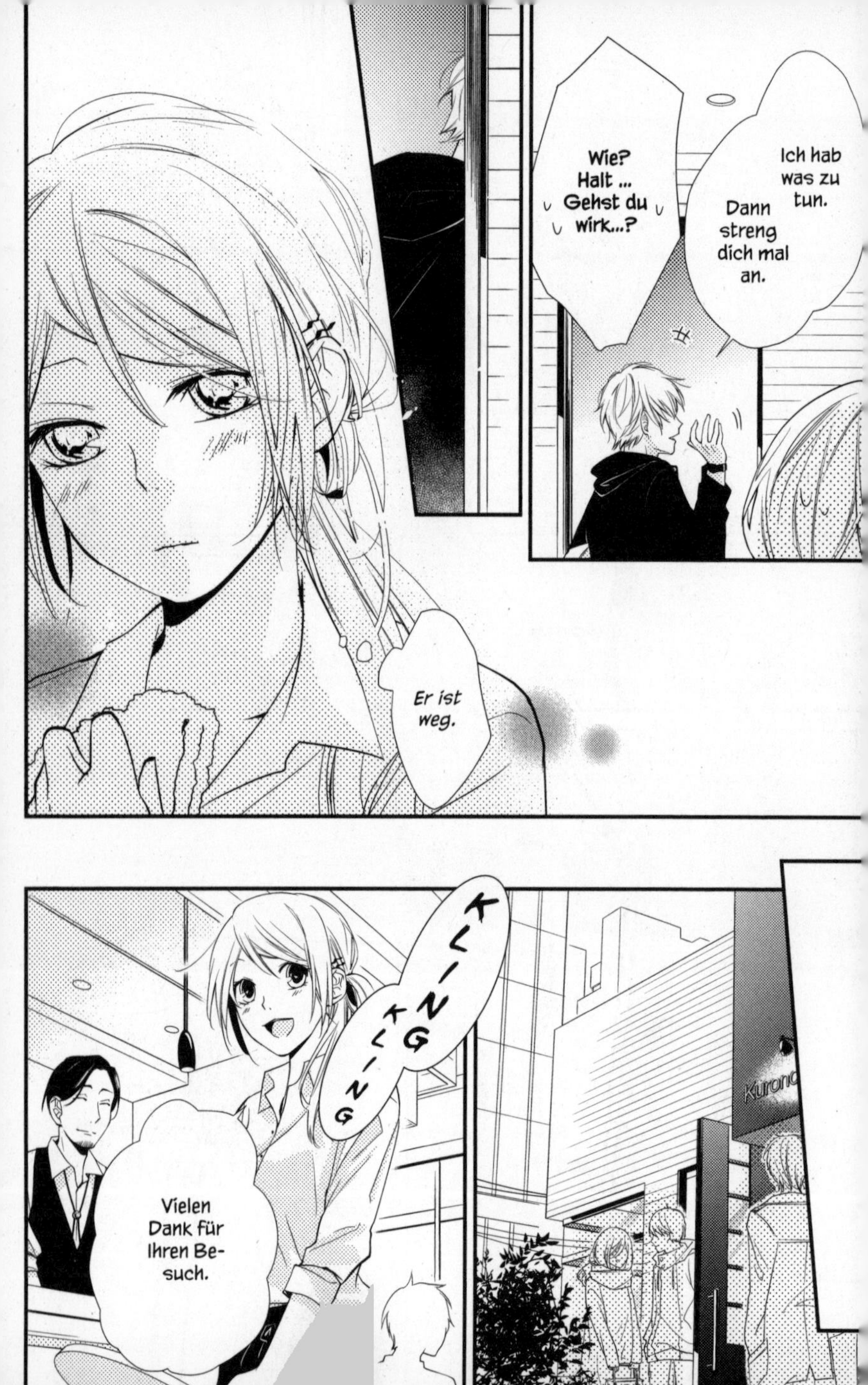
Ich hab was zu tun.
Dann streng dich mal an.
Wie? Halt ... Gehst du wirk...?
Er ist weg.
KLING KLING
Vielen Dank für Ihren Besuch.
Kurona

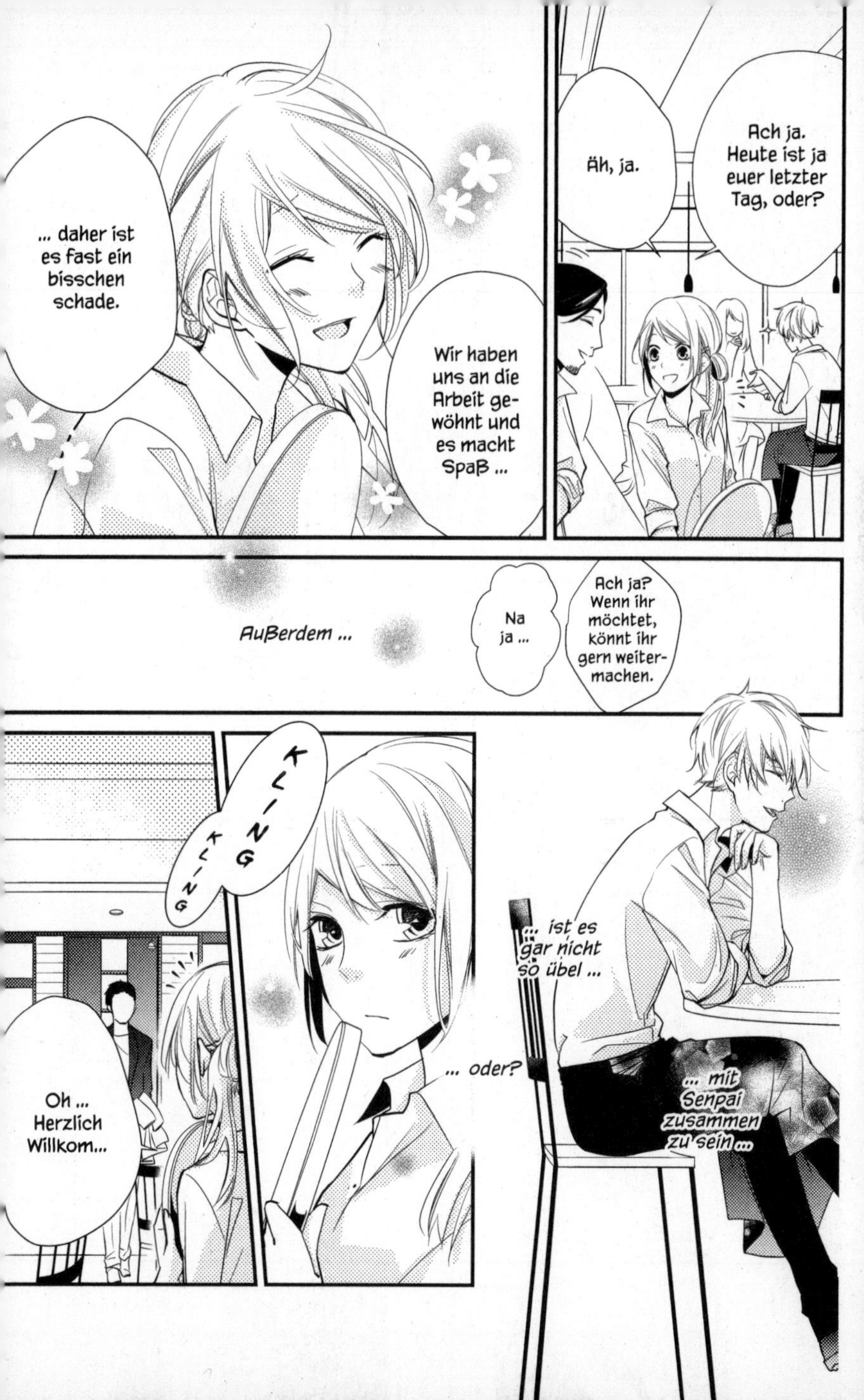
Ach ja. Heute ist ja euer letzter Tag, oder?
Äh, ja.
Wir haben uns an die Arbeit gewöhnt und es macht Spaß ...
... daher ist es fast ein bisschen schade.
Ach ja? Wenn ihr möchtet, könnt ihr gern weitermachen.
Na ja ...
Außerdem ...
... ist es gar nicht so übel ...
... mit Senpai zusammen zu sein ...
... oder?
KLING
KLING
Oh ... Herzlich Willkom...

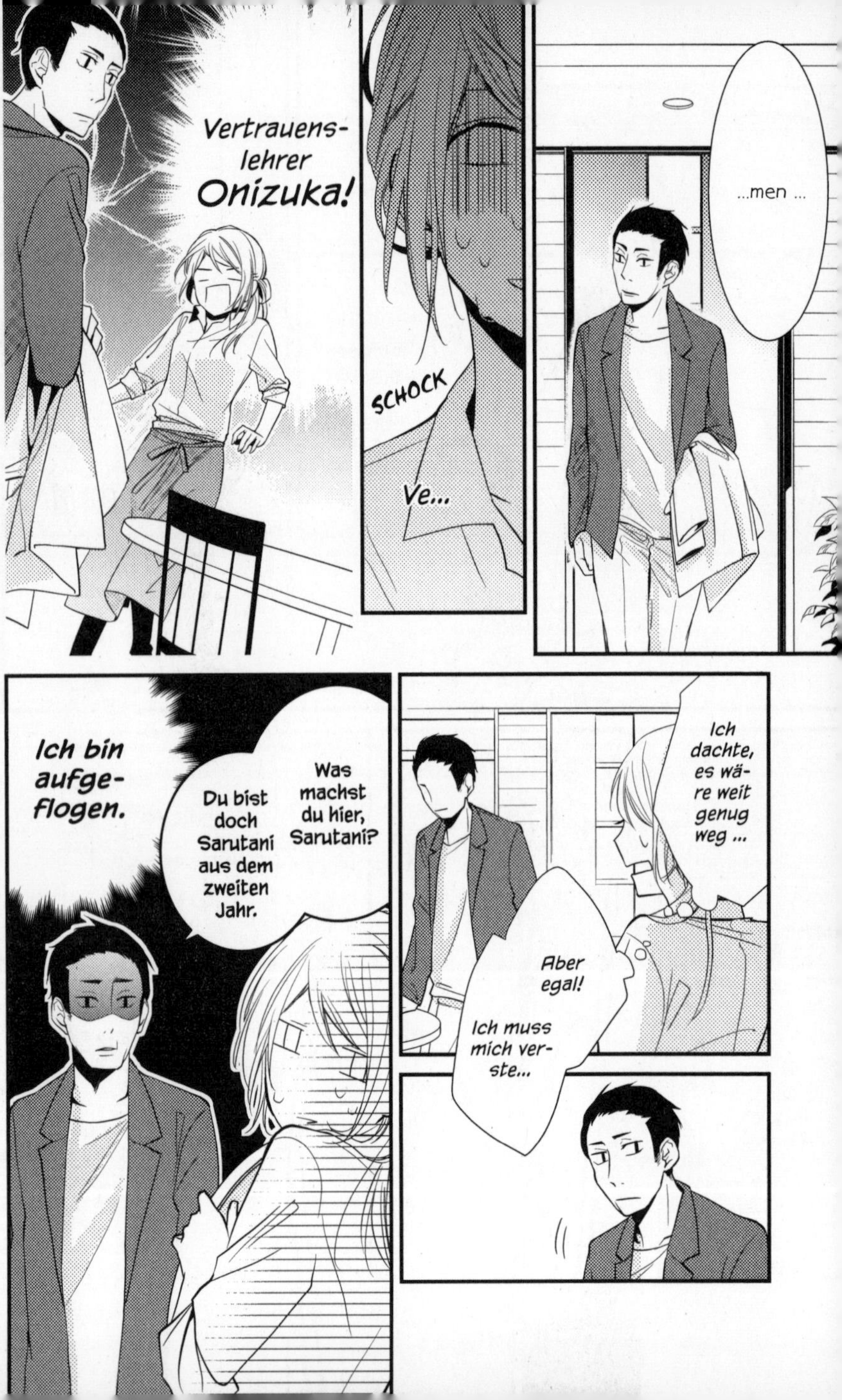

...men ...

SCHOCK

Ve...

Vertrauens-lehrer Onizuka!

Ich dachte, es wäre weit genug weg ...

Aber egal!

Ich muss mich verste...

Was machst du hier, Sarutani?

Du bist doch Sarutani aus dem zweiten Jahr.

Ich bin aufgeflogen.

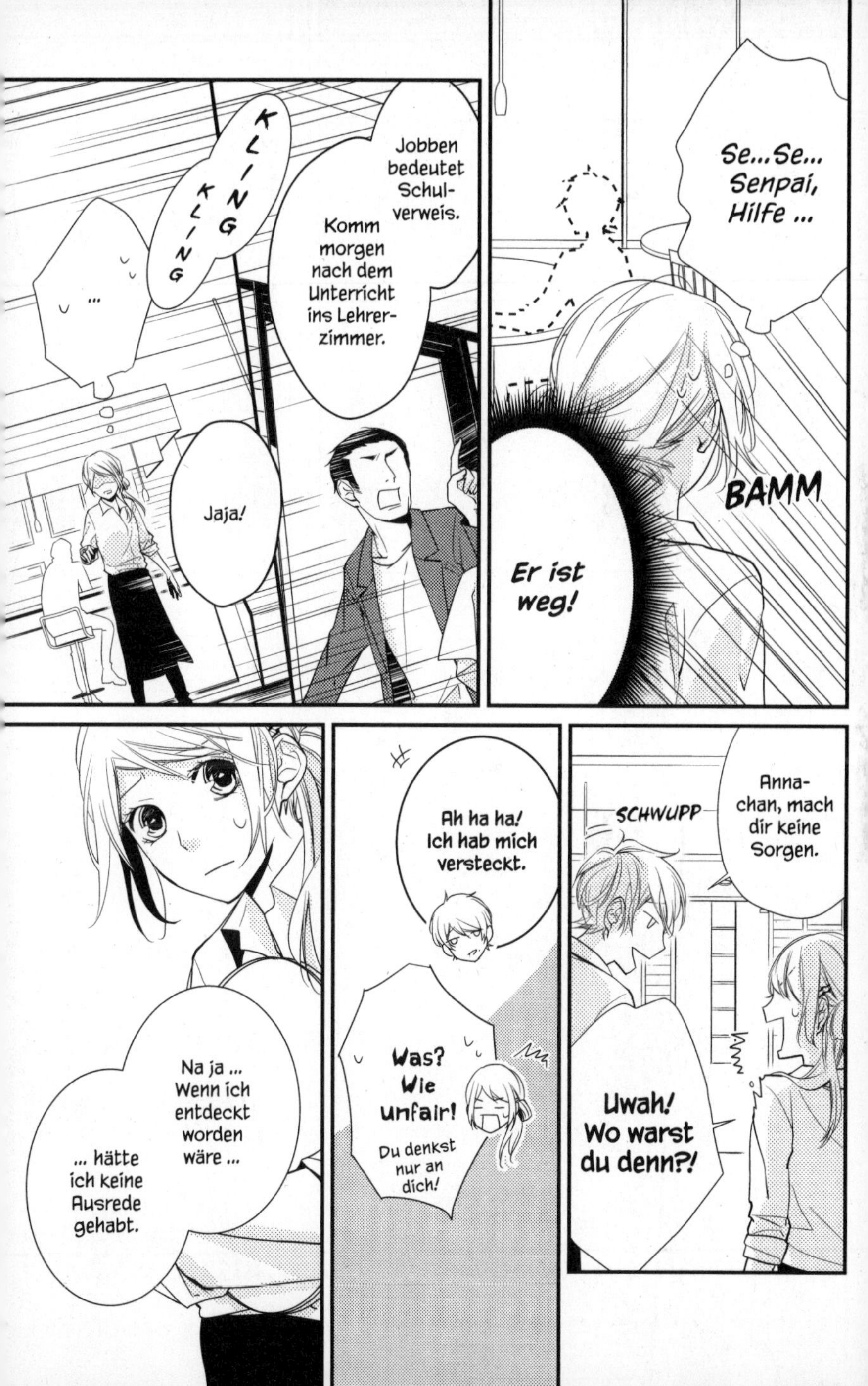

Se...Se... Senpai, Hilfe ...
BAMM
Er ist weg!
Jobben bedeutet Schulverweis.
Komm morgen nach dem Unterricht ins Lehrerzimmer.
KLING KLING
...
Jaja!
Anna-chan, mach dir keine Sorgen.
SCHWUPP
Uwah! Wo warst du denn?!
Ah ha ha! Ich hab mich versteckt.
Was? Wie unfair!
Du denkst nur an dich!
Na ja ... Wenn ich entdeckt worden wäre ...
... hätte ich keine Ausrede gehabt.

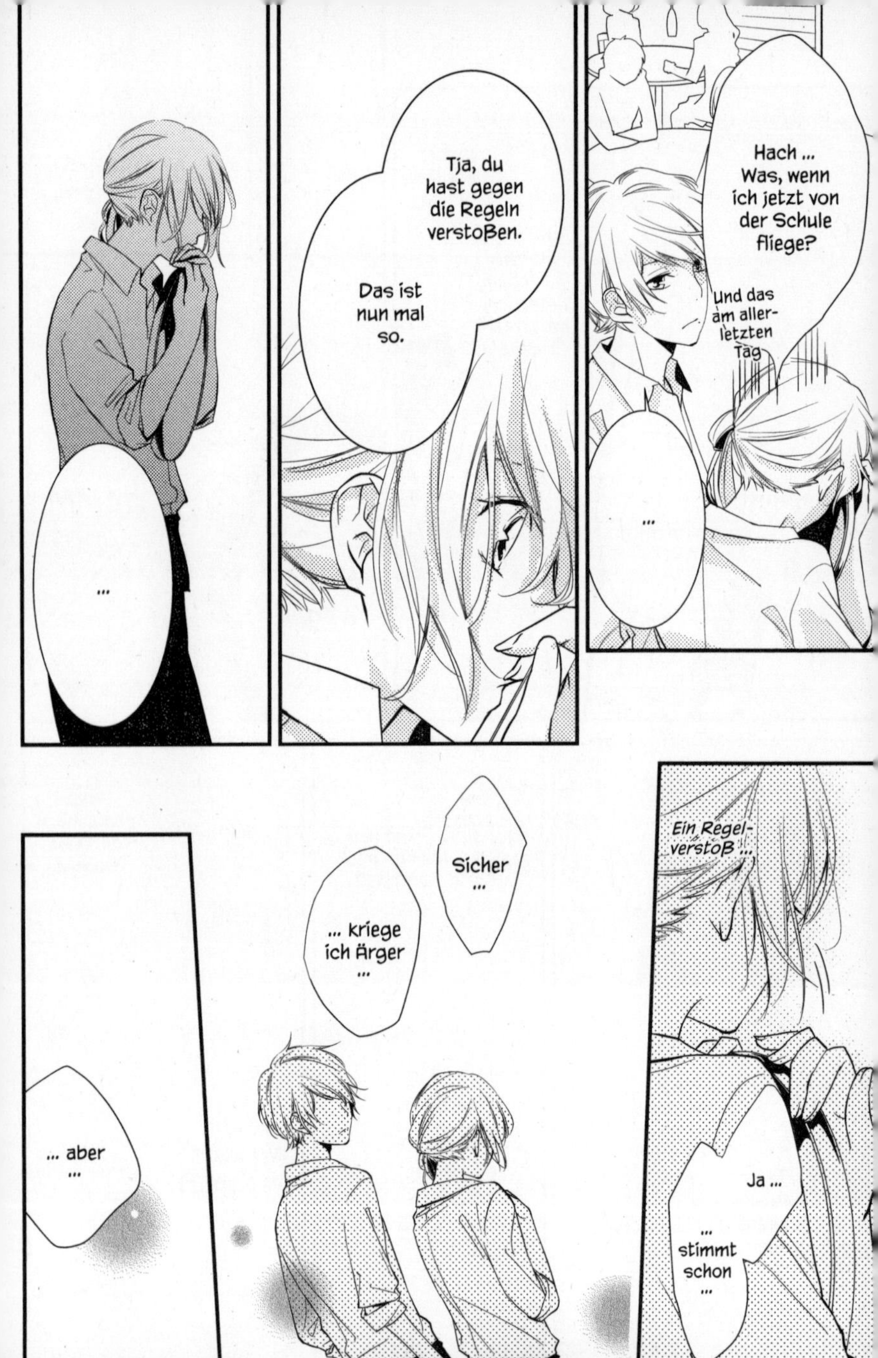
Hach ... Was, wenn ich jetzt von der Schule fliege?
Und das am allerletzten Tag
...
Tja, du hast gegen die Regeln verstoßen.
Das ist nun mal so.
...
Ein Regelverstoß ...
Ja ...
... stimmt schon ...
Sicher ...
... kriege ich Ärger ...
... aber ...

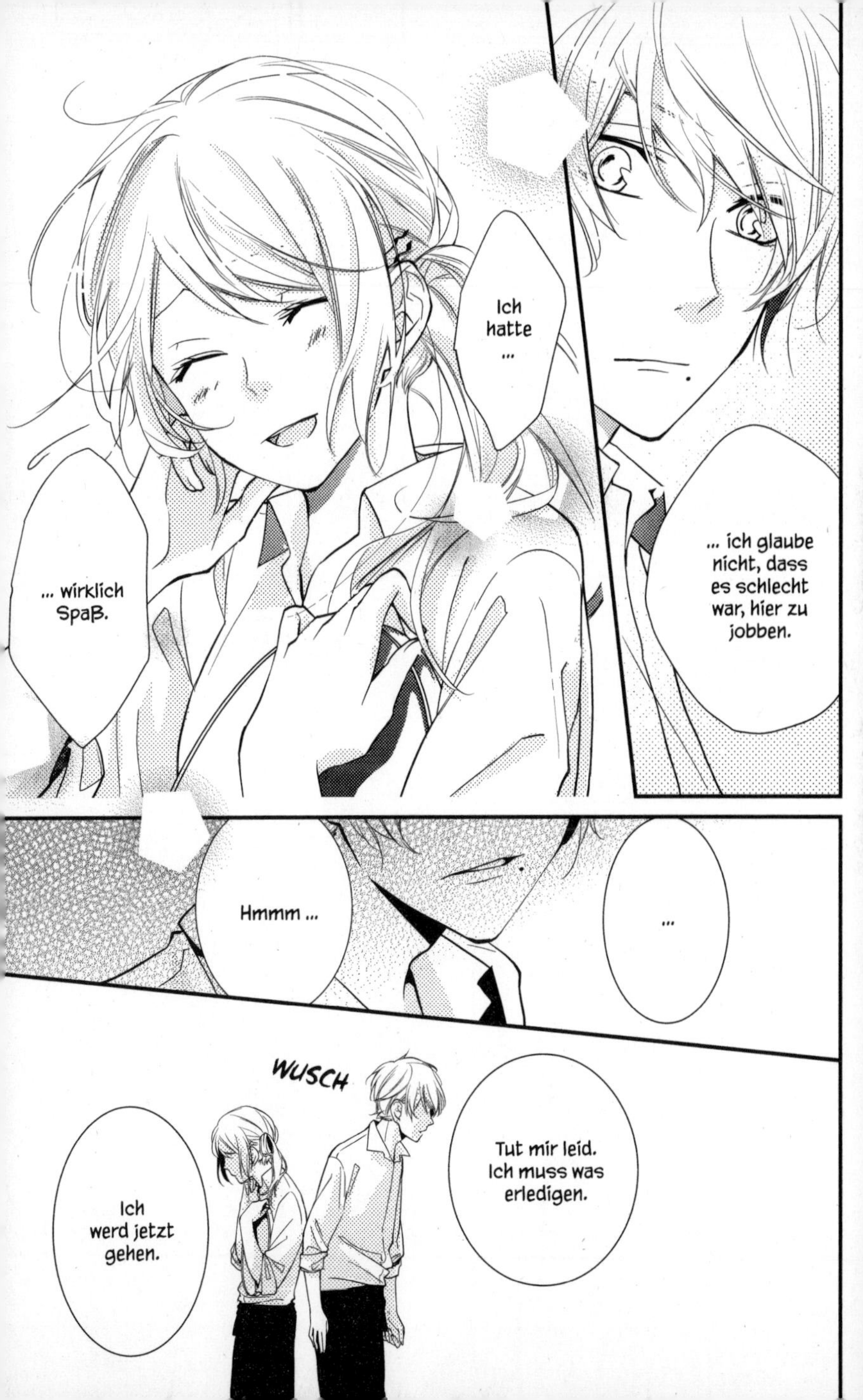
Ich hatte …
... wirklich Spaß.
... ich glaube nicht, dass es schlecht war, hier zu jobben.
...
Hmmm ...
WUSCH
Tut mir leid. Ich muss was erledigen.
Ich werd jetzt gehen.

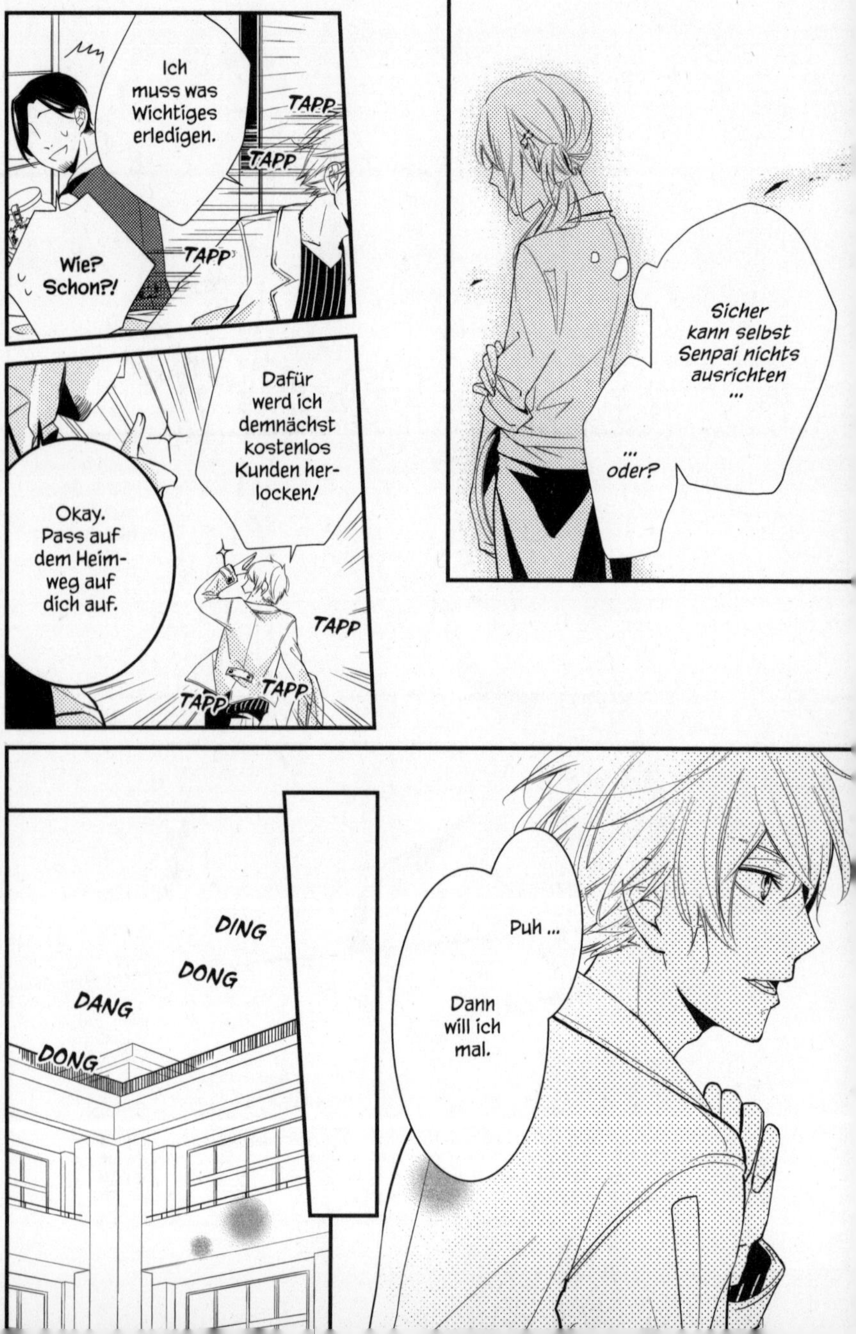

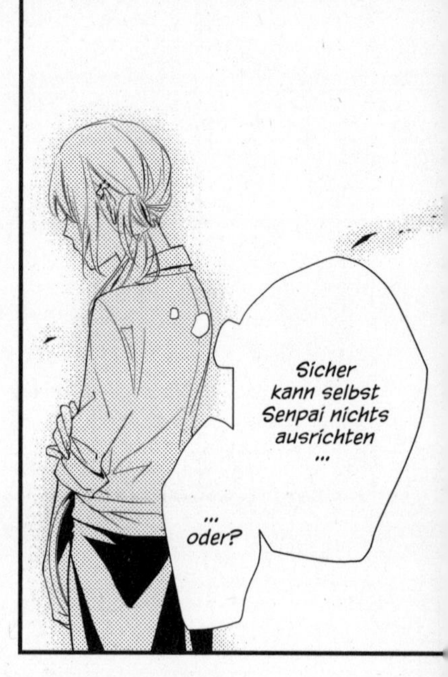
Sicher kann selbst Senpai nichts ausrichten ...
... oder?

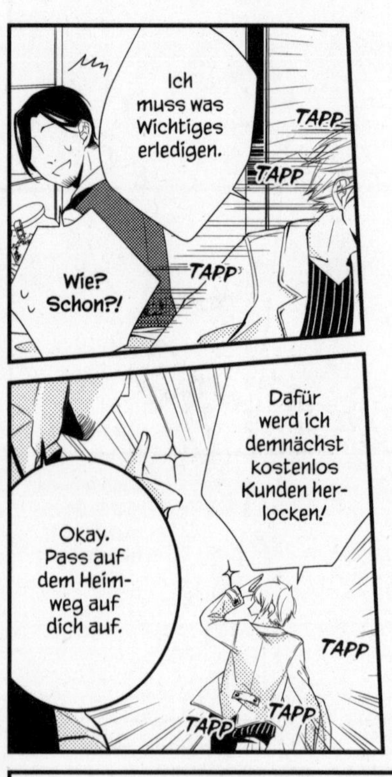
Ich muss was Wichtiges erledigen.
TAPP
TAPP
TAPP
Wie? Schon?!
Dafür werd ich demnächst kostenlos Kunden her-locken!
Okay. Pass auf dem Heim-weg auf dich auf.
TAPP
TAPP
TAPP

Puh ...
Dann will ich mal.
DING
DONG
DANG
DONG

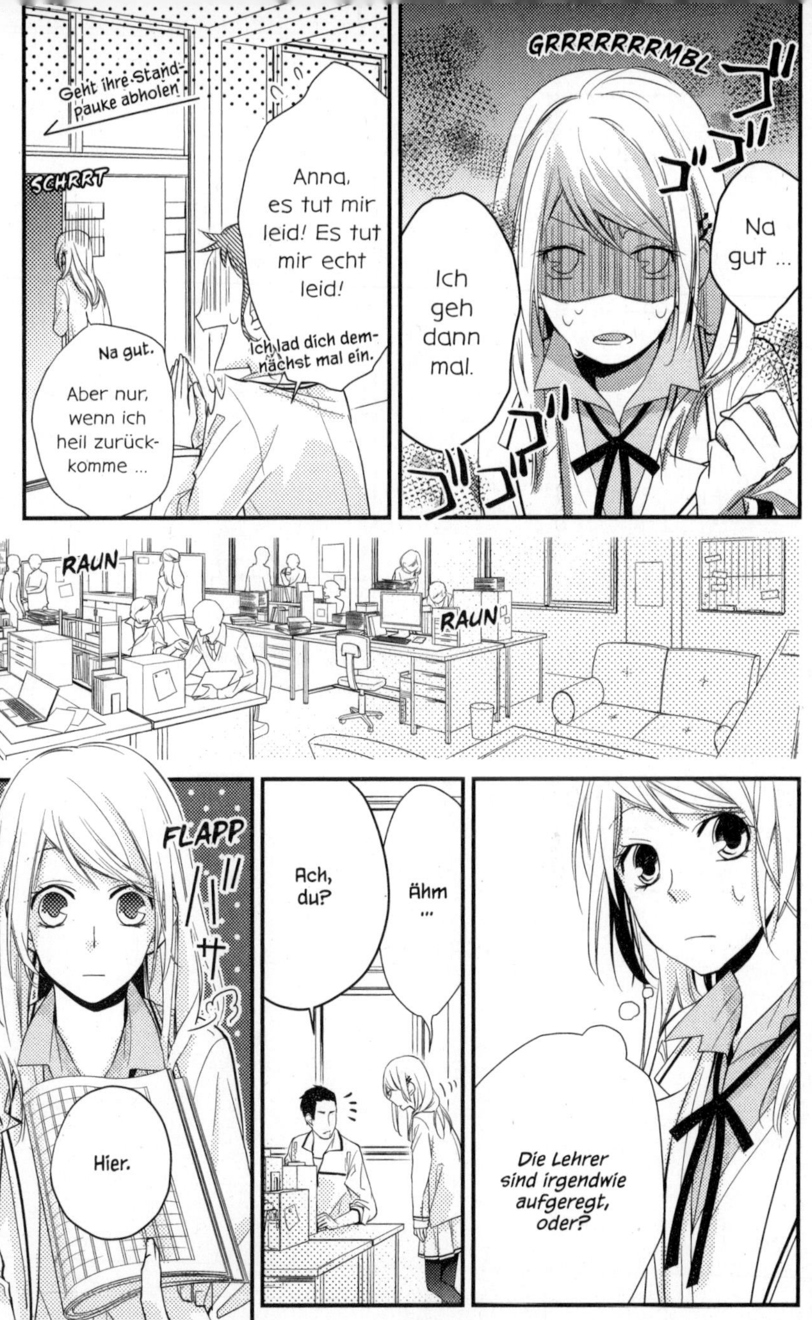
GRRRRRRRMBL
Na gut …
Ich geh dann mal.
Anna, es tut mir leid! Es tut mir echt leid!
Ich lad dich demnächst mal ein.
SCHRRT
Geht ihre Standpauke abholen
Na gut.
Aber nur, wenn ich heil zurückkomme …
RAUN
RAUN
Die Lehrer sind irgendwie aufgeregt, oder?
Ähm …
Ach, du?
FLAPP
Hier.

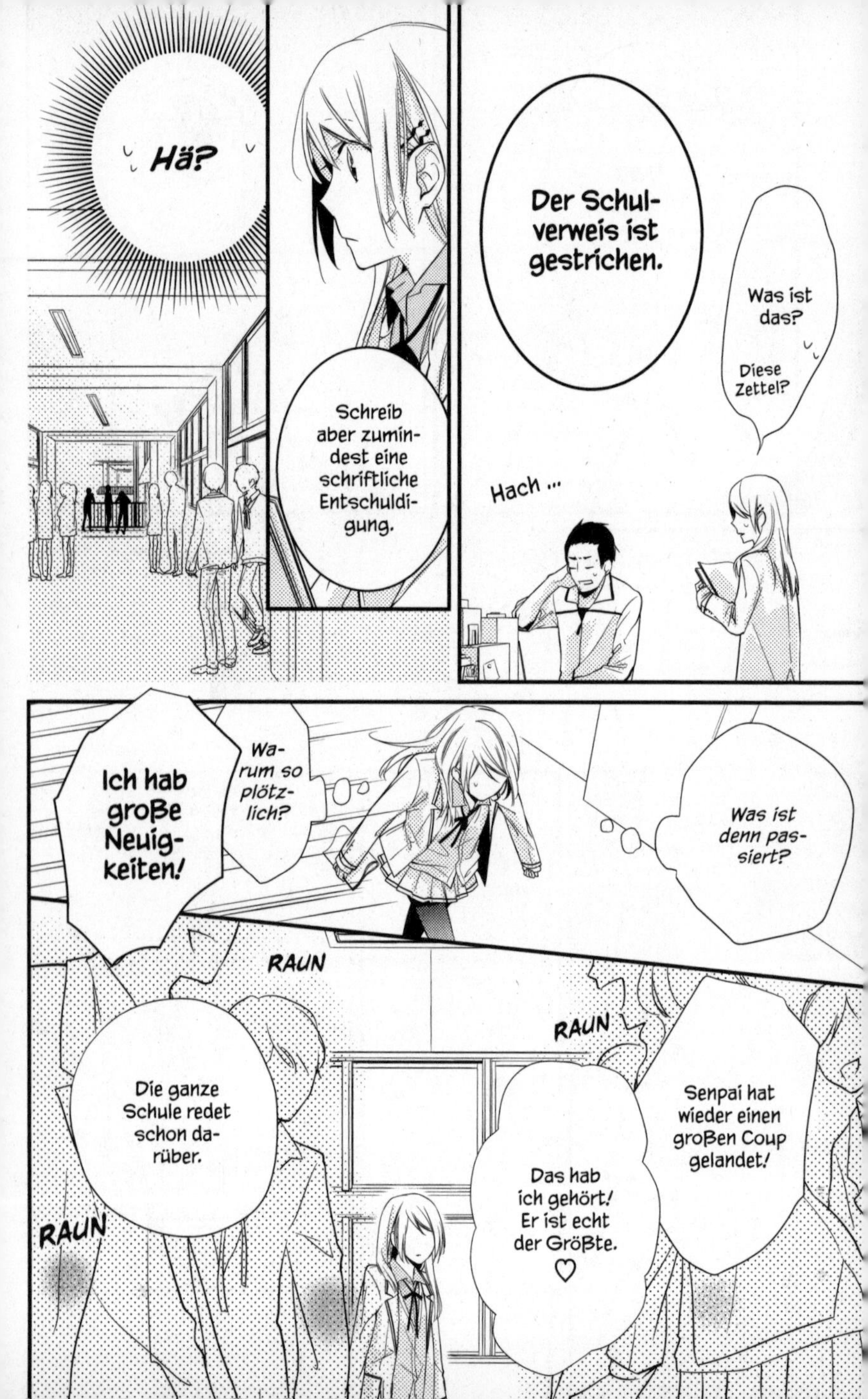
Der Schulverweis ist gestrichen.
Was ist das?
Diese Zettel?
Hach ...
Schreib aber zumindest eine schriftliche Entschuldigung.
Hä?
Was ist denn passiert?
Warum so plötzlich?
Ich hab große Neuigkeiten!
RAUN
RAUN
Senpai hat wieder einen großen Coup gelandet!
Das hab ich gehört! Er ist echt der Größte. ♡
Die ganze Schule redet schon darüber.
RAUN

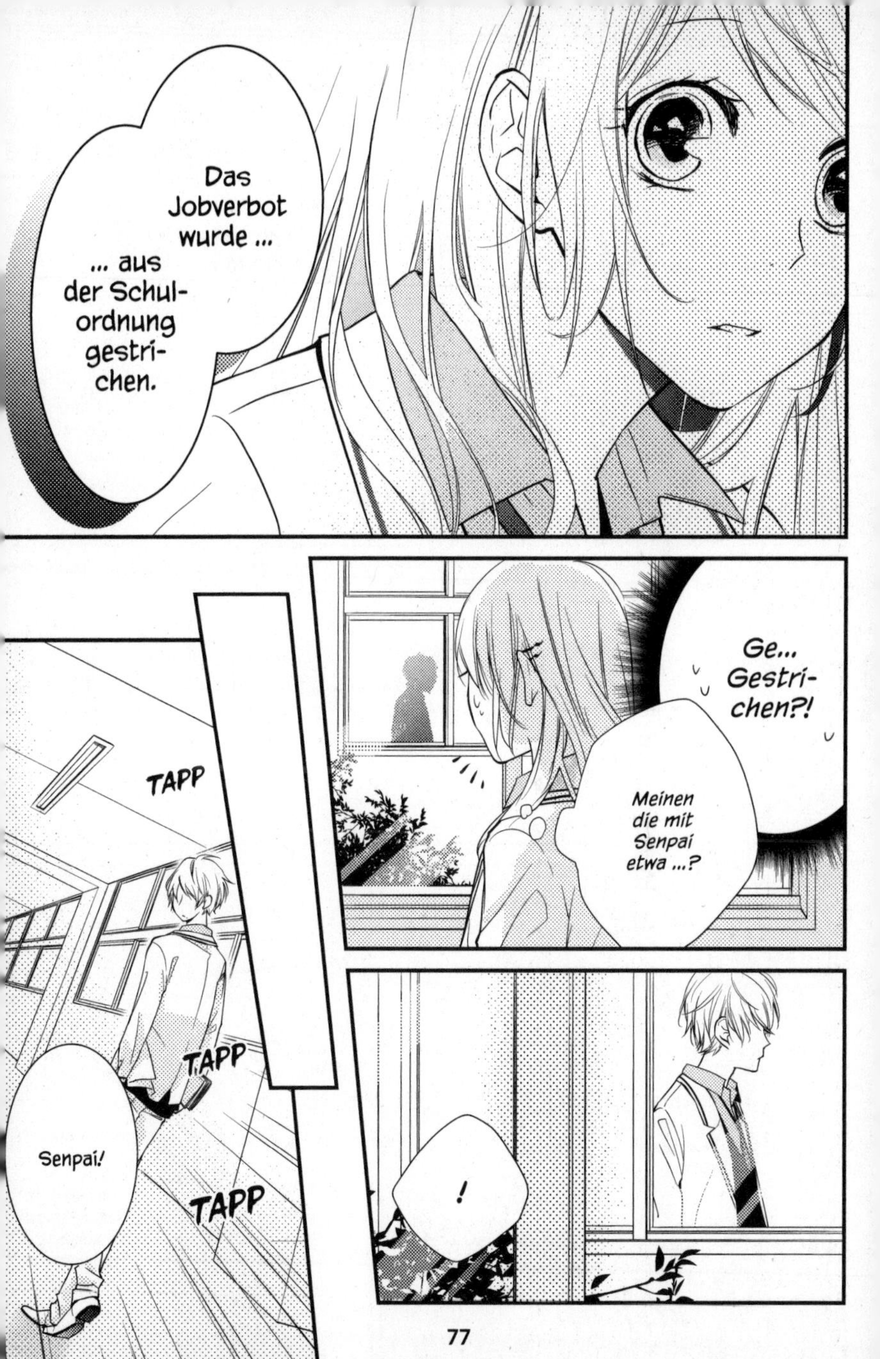

Das Jobverbot wurde ...
... aus der Schulordnung gestrichen.
Ge... Gestrichen?!
Meinen die mit Senpai etwa ...?
!
TAPP
TAPP
TAPP
Senpai!

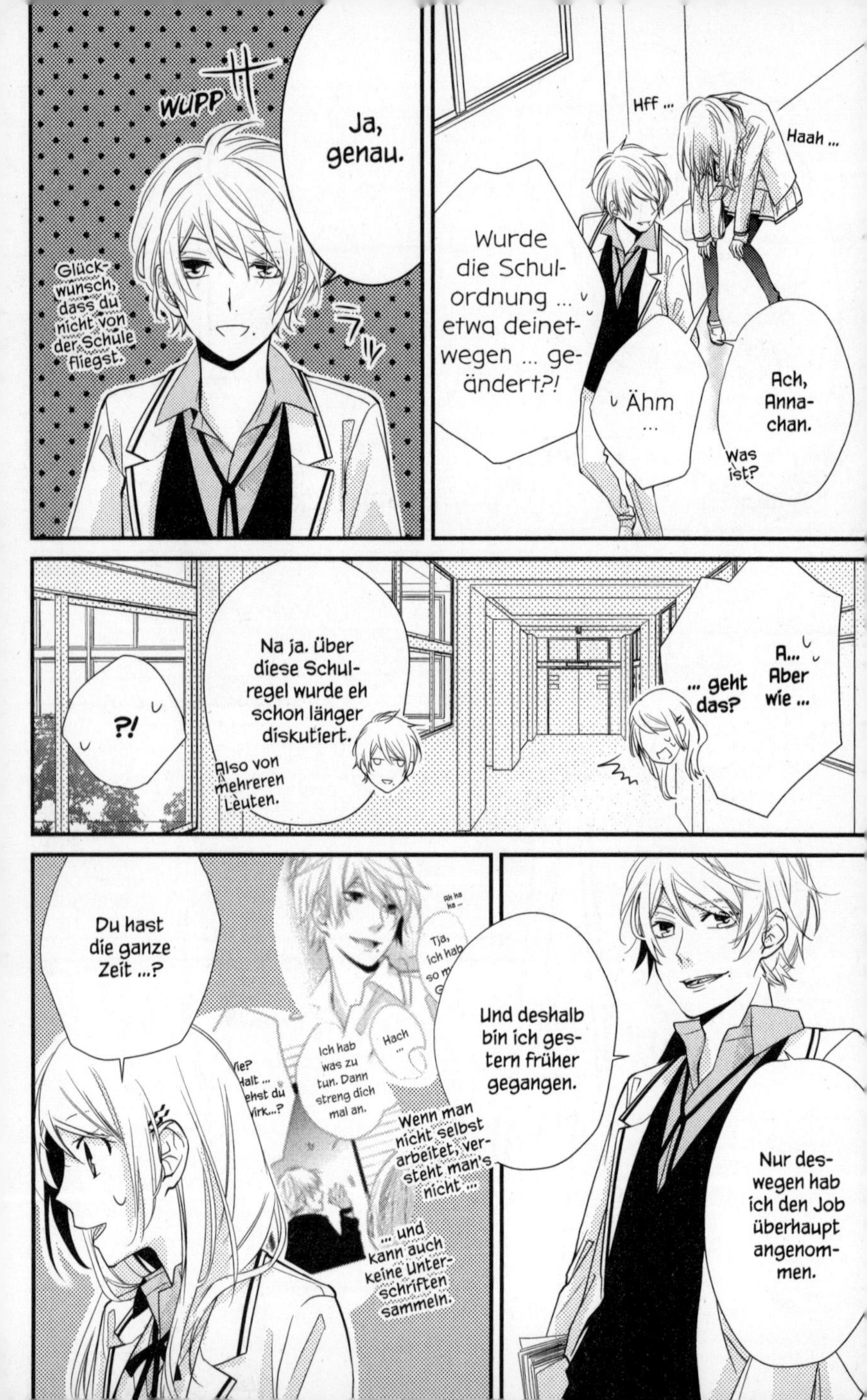
Hff ...
Haah ...
Wurde die Schulordnung ... etwa deinetwegen ... geändert?!
Ach, Annachan.
Was ist?
Ähm ...
Ja, genau.
WUPP
Glückwunsch, dass du nicht von der Schule fliegst.
A... Aber wie ...
... geht das?
Na ja. Über diese Schulregel wurde eh schon länger diskutiert.
Also von mehreren Leuten.
?!
Und deshalb bin ich gestern früher gegangen.
Nur deswegen hab ich den Job überhaupt angenommen.
Ah ha ha ...
Hach ...
Ich hab was zu tun. Dann streng dich mal an.
Wenn man nicht selbst arbeitet, versteht man's nicht ...
... und kann auch keine Unterschriften sammeln.
Du hast die ganze Zeit ...?

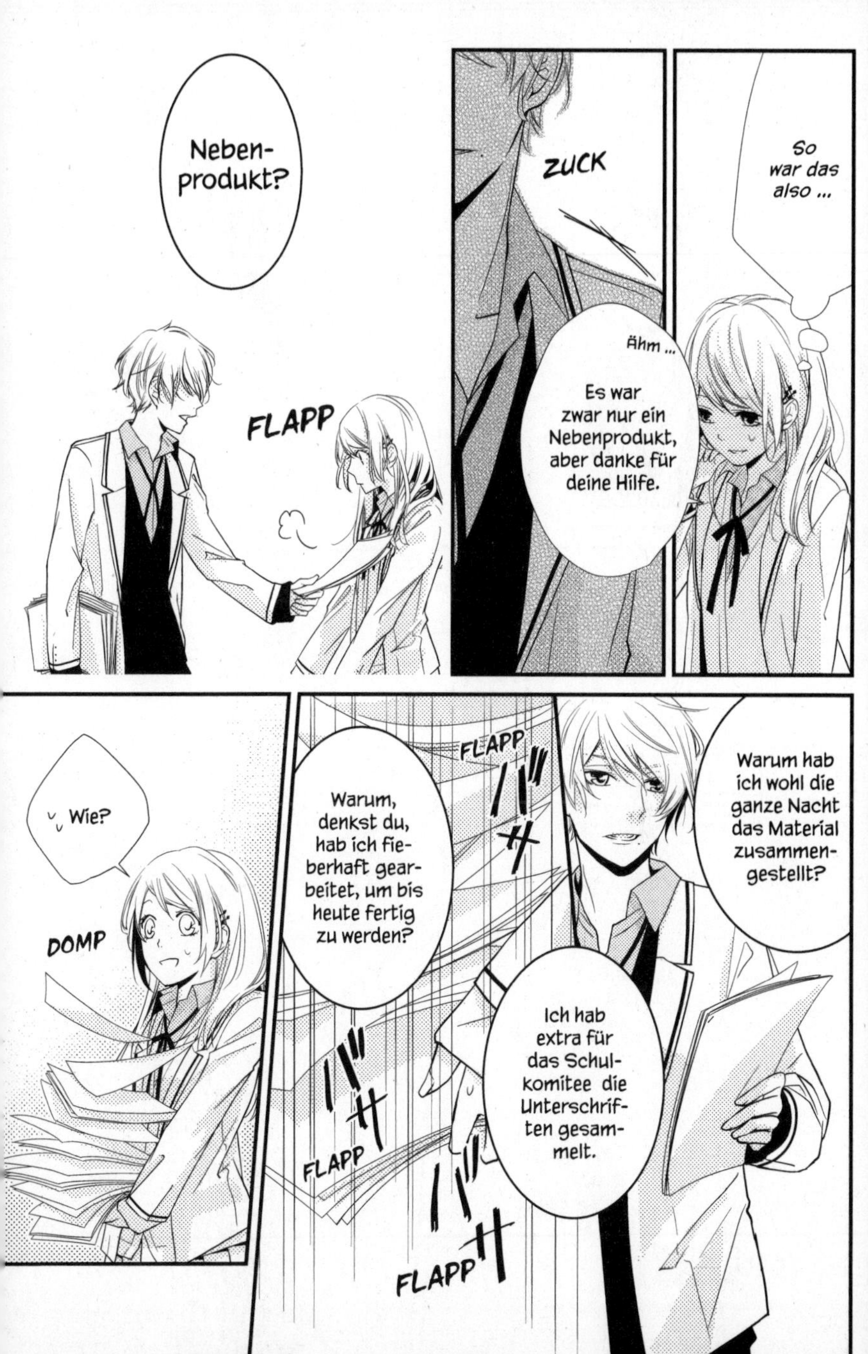
So war das also ...
ZUCK
Ähm ...
Es war zwar nur ein Nebenprodukt, aber danke für deine Hilfe.
Neben-produkt?
FLAPP
Warum hab ich wohl die ganze Nacht das Material zusammen-gestellt?
Warum, denkst du, hab ich fie-berhaft gear-beitet, um bis heute fertig zu werden?
Ich hab extra für das Schul-komitee die Unterschrif-ten gesam-melt.
FLAPP
FLAPP
FLAPP
Wie?
DOMP

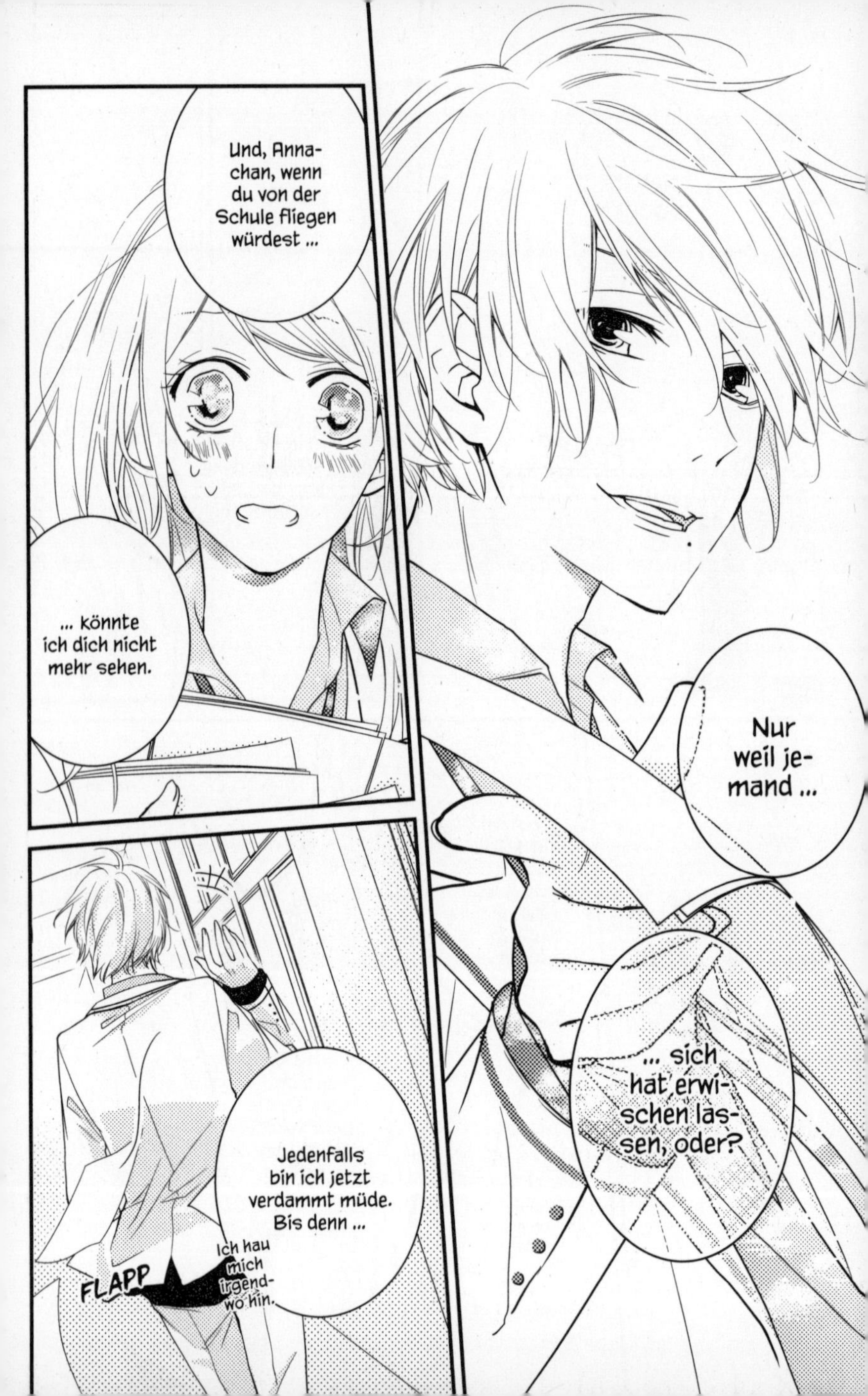
Und, Anna-chan, wenn du von der Schule fliegen würdest ...
... könnte ich dich nicht mehr sehen.
Nur weil jemand ...
... sich hat erwischen lassen, oder?
Jedenfalls bin ich jetzt verdammt müde. Bis denn ...
Ich hau mich irgendwo hin.
FLAPP

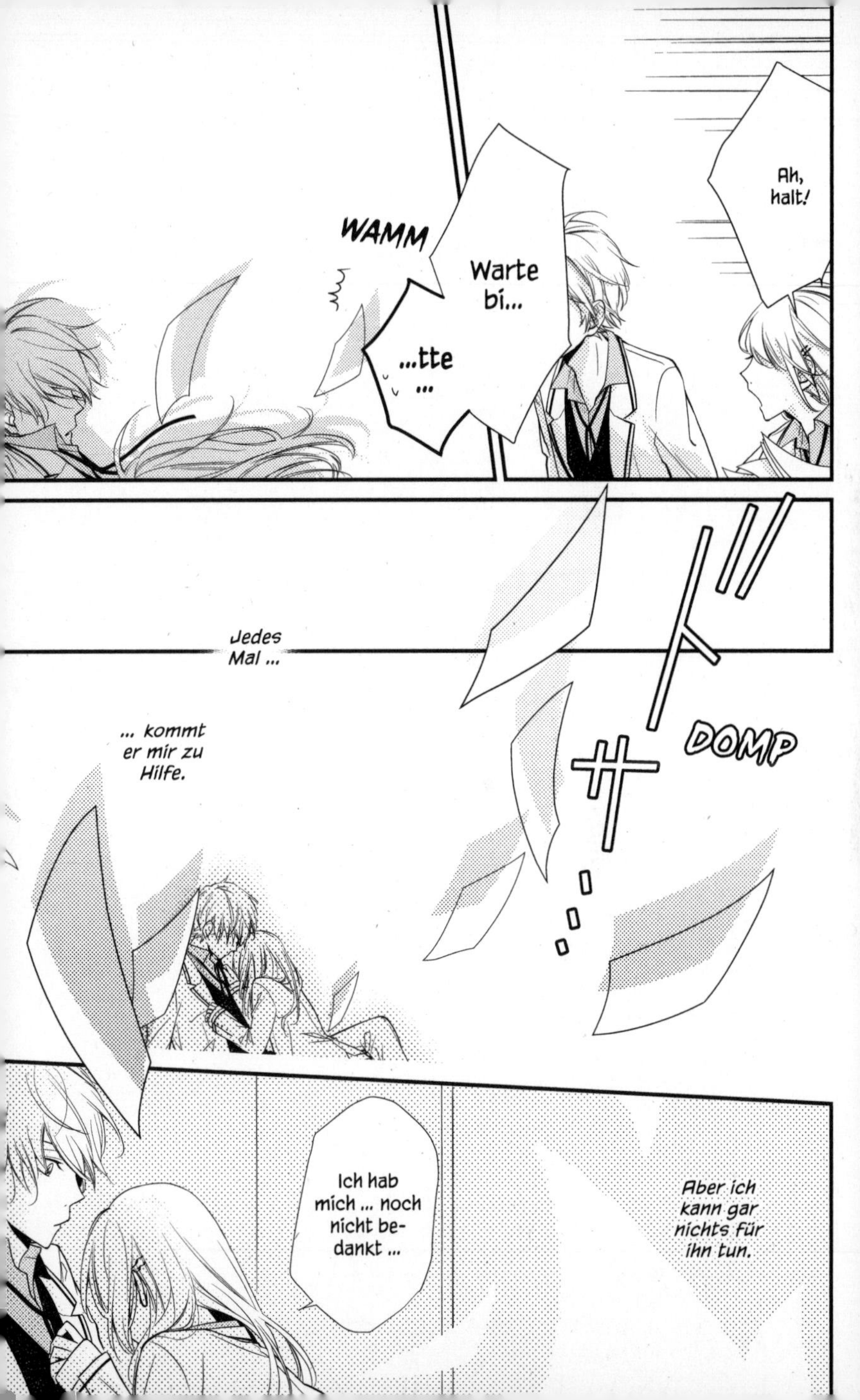

Ah, halt!
Warte bi...
...tte ...
WAMM
DOMP
Jedes Mal ...
... kommt er mir zu Hilfe.
Aber ich kann gar nichts für ihn tun.
Ich hab mich ... noch nicht bedankt ...

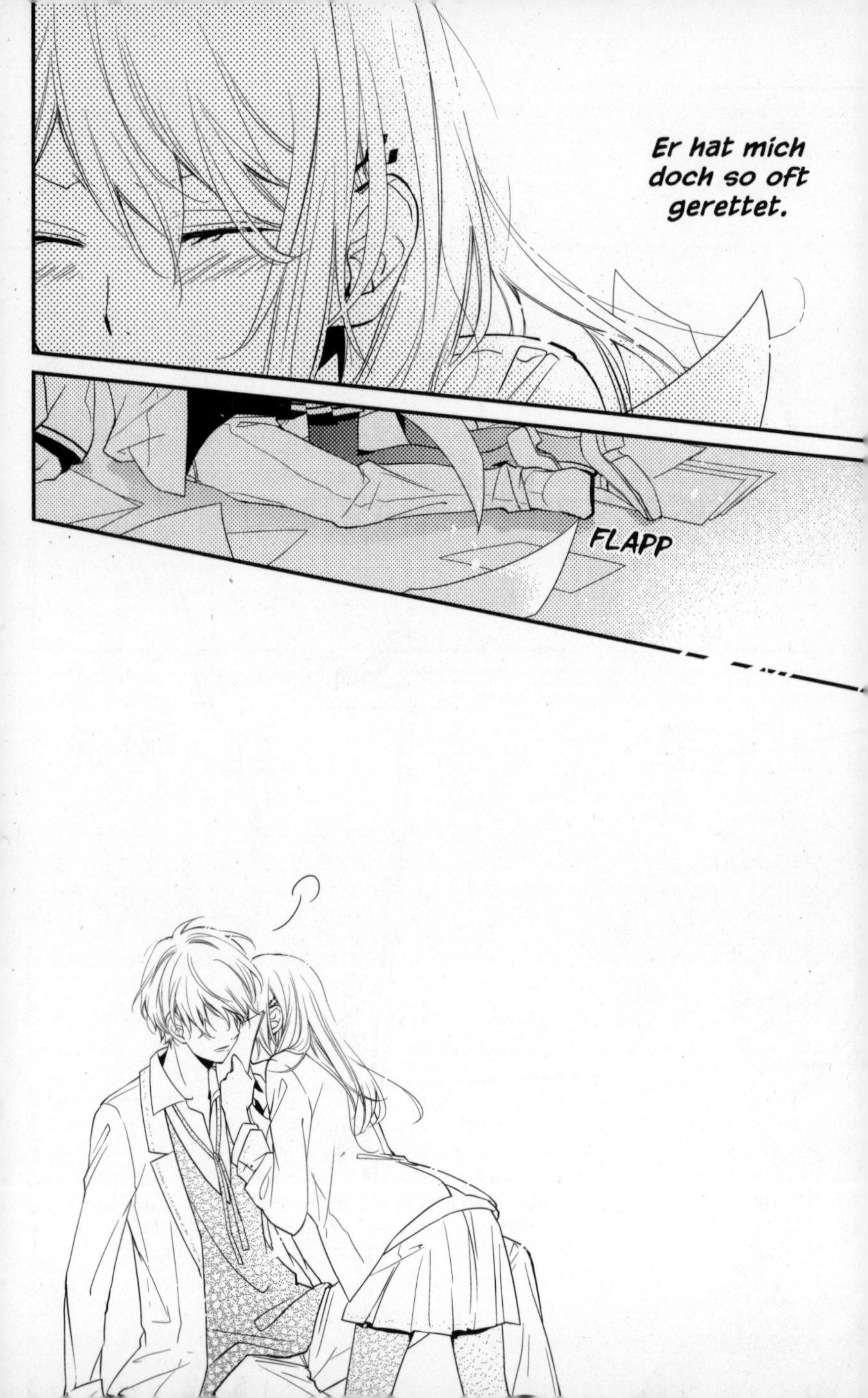
Er hat mich doch so oft gerettet.
FLAPP

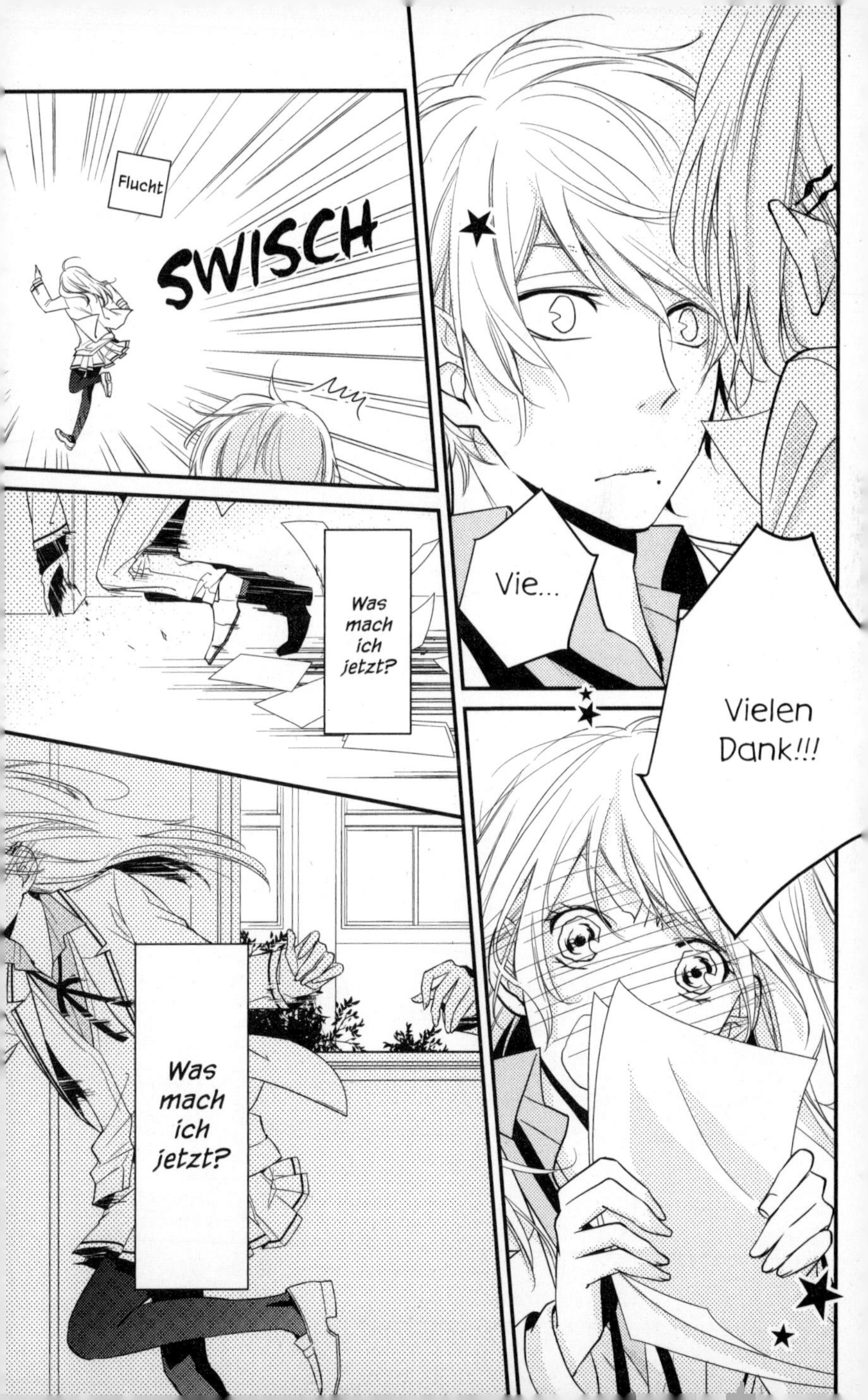

Vie...
Vielen Dank!!!
Flucht
SWISCH
Was mach ich jetzt?
Was mach ich jetzt?

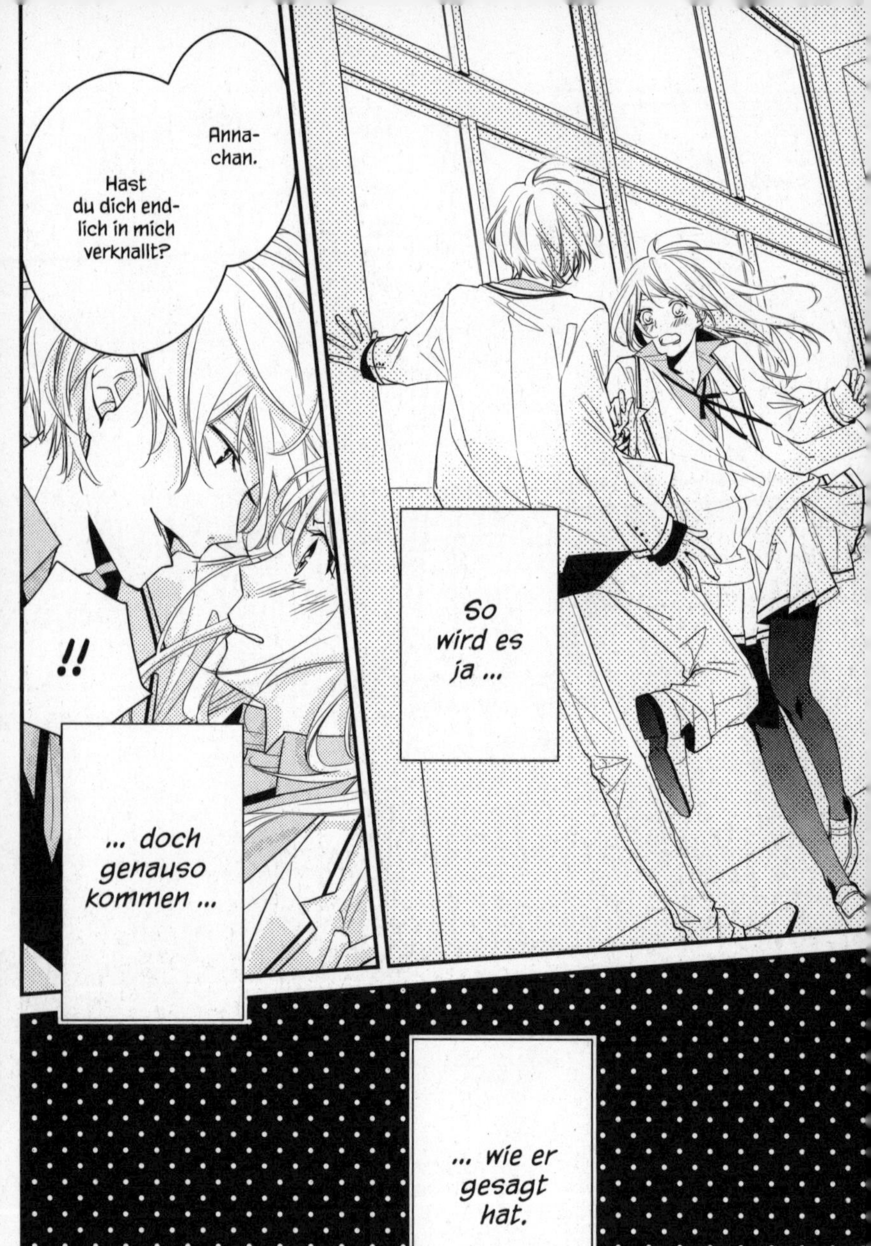

So wird es ja ...
Anna-chan.
Hast du dich endlich in mich verknallt?
!!
... doch genauso kommen ...
... wie er gesagt hat.

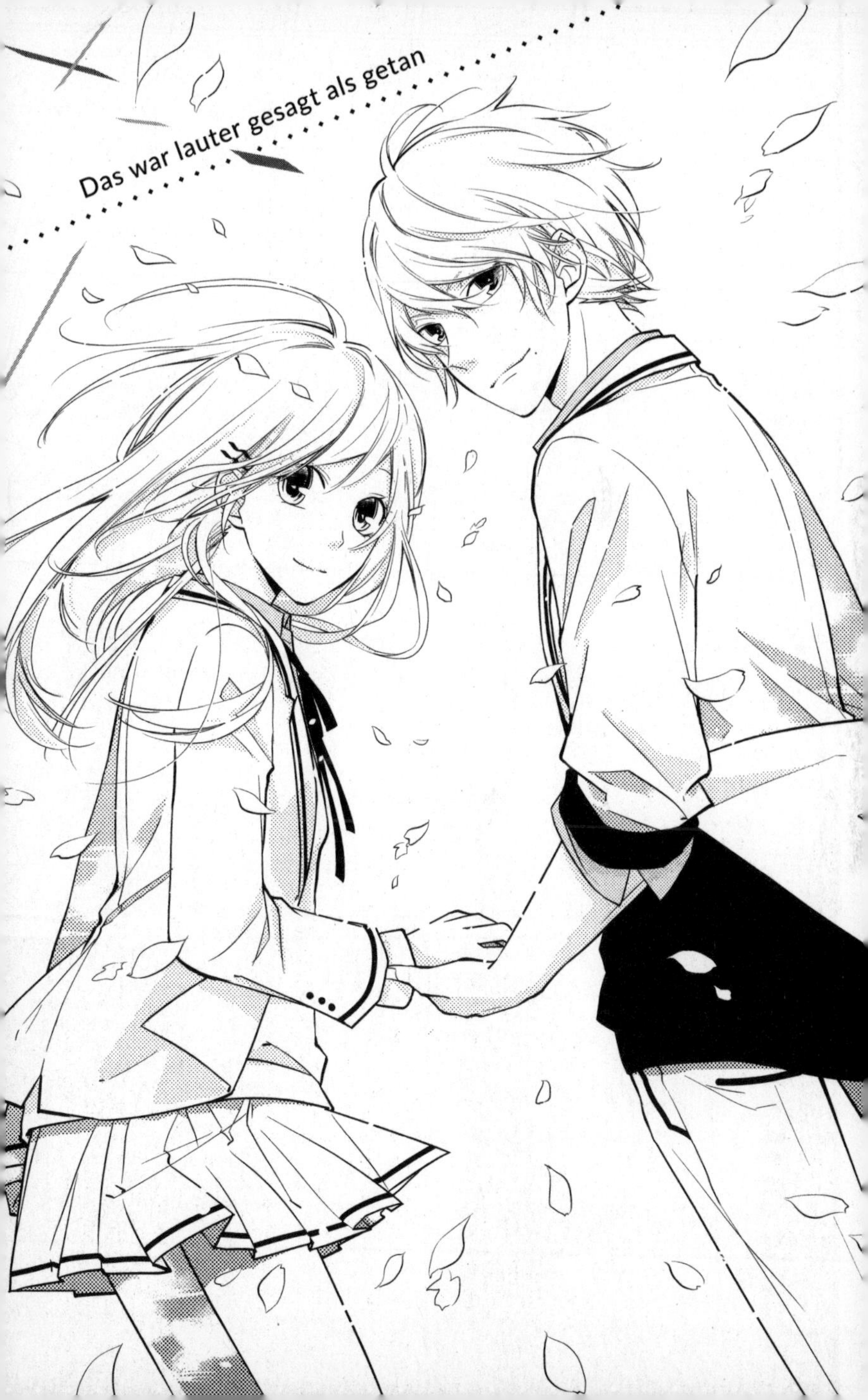
Das war lauter gesagt als getan

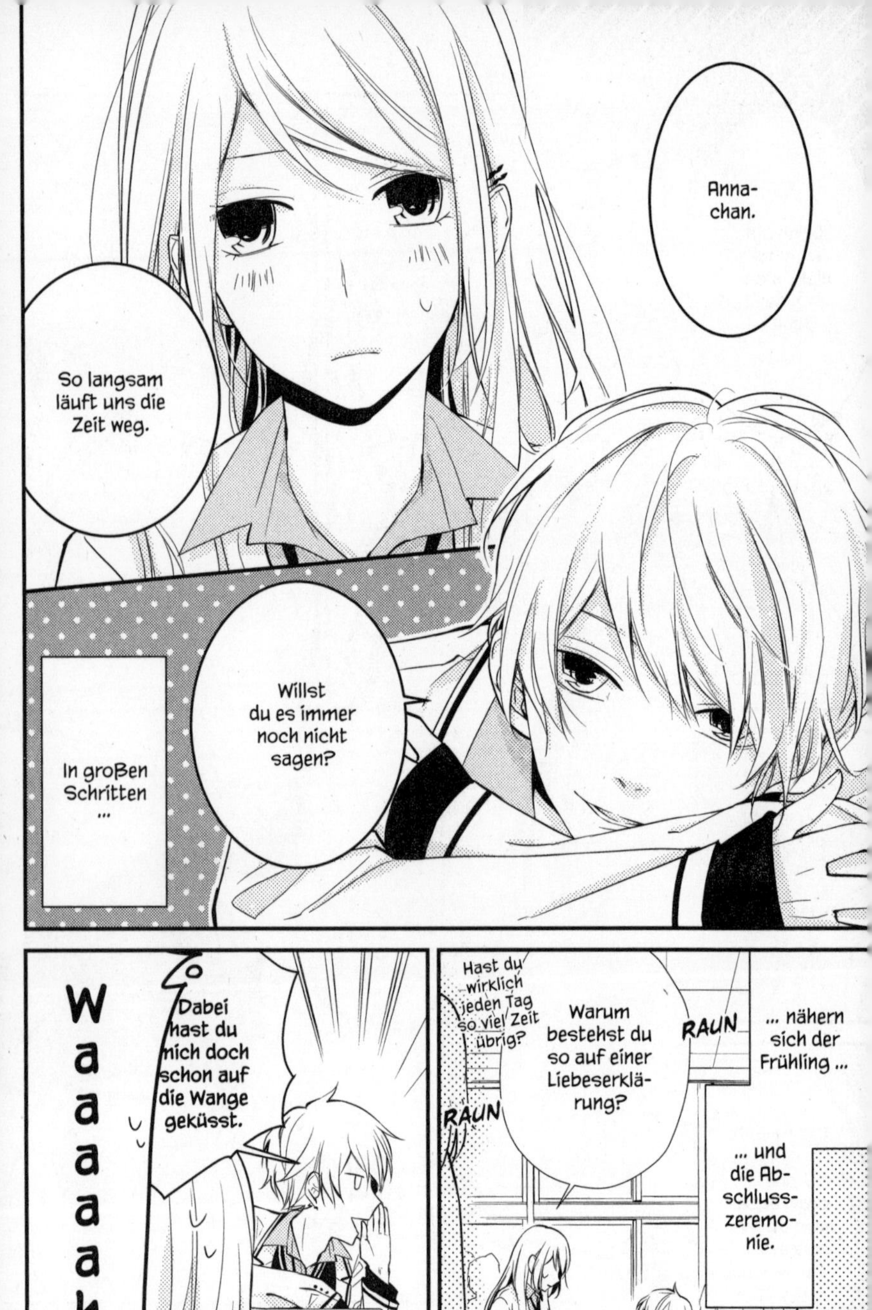
Anna-chan.
So langsam läuft uns die Zeit weg.
Willst du es immer noch nicht sagen?
In großen Schritten ...
... nähern sich der Frühling ...
RAUN
Hast du wirklich jeden Tag so viel Zeit übrig?
Warum bestehst du so auf einer Liebeserklärung?
RAUN
... und die Abschlusszeremonie.
Dabei hast du mich doch schon auf die Wange geküsst.
Waaaaaah!

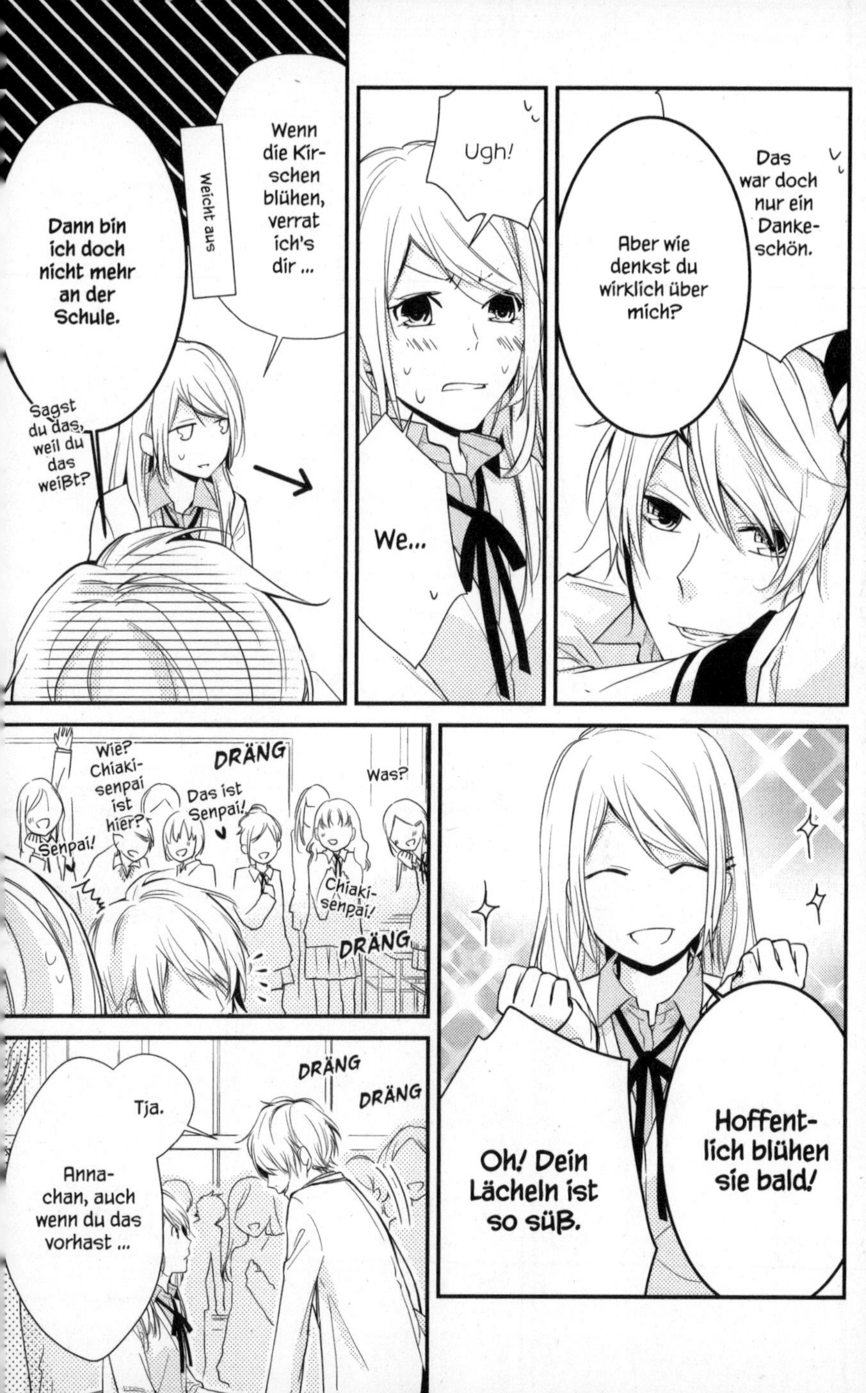

Das war doch nur ein Dankeschön.
Aber wie denkst du wirklich über mich?
Ugh!
We...
Wenn die Kirschen blühen, verrat ich's dir ...
Weicht aus
Dann bin ich doch nicht mehr an der Schule.
Sagst du das, weil du das weißt?
Hoffentlich blühen sie bald!
Oh! Dein Lächeln ist so süß.
Was?
DRÄNG
Das ist Senpai!
Wie? Chiaki-senpai ist hier?
Senpai!
Chiaki-senpai!
DRÄNG
DRÄNG
DRÄNG
Tja.
Anna-chan, auch wenn du das vorhast ...

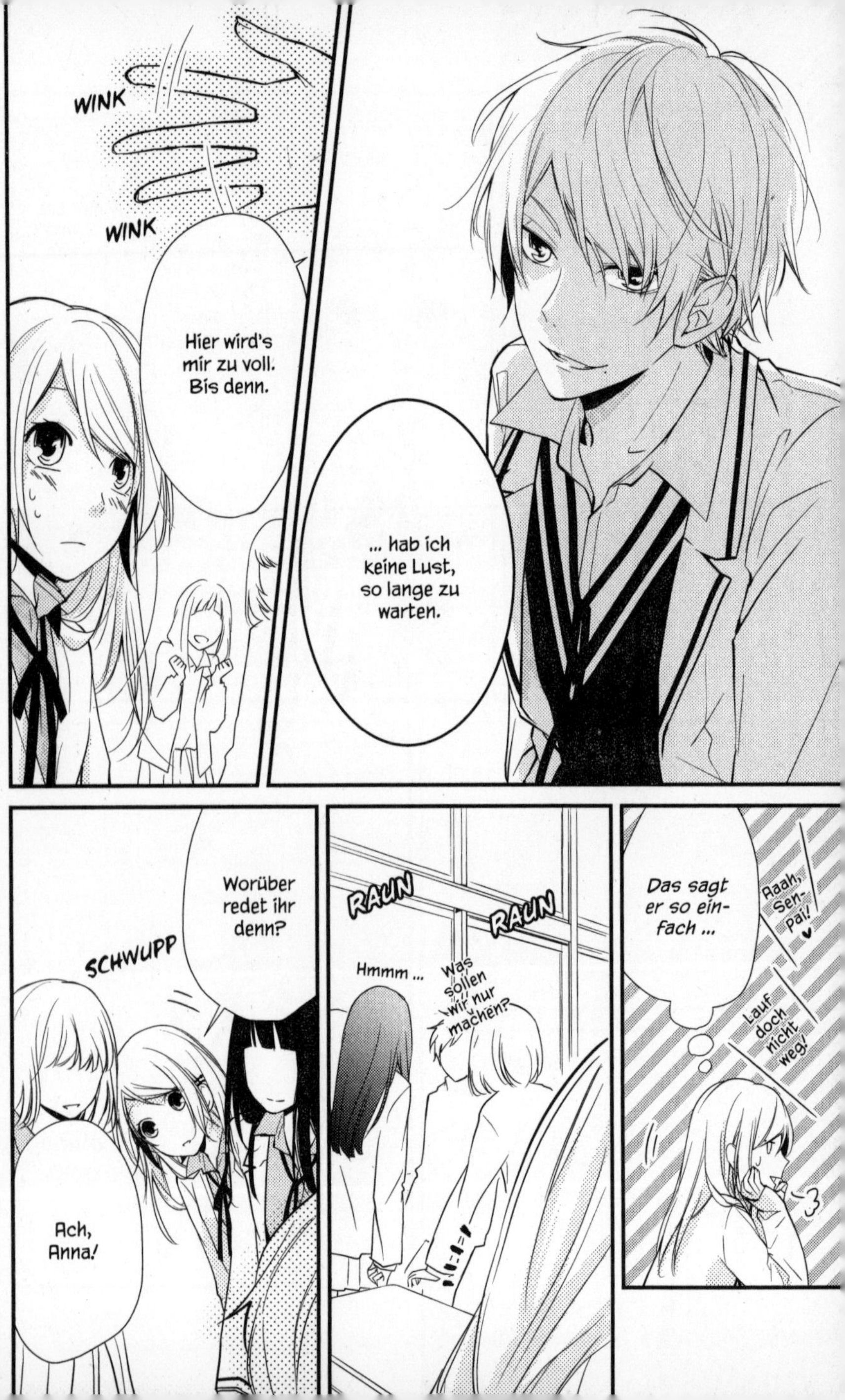

... hab ich keine Lust, so lange zu warten.

WINK

WINK

Hier wird's mir zu voll. Bis denn.

Das sagt er so ein-fach ...

Aaah, Sen-pai! ♥

Lauf doch nicht weg!

RAUN

RAUN

Hmmm ...

Was sollen wir nur machen?

Worüber redet ihr denn?

SCHWUPP

Ach, Anna!

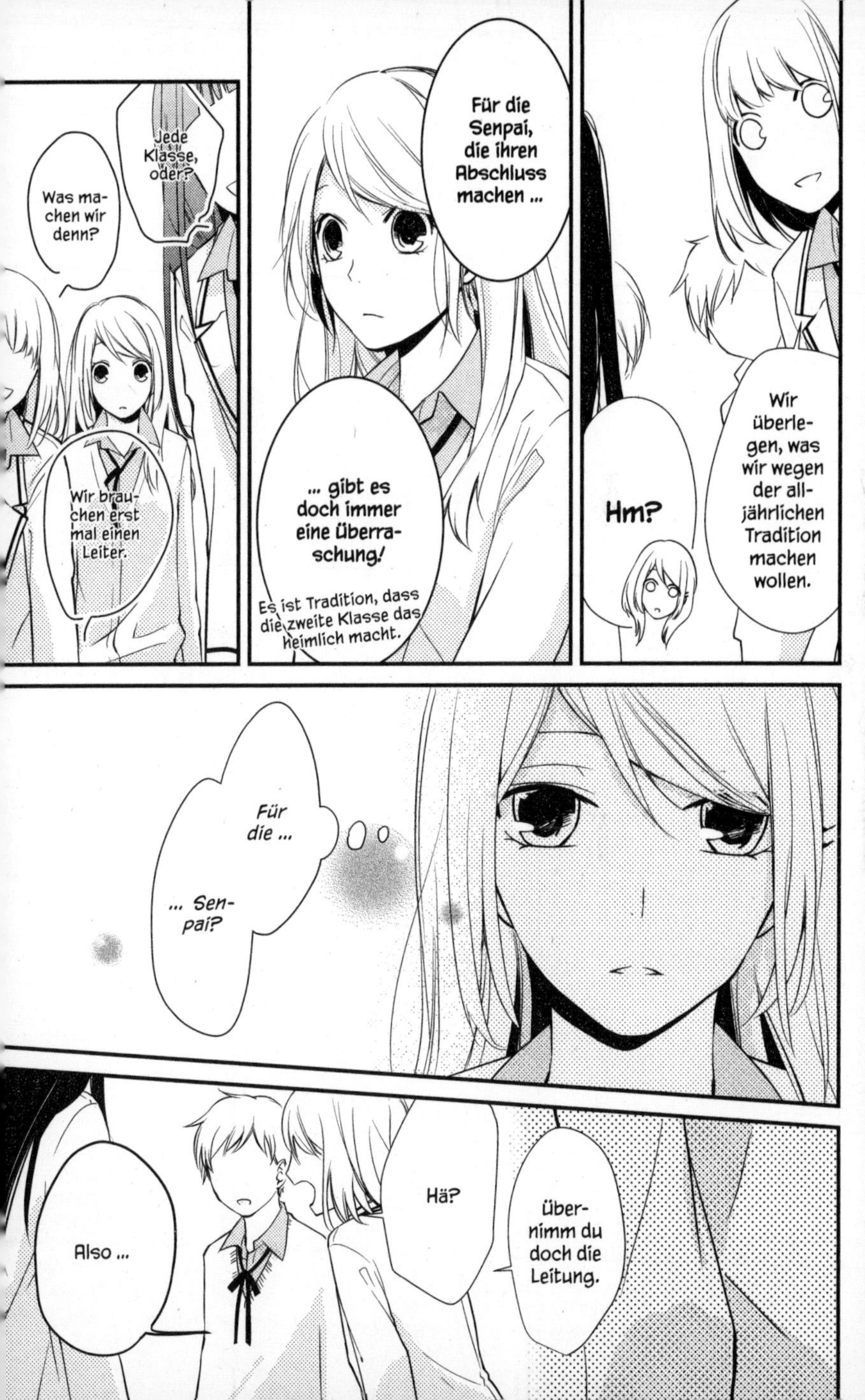
Wir überlegen, was wir wegen der alljährlichen Tradition machen wollen.
Hm?
Für die Senpai, die ihren Abschluss machen ...
... gibt es doch immer eine Überraschung!
Es ist Tradition, dass die zweite Klasse das heimlich macht.
Jede Klasse, oder?
Was machen wir denn?
Wir brauchen erst mal einen Leiter.
Für die ...
... Senpai?
Übernimm du doch die Leitung.
Hä?
Also ...

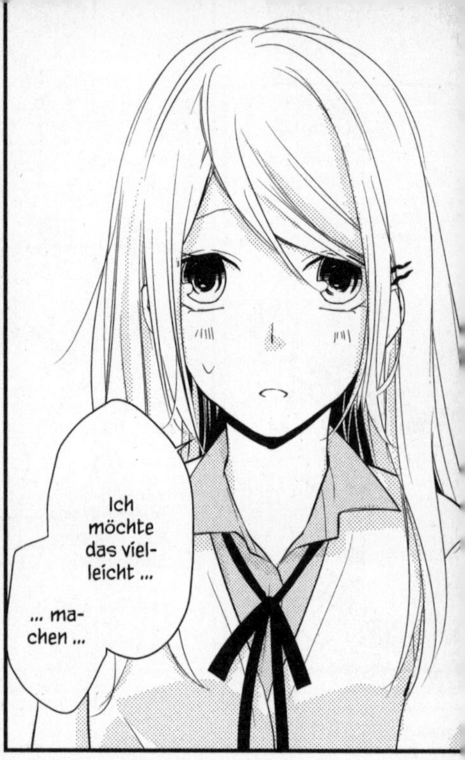
Ich möchte das vielleicht ...
... machen ...

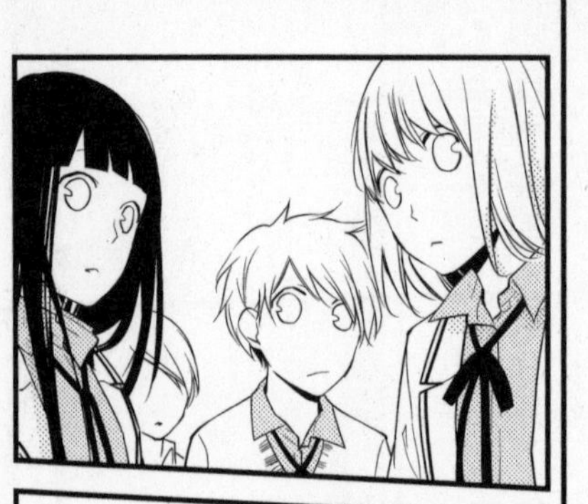

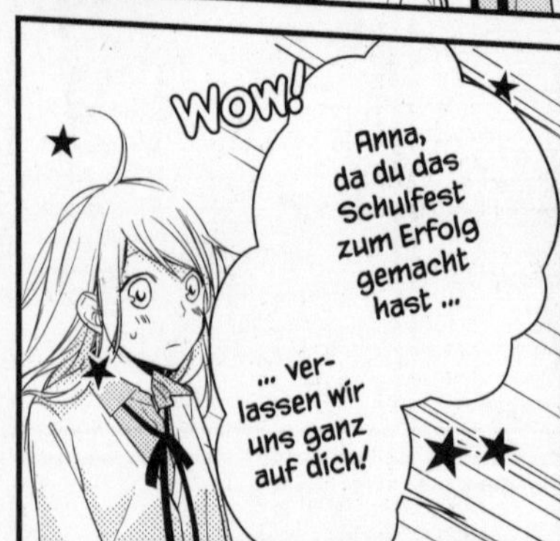
WOW!
Anna, da du das Schulfest zum Erfolg gemacht hast ...
... verlassen wir uns ganz auf dich!

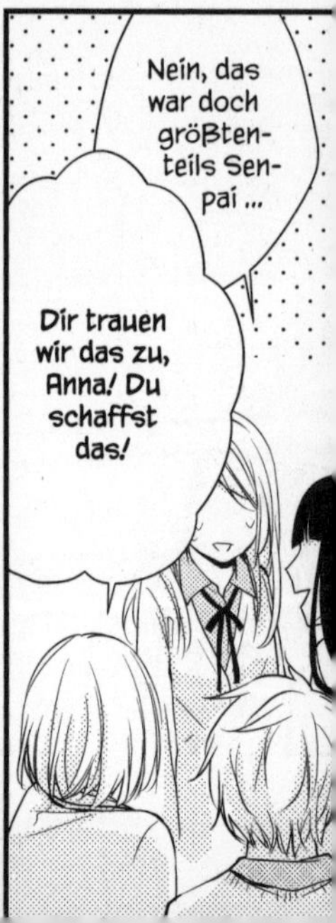
Nein, das war doch größtenteils Senpai ...
Dir trauen wir das zu, Anna! Du schaffst das!

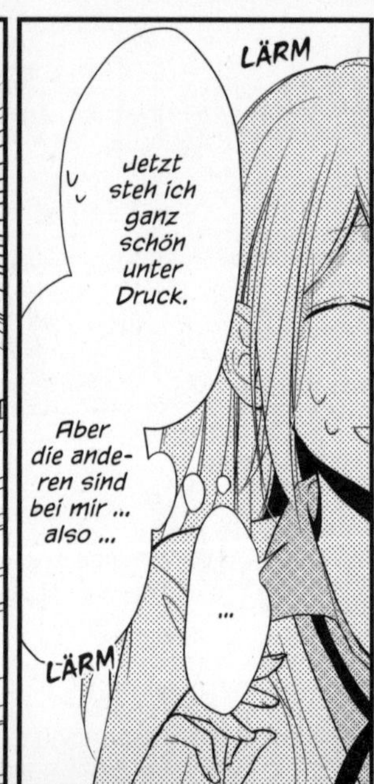
LÄRM
Jetzt steh ich ganz schön unter Druck.
Aber die anderen sind bei mir ... also ...
...
LÄRM

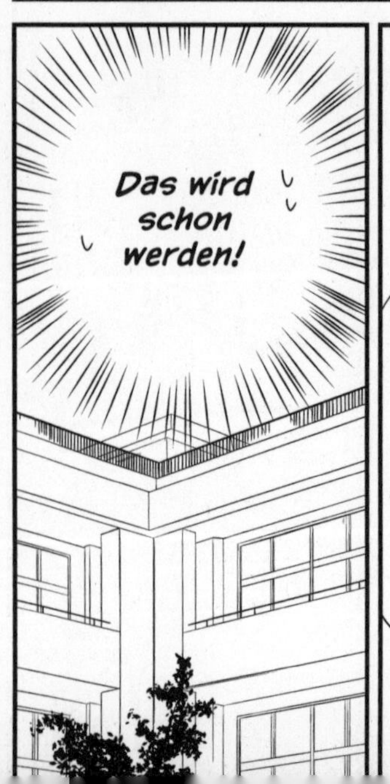
Das wird schon werden!

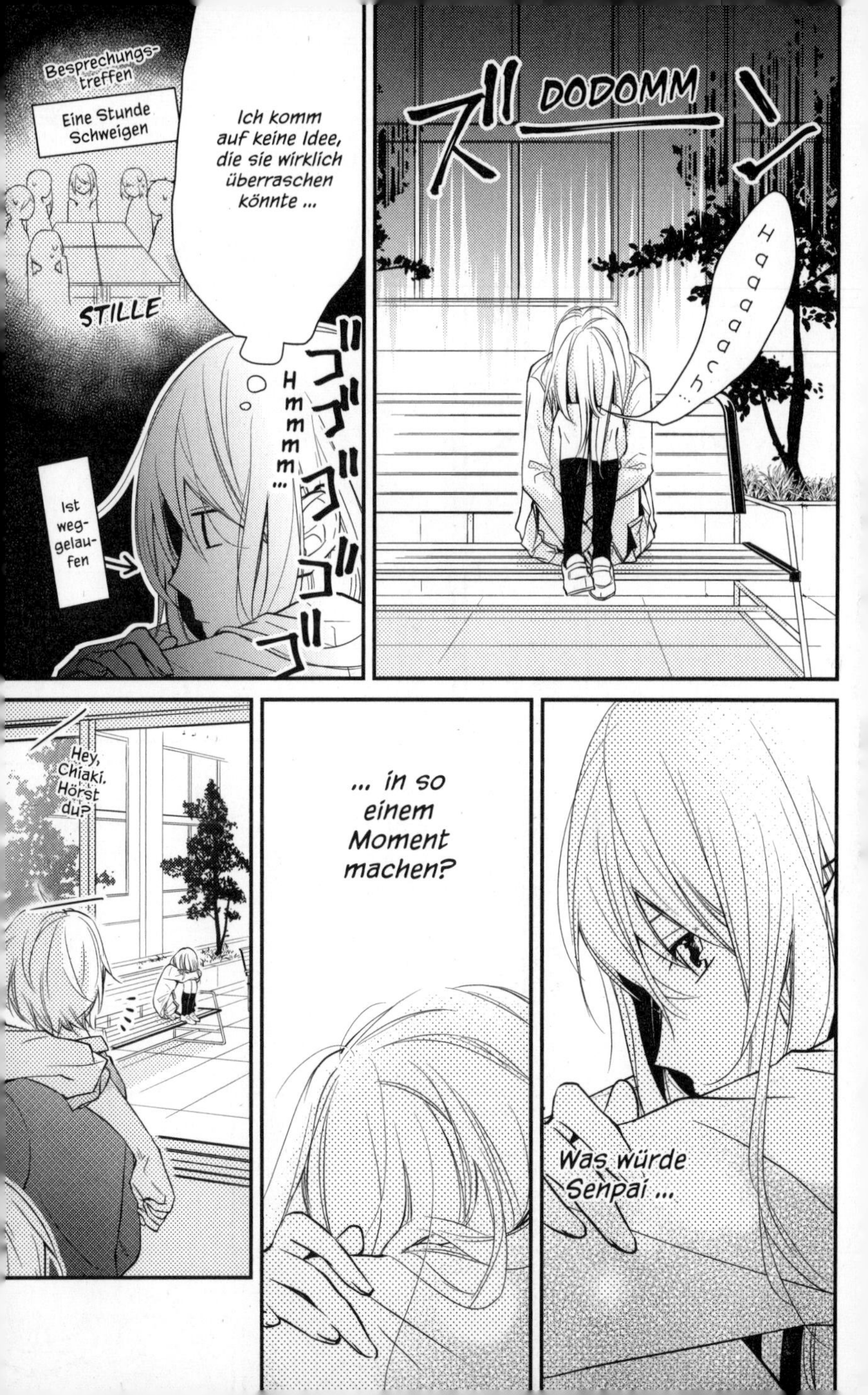

DODOMM

Haaaaaach ...

Besprechungstreffen

Eine Stunde Schweigen

STILLE

Ich komm auf keine Idee, die sie wirklich überraschen könnte ...

Hmmmm ...

Ist weggelaufen

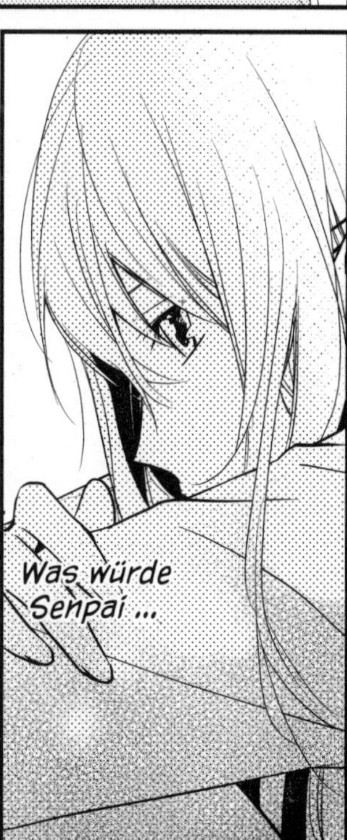

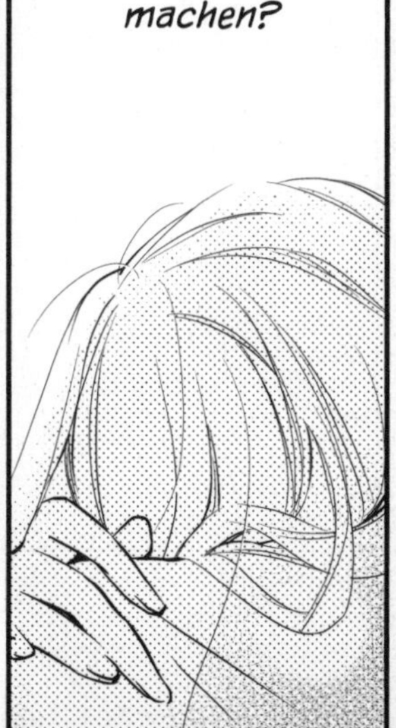

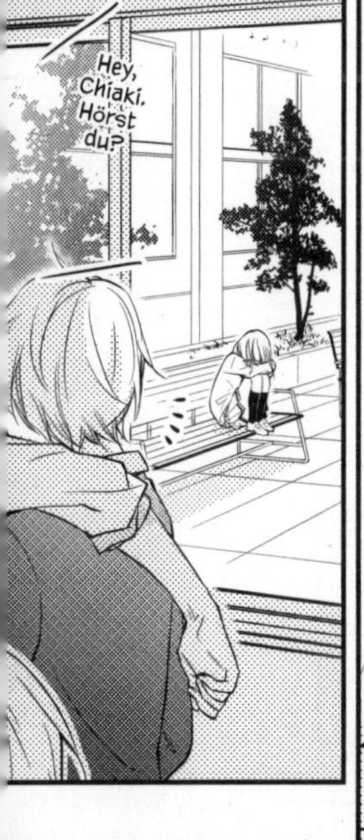

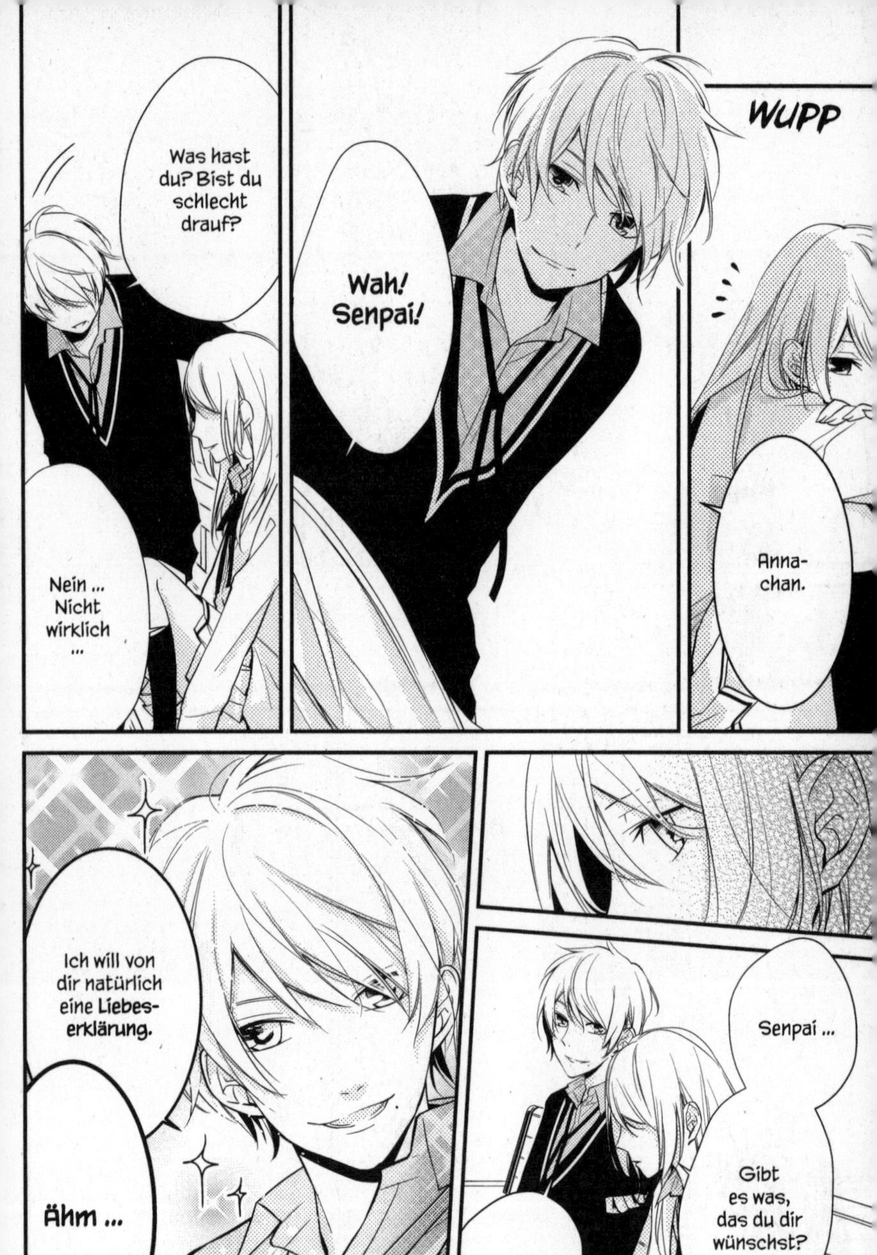
WUPP
Anna-chan.
Wah! Senpai!
Was hast du? Bist du schlecht drauf?
Nein ... Nicht wirklich ...
Senpai ...
Gibt es was, das du dir wünschst?
Wie?
Ich will von dir natürlich eine Liebes-erklärung.
Ähm ...

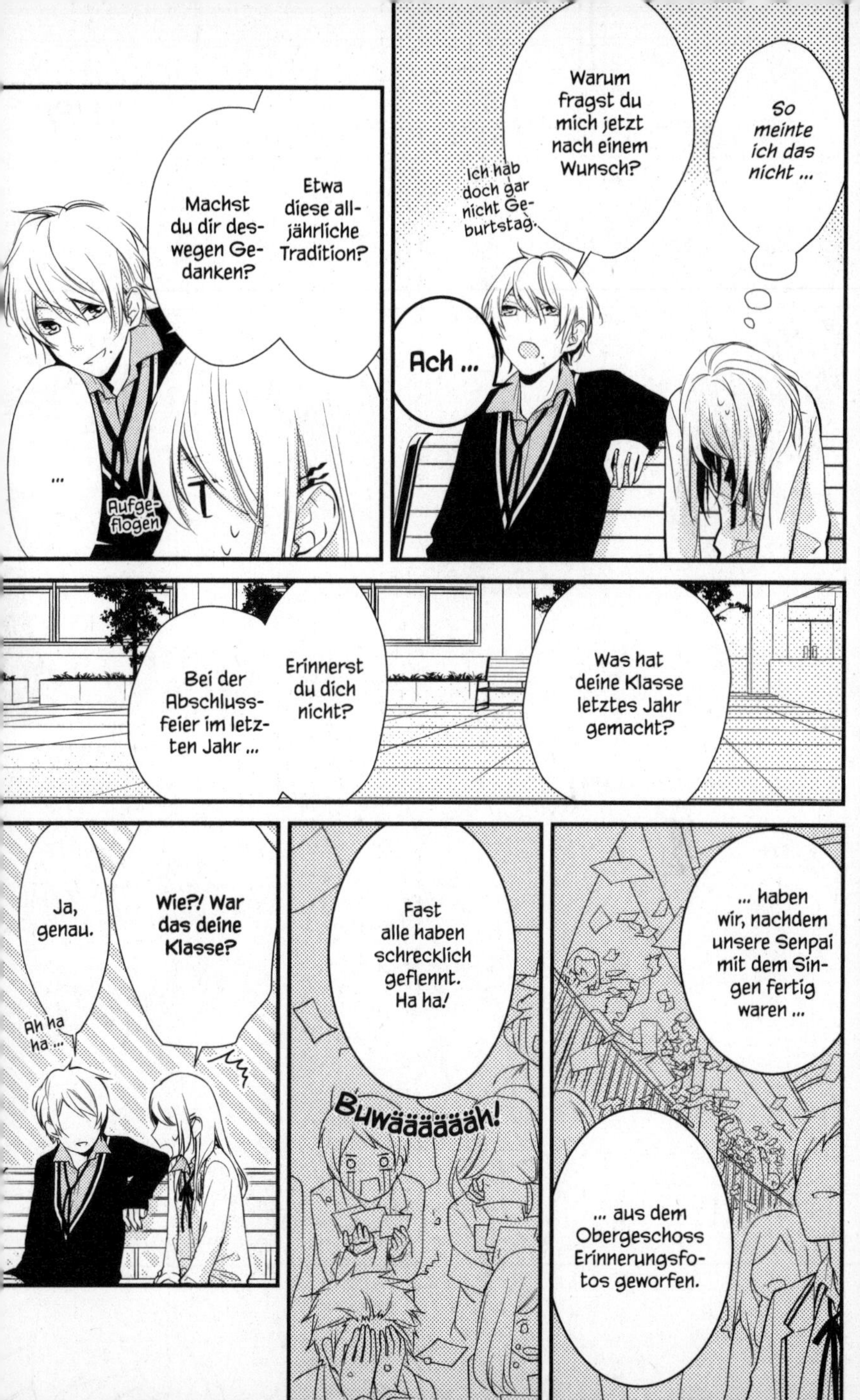
So meinte ich das nicht ...
Warum fragst du mich jetzt nach einem Wunsch?
Ich hab doch gar nicht Geburtstag.
Ach ...
Etwa diese alljährliche Tradition?
Machst du dir deswegen Gedanken?
...
Aufgeflogen
Was hat deine Klasse letztes Jahr gemacht?
Erinnerst du dich nicht?
Bei der Abschlussfeier im letzten Jahr ...
... haben wir, nachdem unsere Senpai mit dem Singen fertig waren ...
... aus dem Obergeschoss Erinnerungsfotos geworfen.
Fast alle haben schrecklich geflennt. Ha ha!
Buwääääääh!
Wie?! War das deine Klasse?
Ja, genau.
Ah ha ha ...

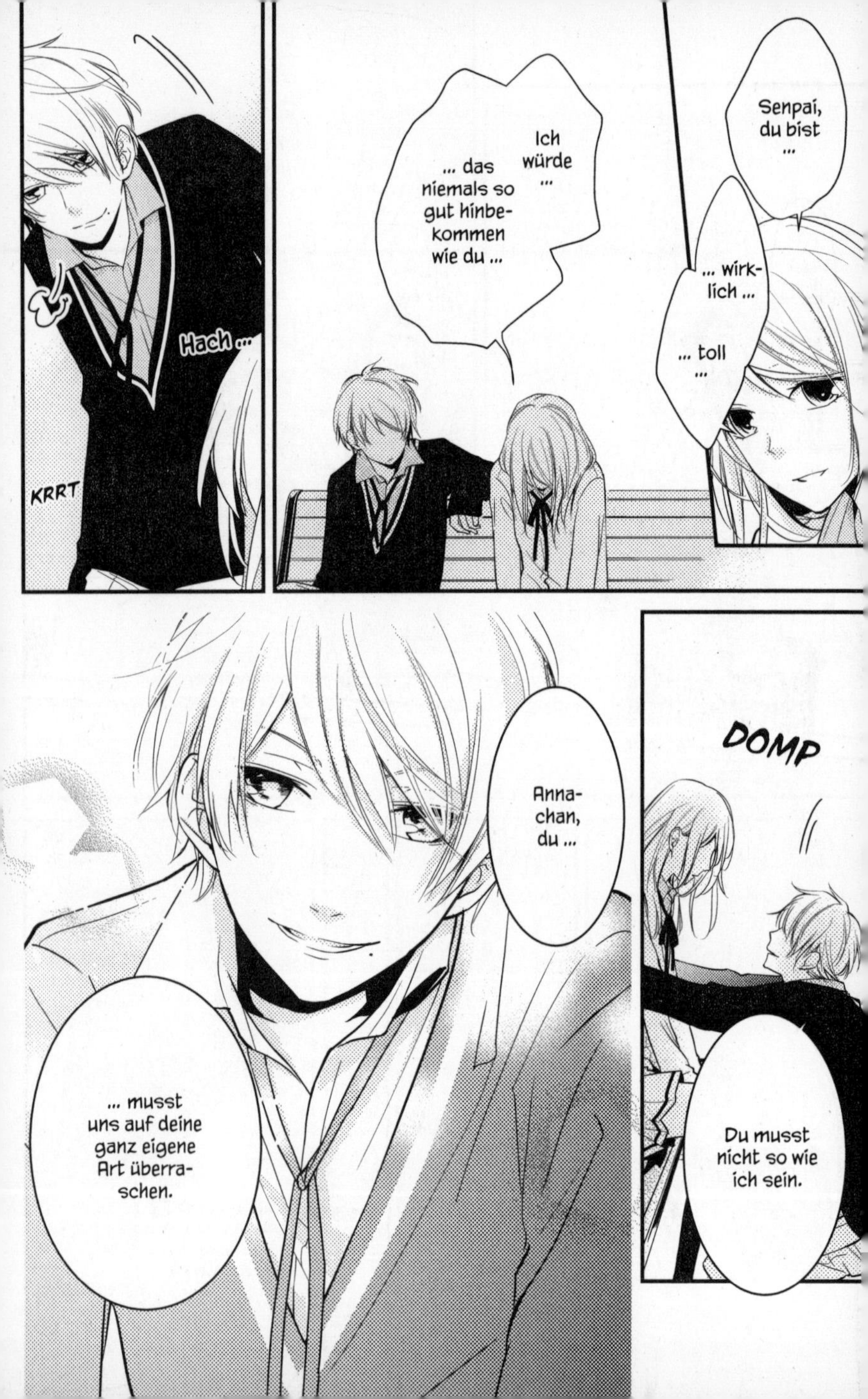
Senpai, du bist ...
... wirklich ...
... toll ...
Ich würde ...
... das niemals so gut hinbekommen wie du ...
Hach ...
KRRT
DOMP
Du musst nicht so wie ich sein.
Anna-chan, du ...
... musst uns auf deine ganz eigene Art überraschen.

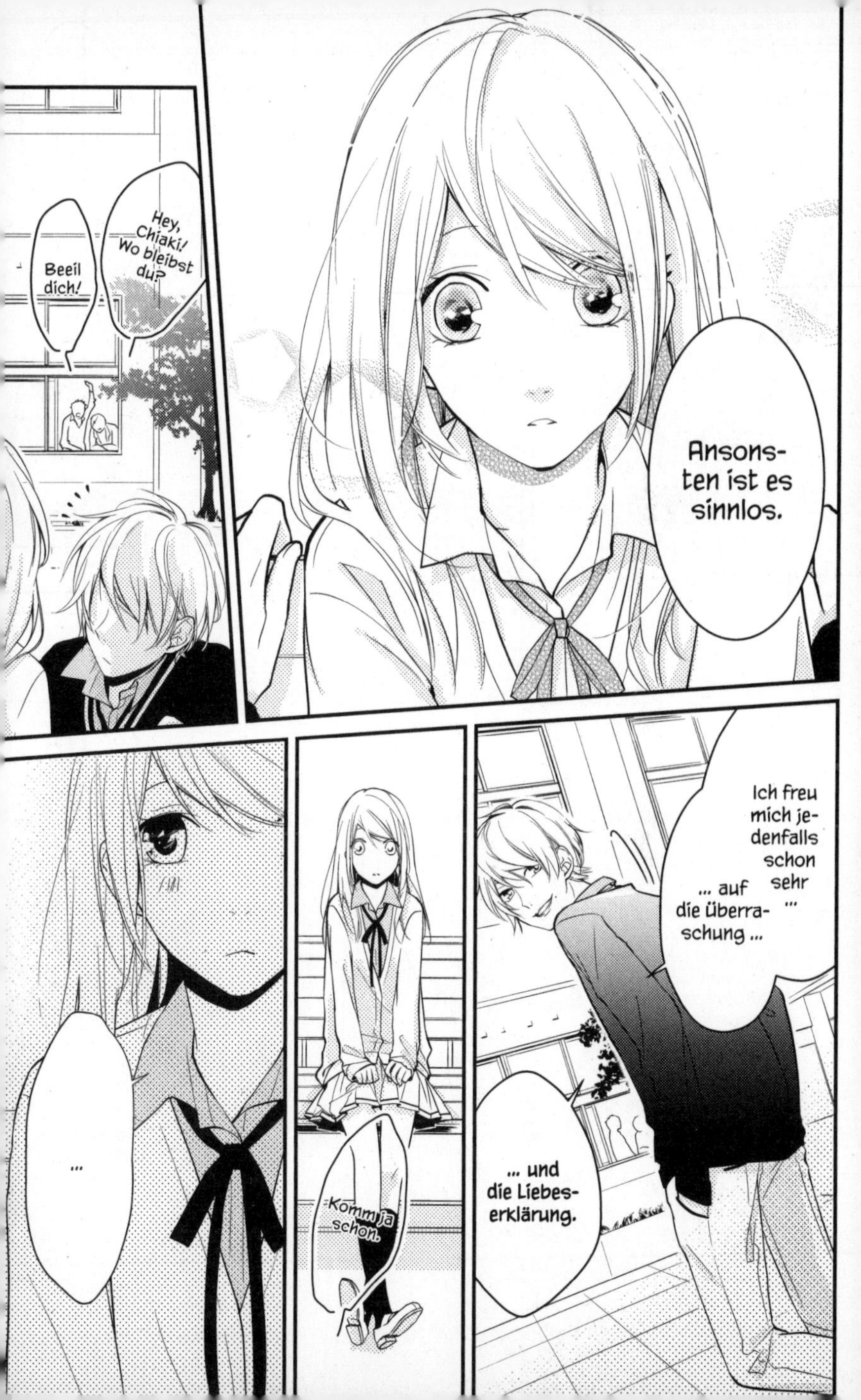
Ansonsten ist es sinnlos.
Hey, Chiaki! Wo bleibst du?
Beeil dich!
Ich freu mich jedenfalls schon sehr ...
... auf die überraschung ...
... und die Liebeserklärung.
Komm ja schon.
...

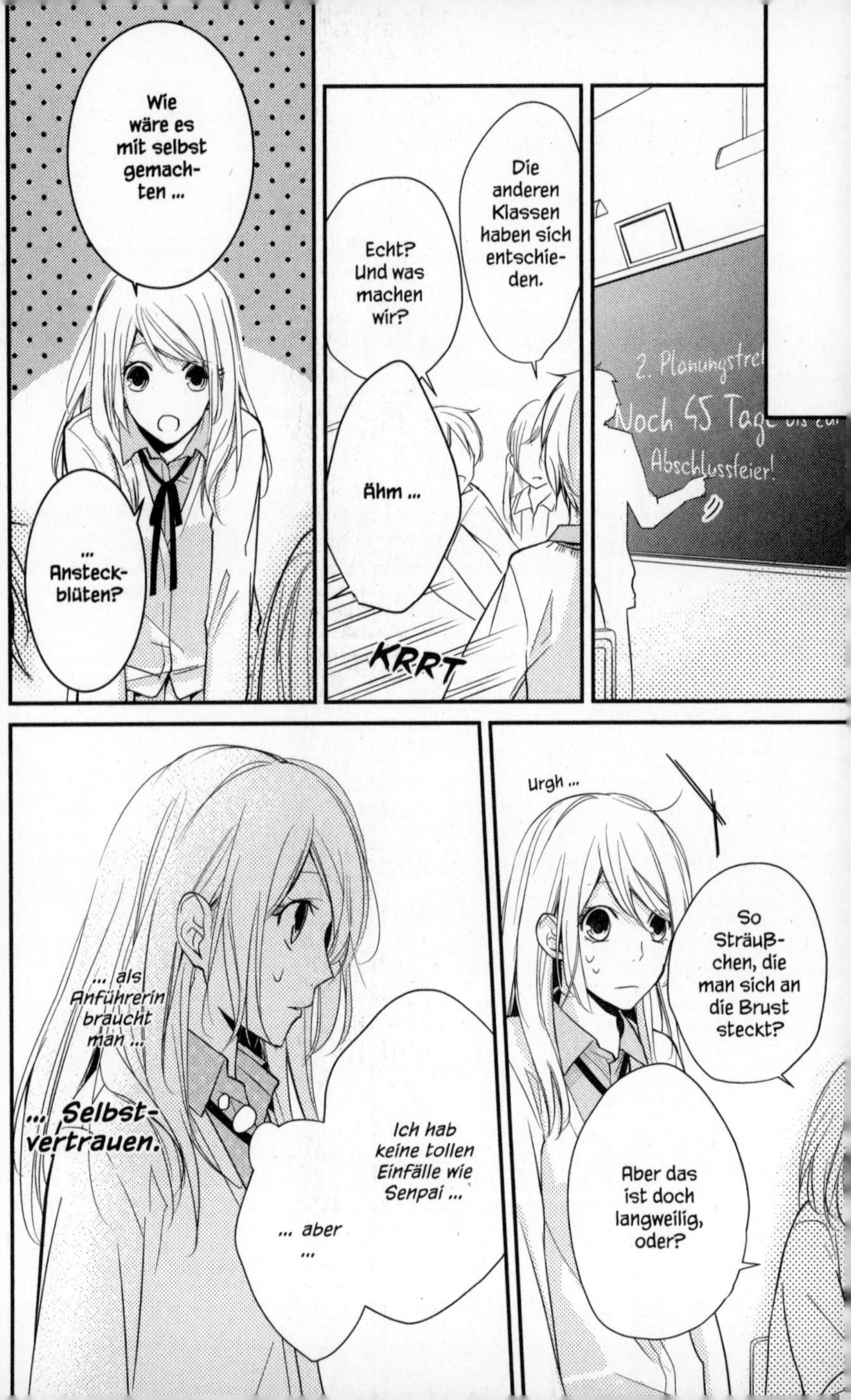

2. Planungstre

Noch 45 Tage

Abschlussfeier!

Die anderen Klassen haben sich entschieden.

Echt? Und was machen wir?

Ähm ...

KRRT

Wie wäre es mit selbst gemachten ...

... Ansteckblüten?

Urgh ...

So Sträußchen, die man sich an die Brust steckt?

Aber das ist doch langweilig, oder?

Ich hab keine tollen Einfälle wie Senpai ...

... aber ...

... als Anführerin braucht man ...

... Selbstvertrauen.

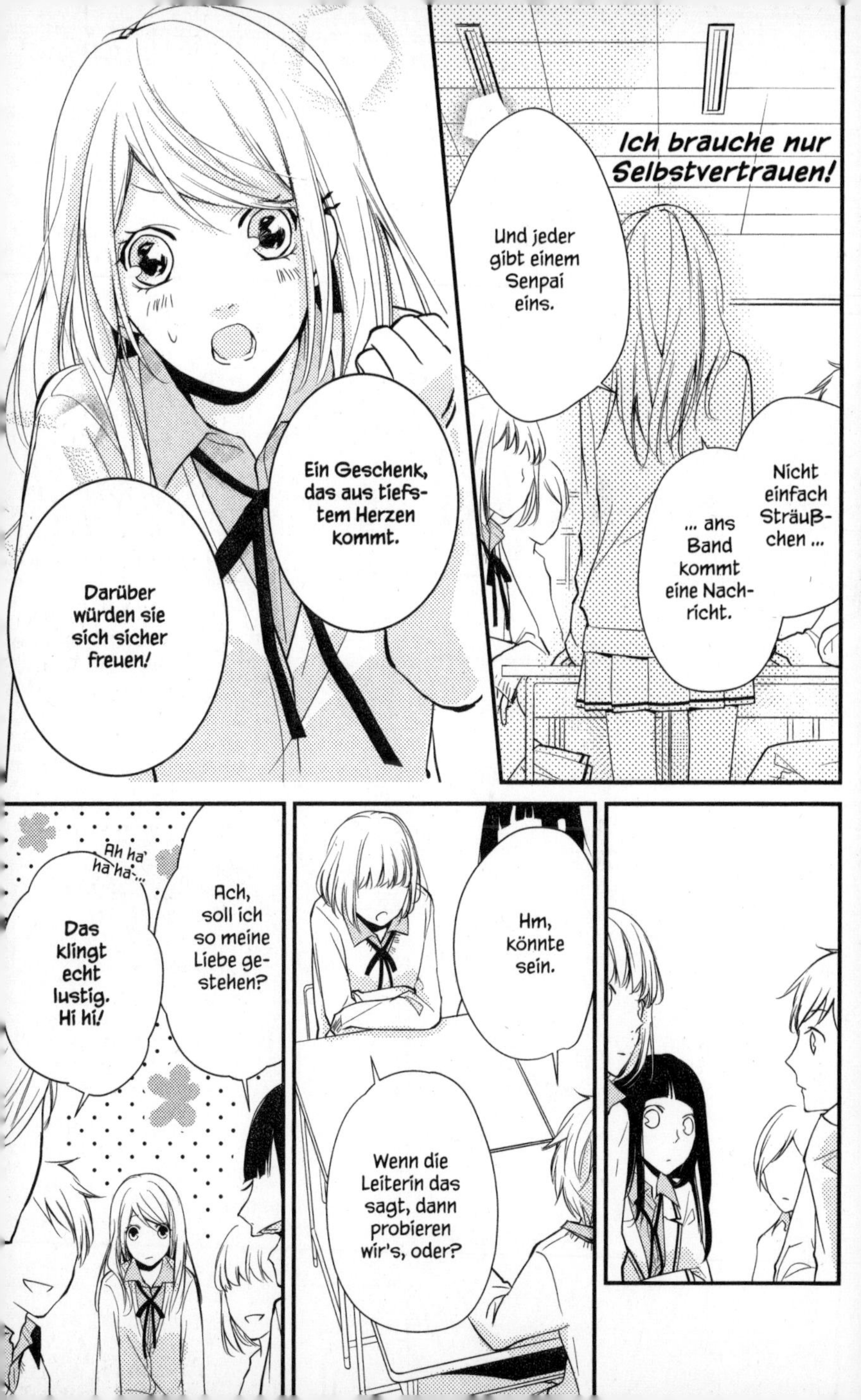
Ich brauche nur Selbstvertrauen!
Und jeder gibt einem Senpai eins.
Nicht einfach Sträußchen ...
... ans Band kommt eine Nachricht.
Ein Geschenk, das aus tiefstem Herzen kommt.
Darüber würden sie sich sicher freuen!
Hm, könnte sein.
Wenn die Leiterin das sagt, dann probieren wir's, oder?
Ach, soll ich so meine Liebe gestehen?
Ah ha ha ha ...
Das klingt echt lustig. Hi hi!

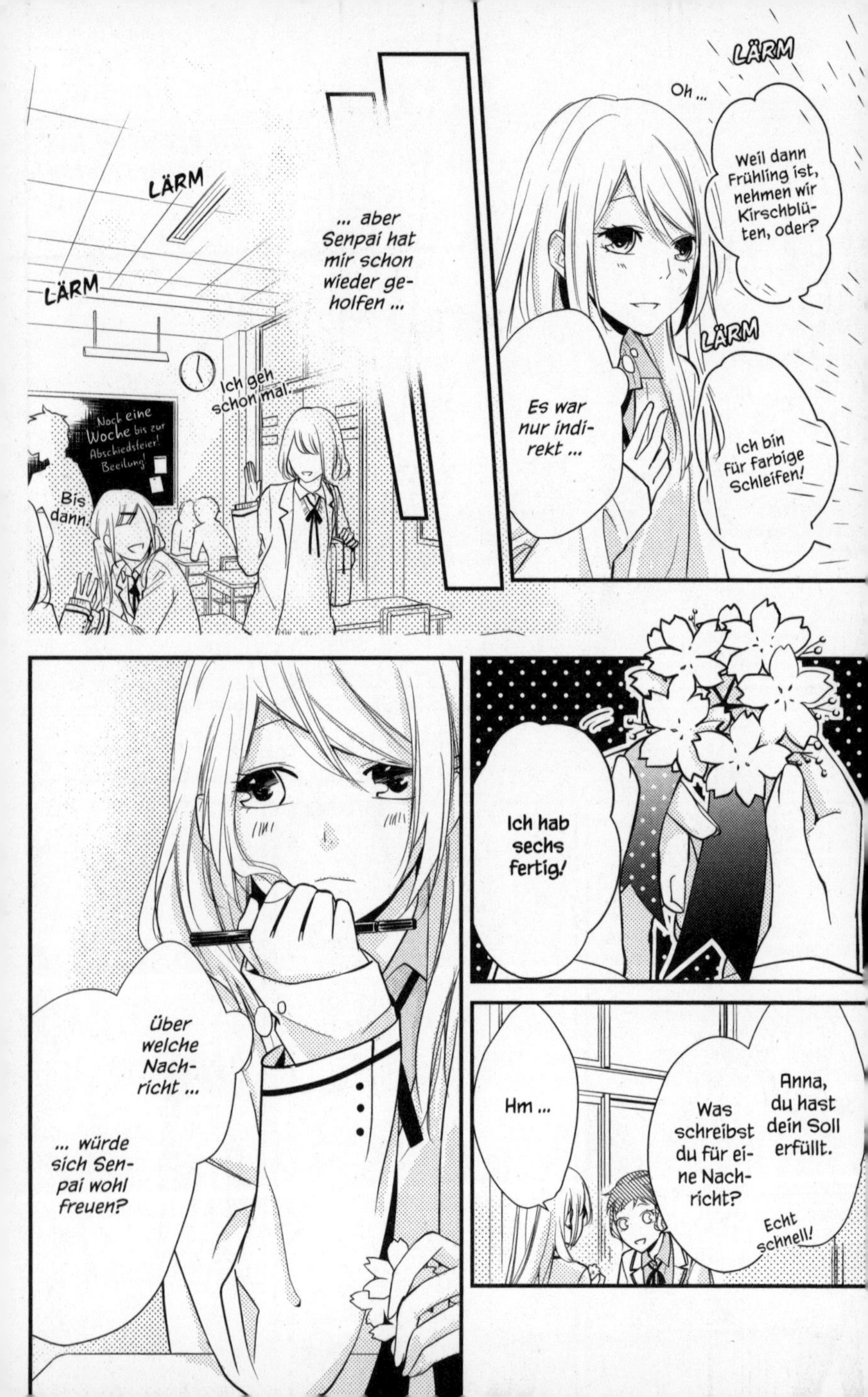
LÄRM
Oh ...
Weil dann Frühling ist, nehmen wir Kirschblüten, oder?
LÄRM
Ich bin für farbige Schleifen!
Es war nur indirekt ...
... aber Senpai hat mir schon wieder geholfen ...
LÄRM
LÄRM
Noch eine Woche bis zur Abschiedsfeier! Beeilung!
Ich geh schon mal.
Bis dann.
Ich hab sechs fertig!
Über welche Nachricht ...
... würde sich Senpai wohl freuen?
Anna, du hast dein Soll erfüllt.
Echt schnell!
Was schreibst du für eine Nachricht?
Hm ...

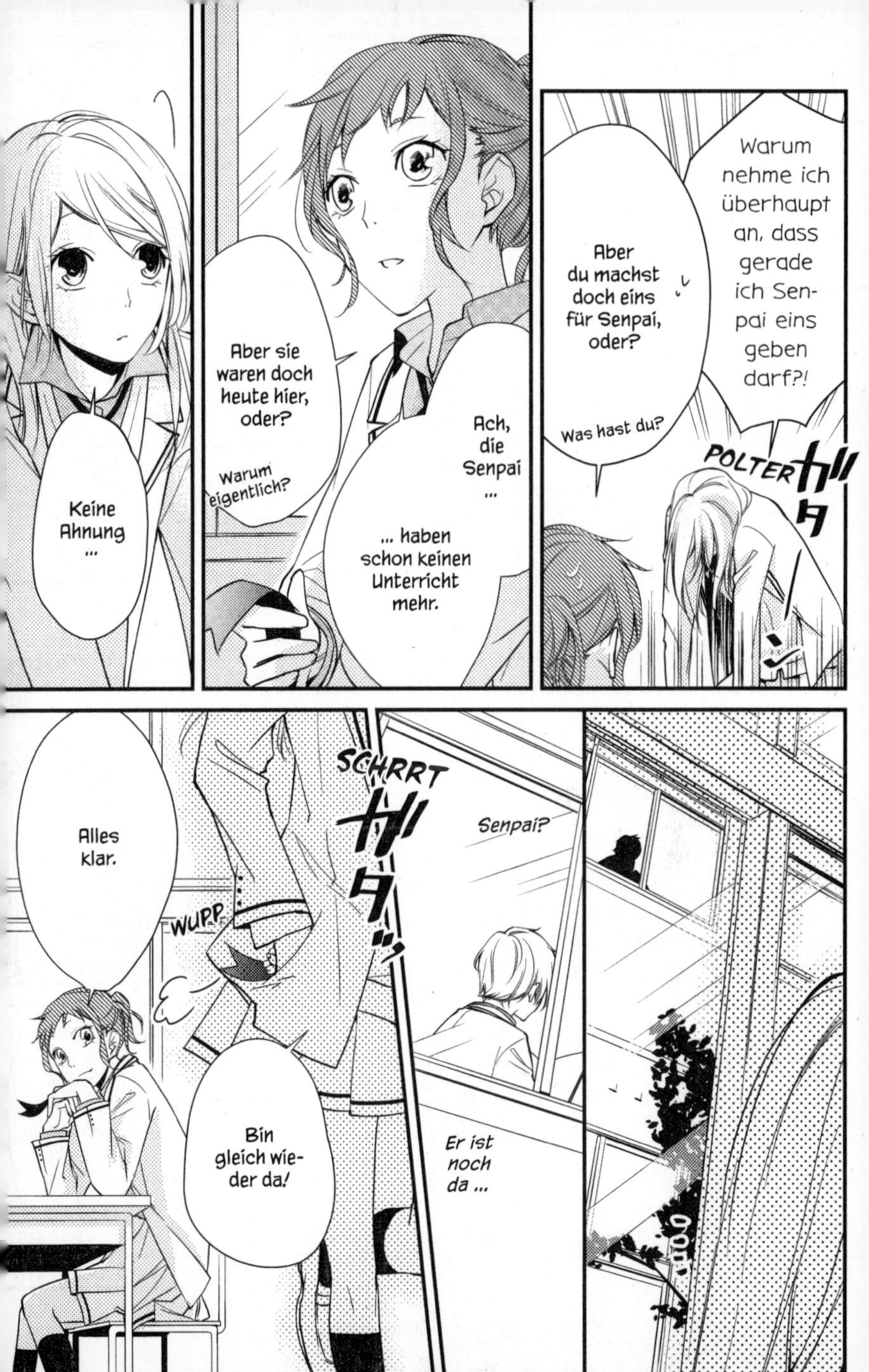
Warum nehme ich überhaupt an, dass gerade ich Senpai eins geben darf?!
Aber du machst doch eins für Senpai, oder?
Was hast du?
POLTER
Ach, die Senpai ...
... haben schon keinen Unterricht mehr.
Aber sie waren doch heute hier, oder?
Warum eigentlich?
Keine Ahnung ...
Senpai?
Er ist noch da ...
SCHRRT
Alles klar.
WUPP
Bin gleich wieder da!

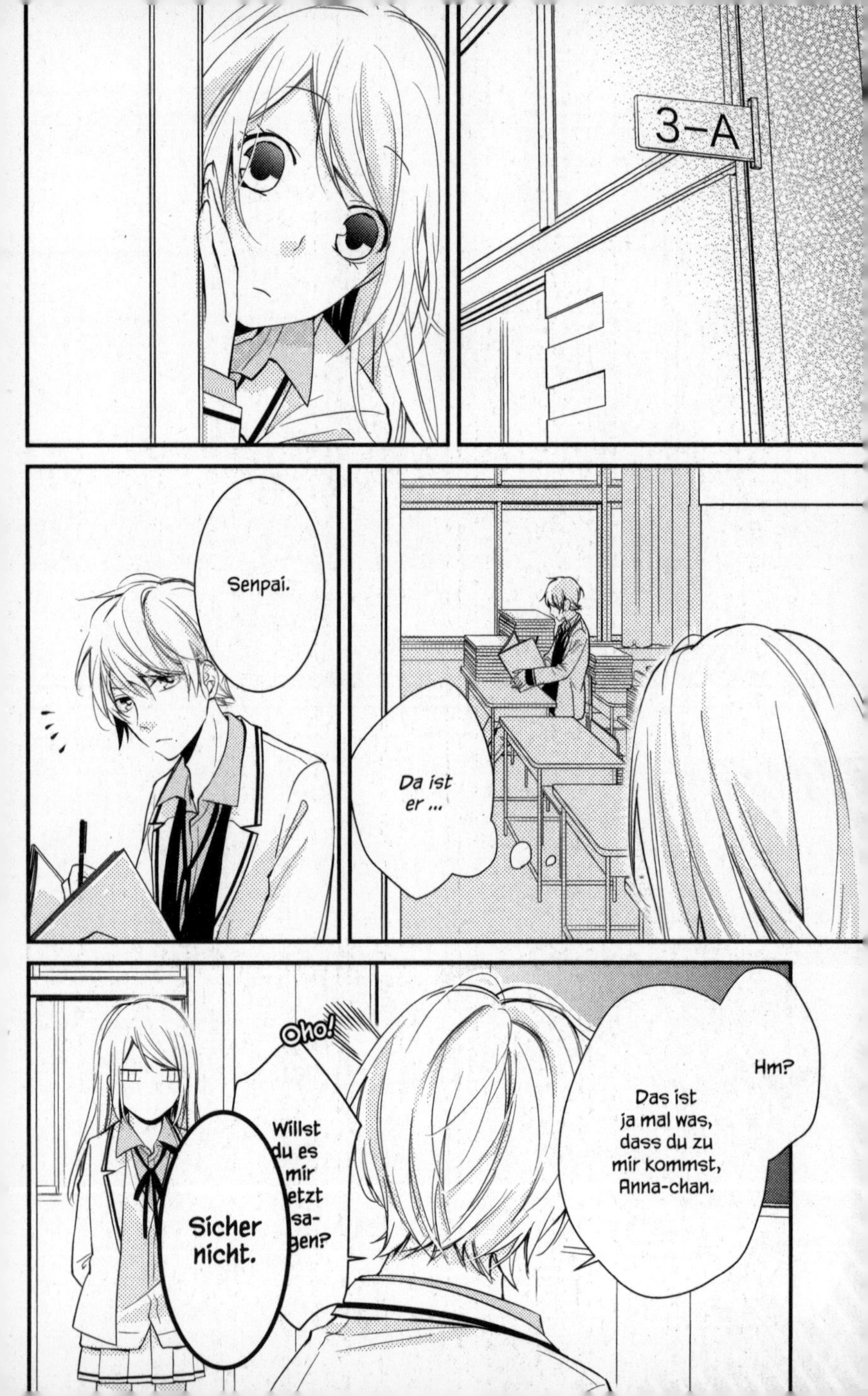
3-A
Da ist er ...
Senpai.
Hm?
Das ist ja mal was, dass du zu mir kommst, Anna-chan.
Oho!
Willst du es mir etzt sa- gen?
Sicher nicht.

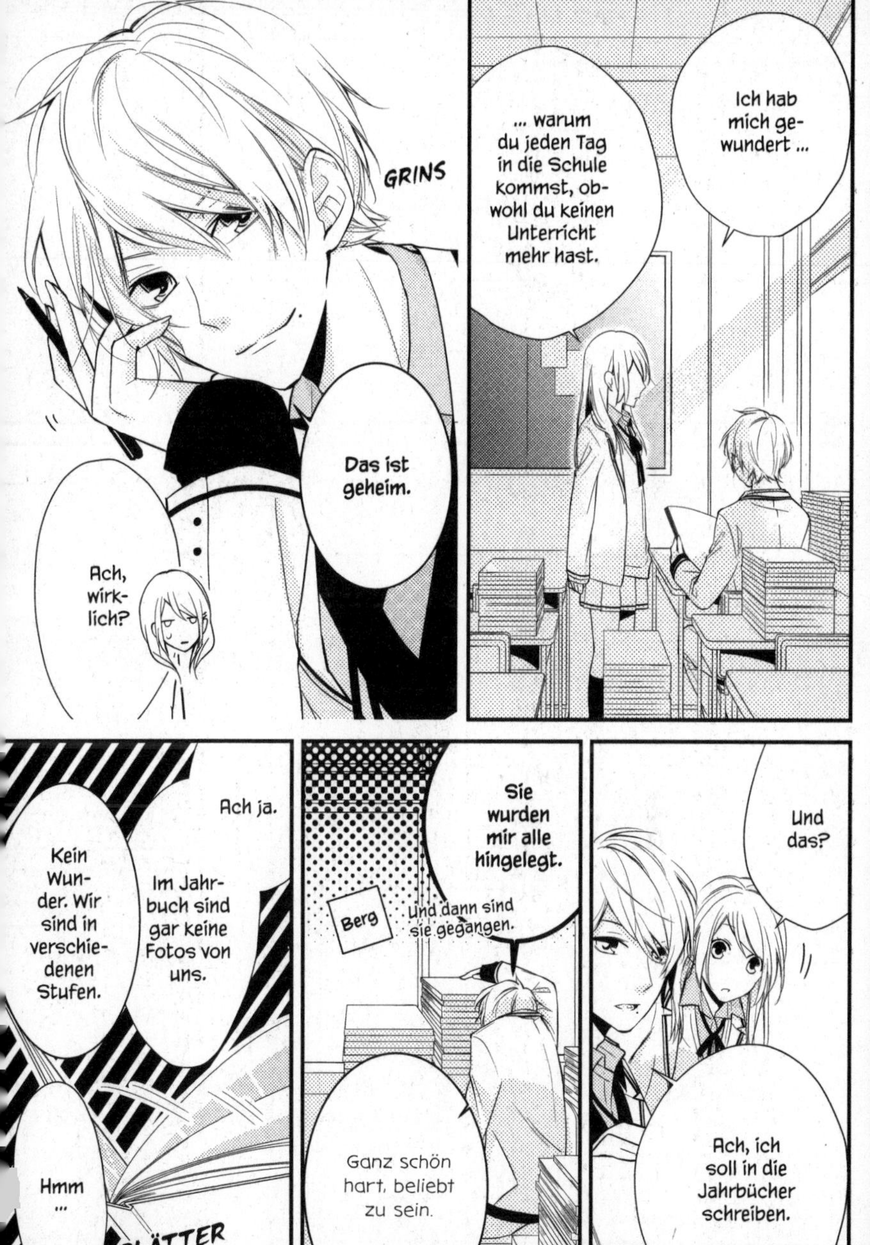

Ich hab mich gewundert ...
... warum du jeden Tag in die Schule kommst, obwohl du keinen Unterricht mehr hast.
GRINS
Das ist geheim.
Ach, wirklich?
Und das?
Ach, ich soll in die Jahrbücher schreiben.
Sie wurden mir alle hingelegt.
Berg
Und dann sind sie gegangen.
Ganz schön hart, beliebt zu sein.
Ach ja.
Im Jahrbuch sind gar keine Fotos von uns.
Kein Wunder. Wir sind in verschiedenen Stufen.
Hmm ...
BLÄTTER

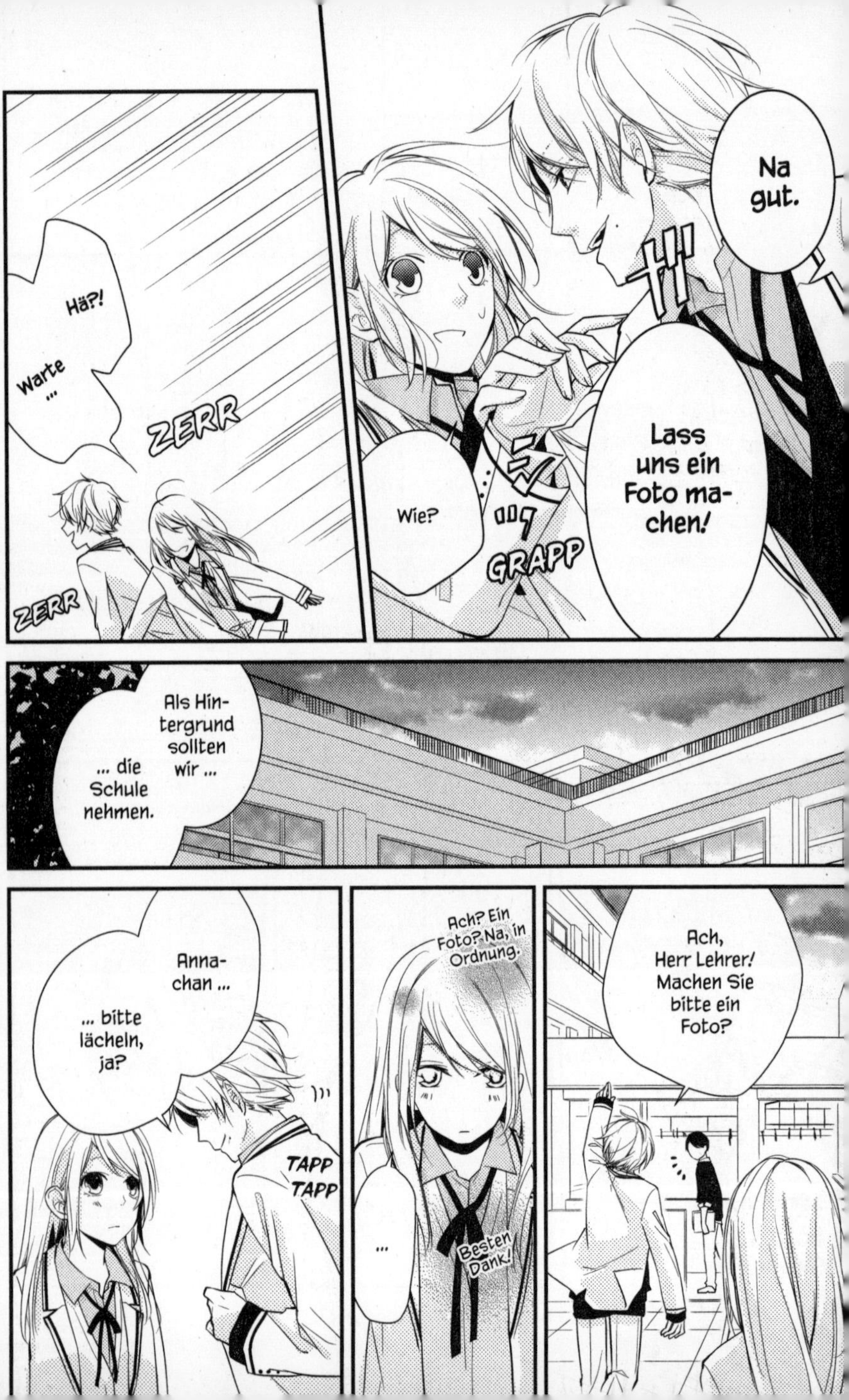

Na gut.

Lass uns ein Foto machen!

GRAPP

Wie?

Hä?!

Warte ...

ZERR

ZERR

Als Hintergrund sollten wir ...

... die Schule nehmen.

Ach, Herr Lehrer! Machen Sie bitte ein Foto?

Ach? Ein Foto? Na, in Ordnung.

...

Besten Dank!

Anna-chan ...

... bitte lächeln, ja?

TAPP TAPP

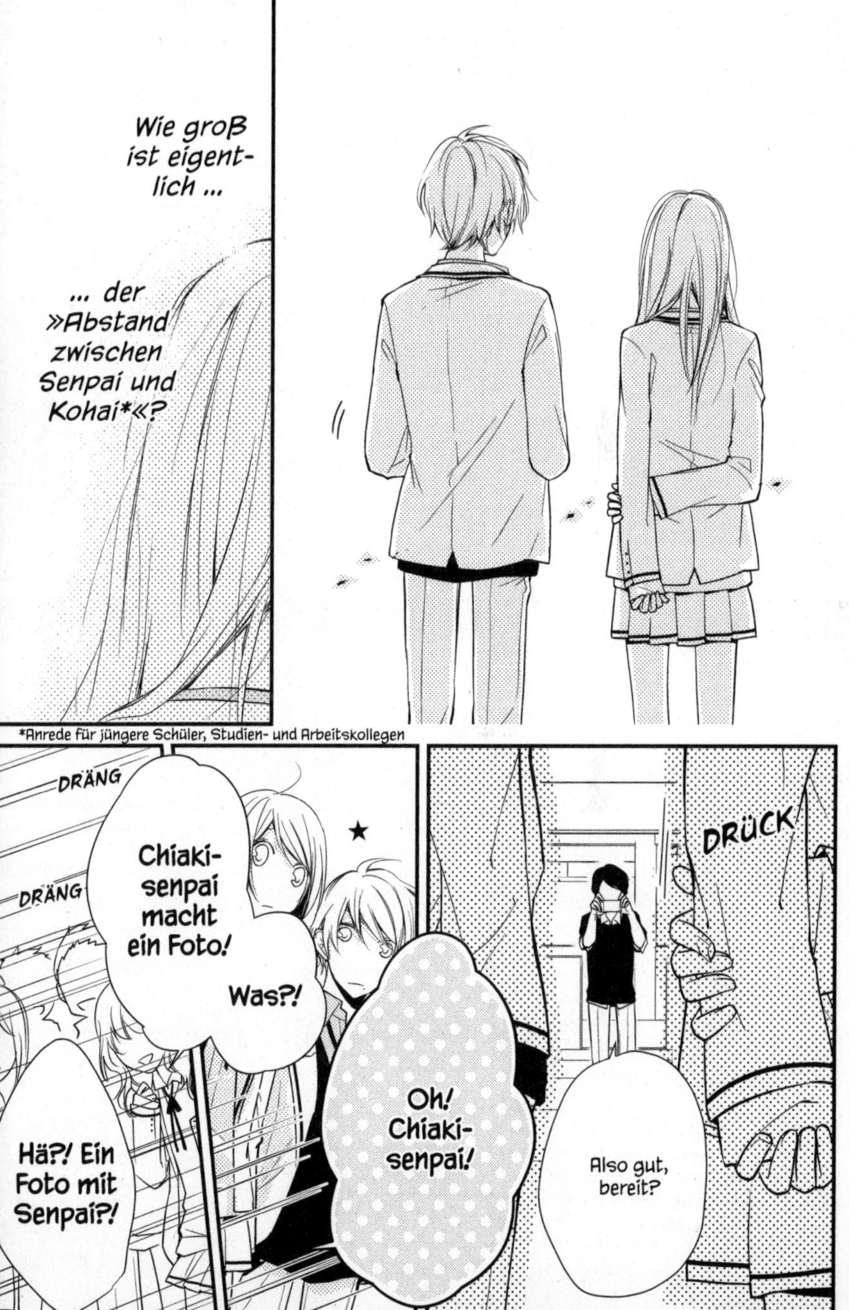

*Anrede für jüngere Schüler, Studien- und Arbeitskollegen

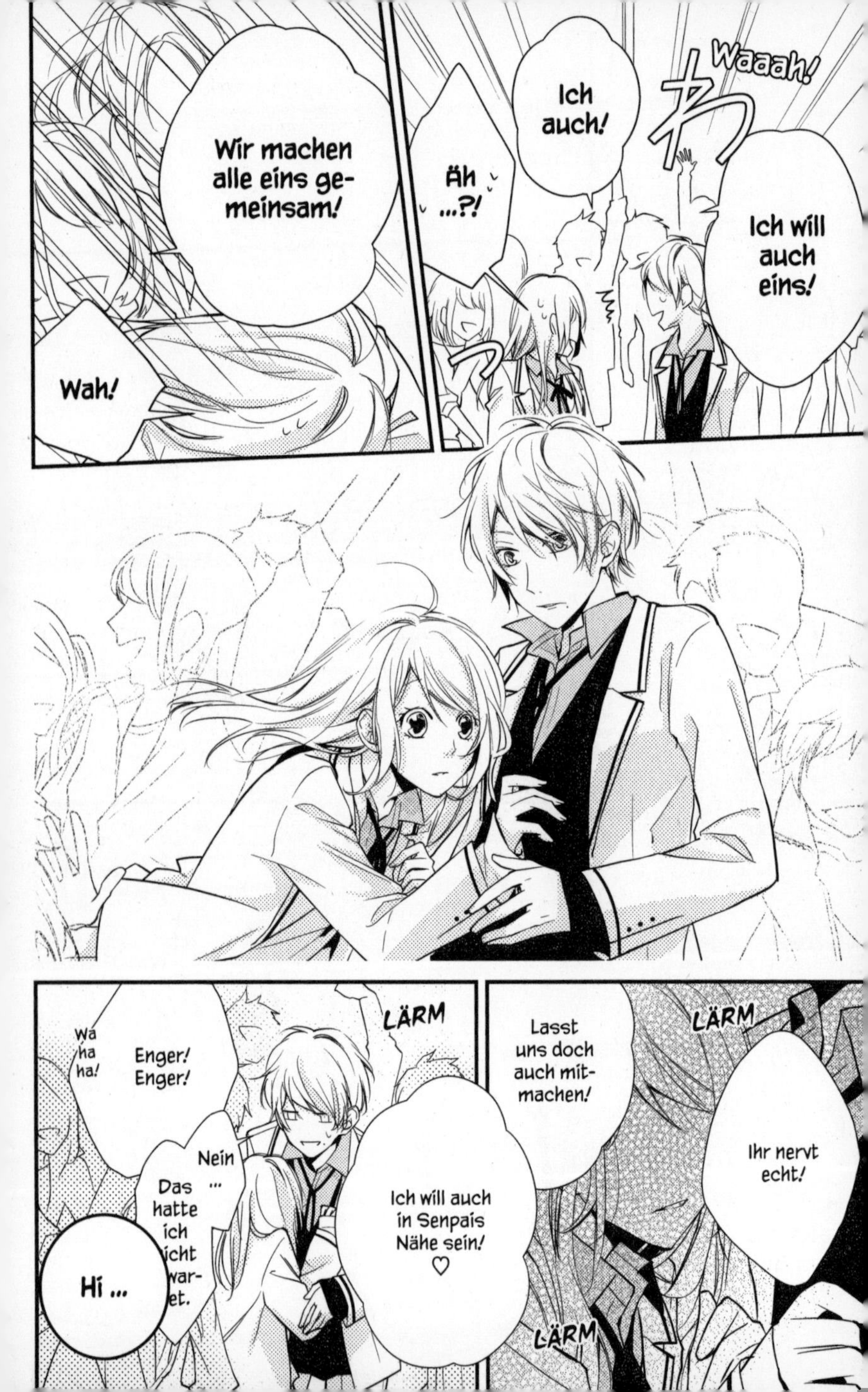

Waaah!
わ
Ich will auch eins!
Ich auch!
Äh ...?!
Wir machen alle eins gemeinsam!
Wah!
LÄRM
Lasst uns doch auch mitmachen!
Ihr nervt echt!
LÄRM
LÄRM
Ich will auch in Senpais Nähe sein! ♡
Enger! Enger!
Wa ha ha!
Nein ...
Das hatte ich icht war- et.
Hi ...

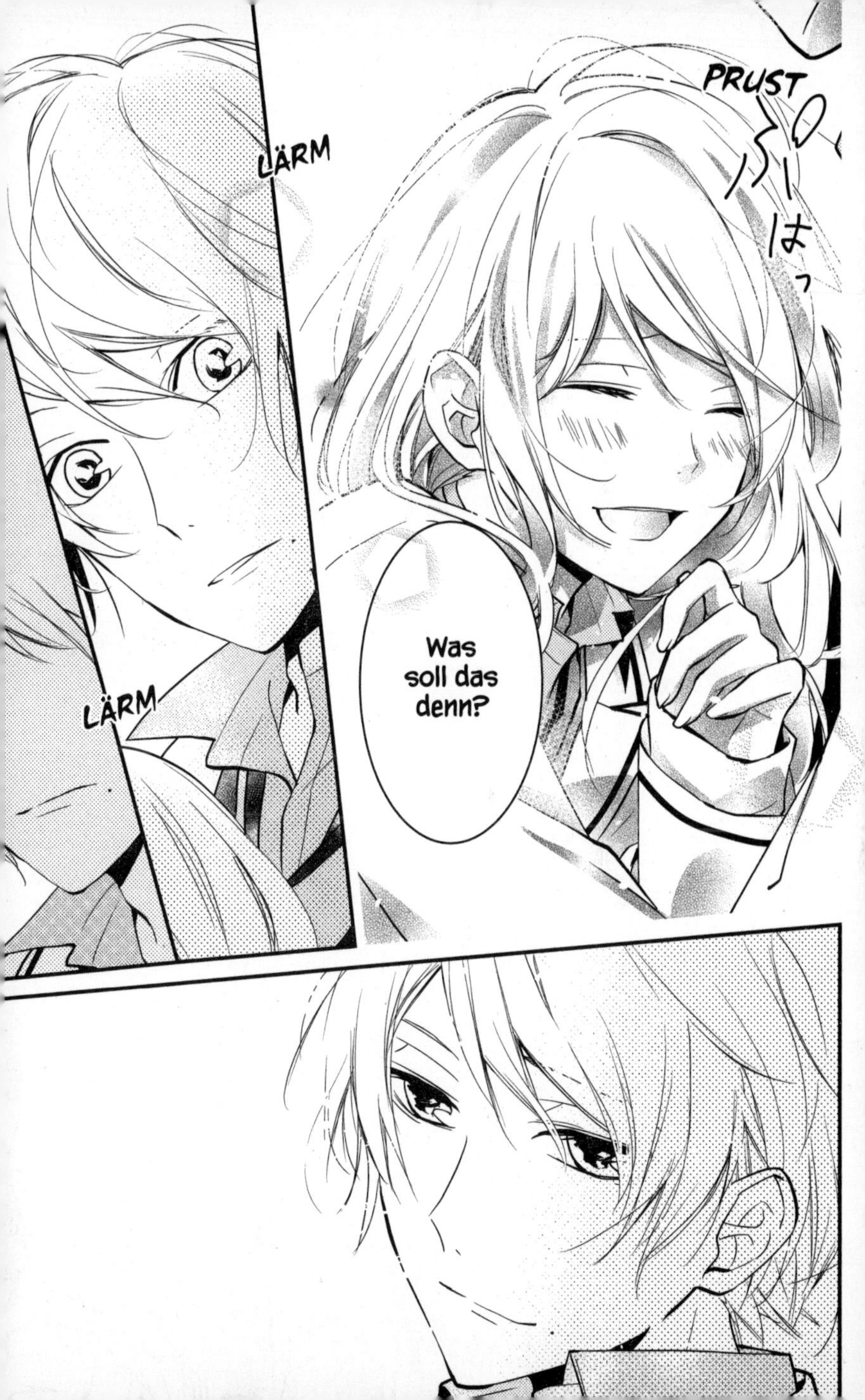
PRUST
ぷはっ
Was soll das denn?
LÄRM
LÄRM

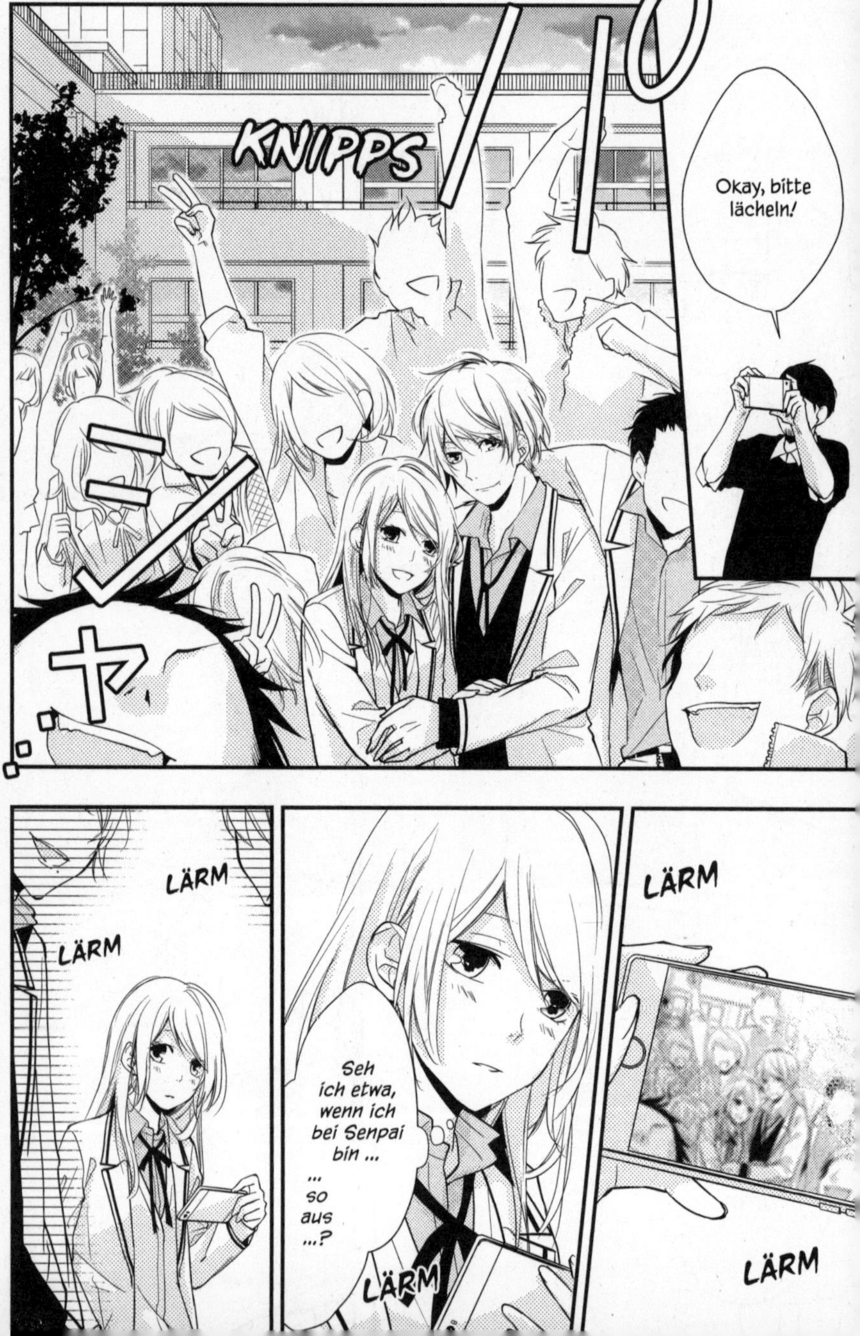

Okay, bitte lächeln!

KNIPPS

LÄRM

LÄRM

Seh ich etwa, wenn ich bei Senpai bin ...

... so aus ...?

LÄRM

LÄRM

LÄRM

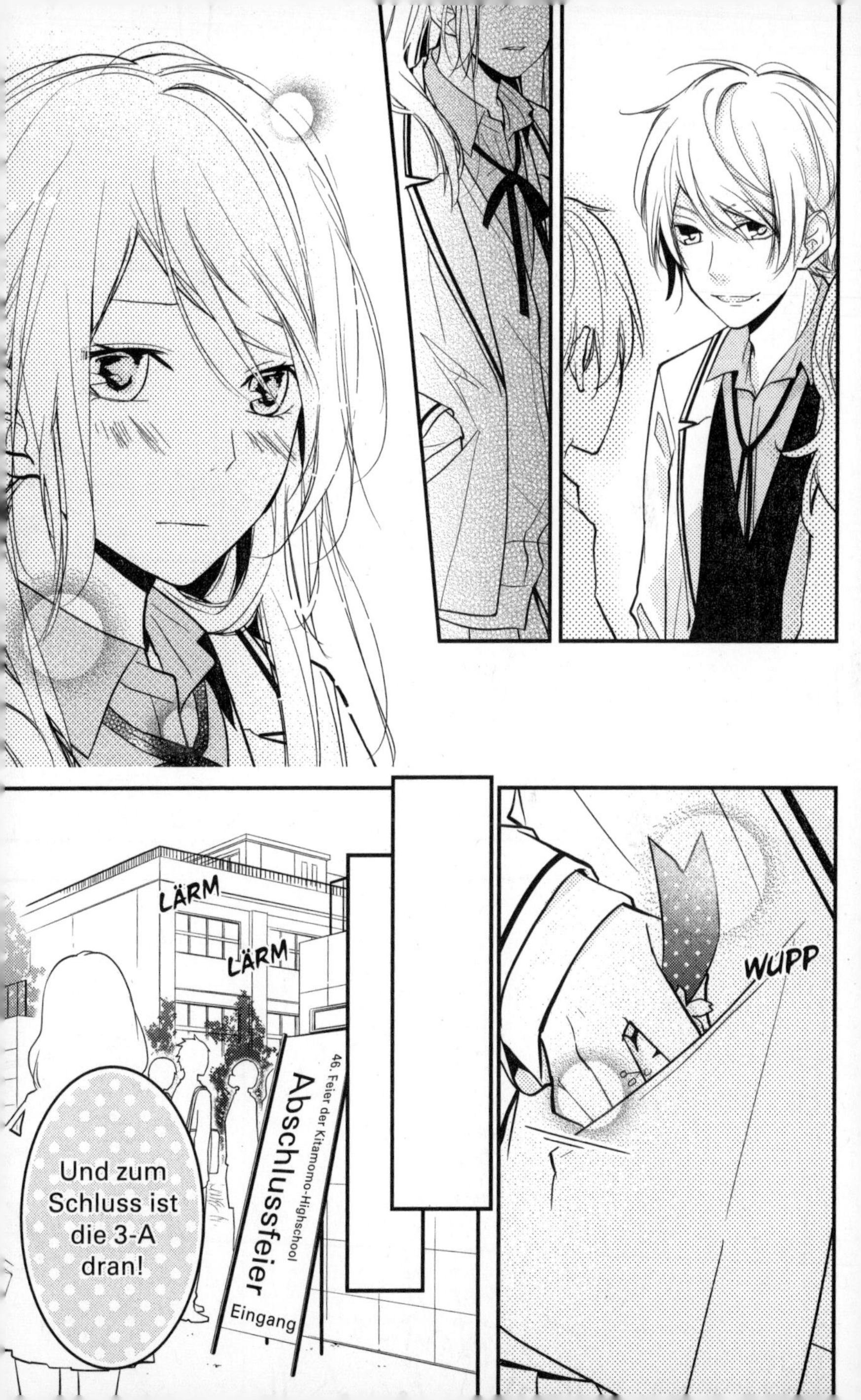
WUPP
LÄRM
LÄRM
46. Feier der Kitamomo-Highschool
Abschlussfeier
Eingang
Und zum Schluss ist die 3-A dran!

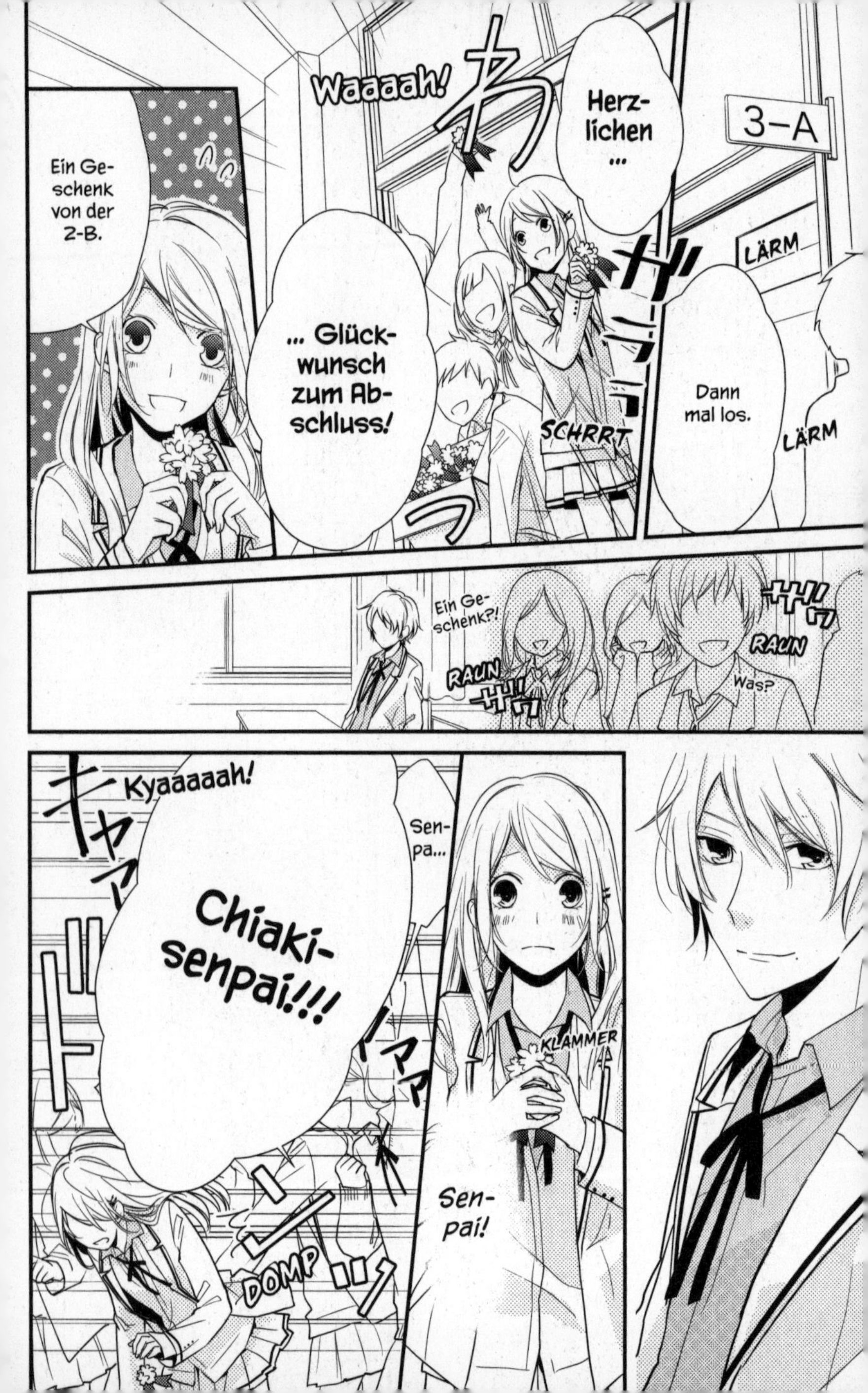
3-A
LÄRM
Dann mal los.
LÄRM
Herz-lichen ...
Waaaah!
SCHRRT
... Glück-wunsch zum Ab-schluss!
Ein Ge-schenk von der 2-B.
RAUN
Was?
Ein Ge-schenk?!
RAUN
Sen-pai!
KLAMMER
Sen-pa...
Kyaaaaah!
Chiaki-senpai!!!
DOMP

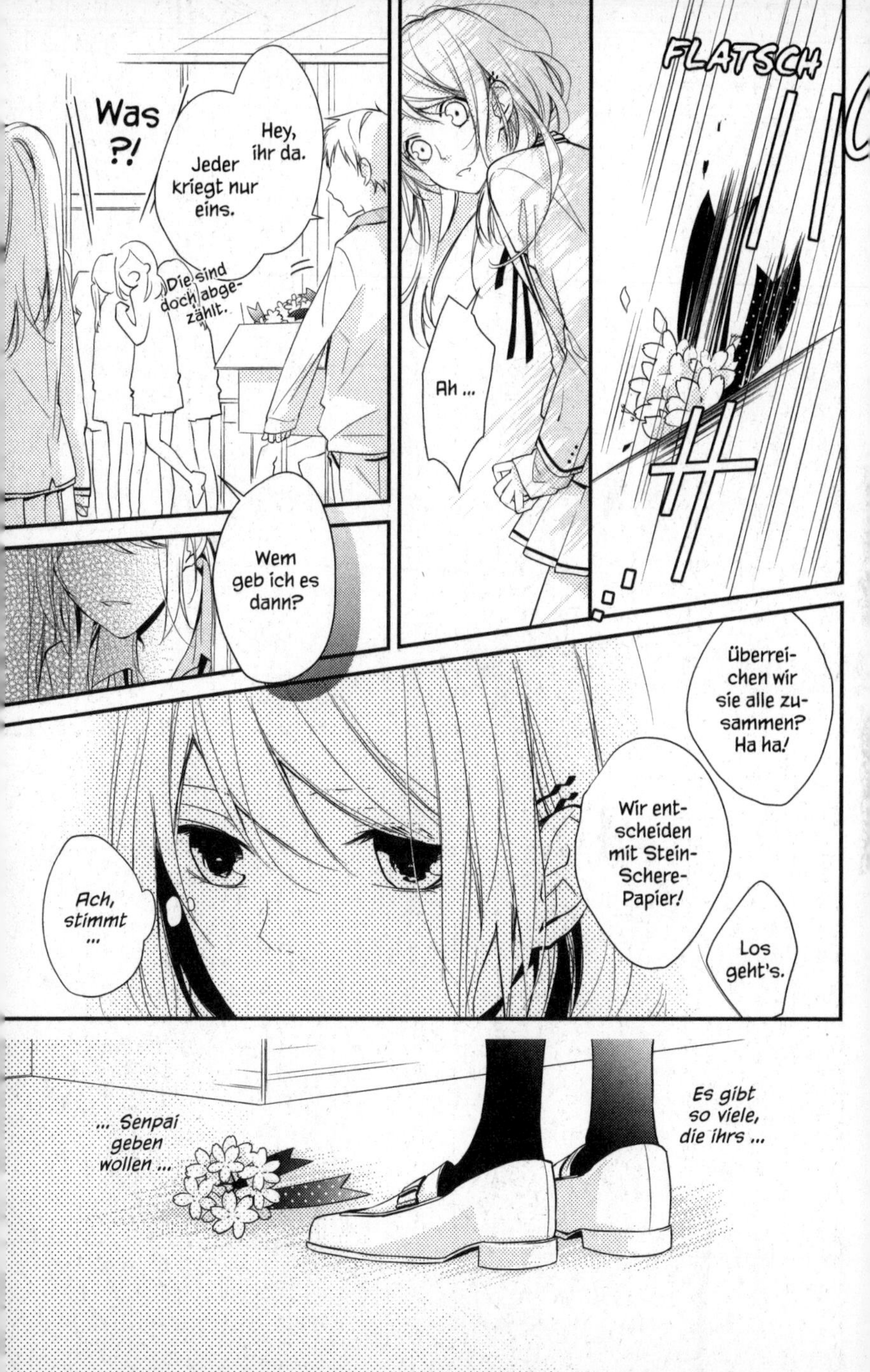
FLATSCH
Hey, ihr da.
Jeder kriegt nur eins.
Was ?!
Die sind doch abgezählt.
Ah ...
Wem geb ich es dann?
Überreichen wir sie alle zusammen? Ha ha!
Wir entscheiden mit Stein-Schere-Papier!
Los geht's.
Ach, stimmt ...
Es gibt so viele, die ihrs ...
... Senpai geben wollen ...

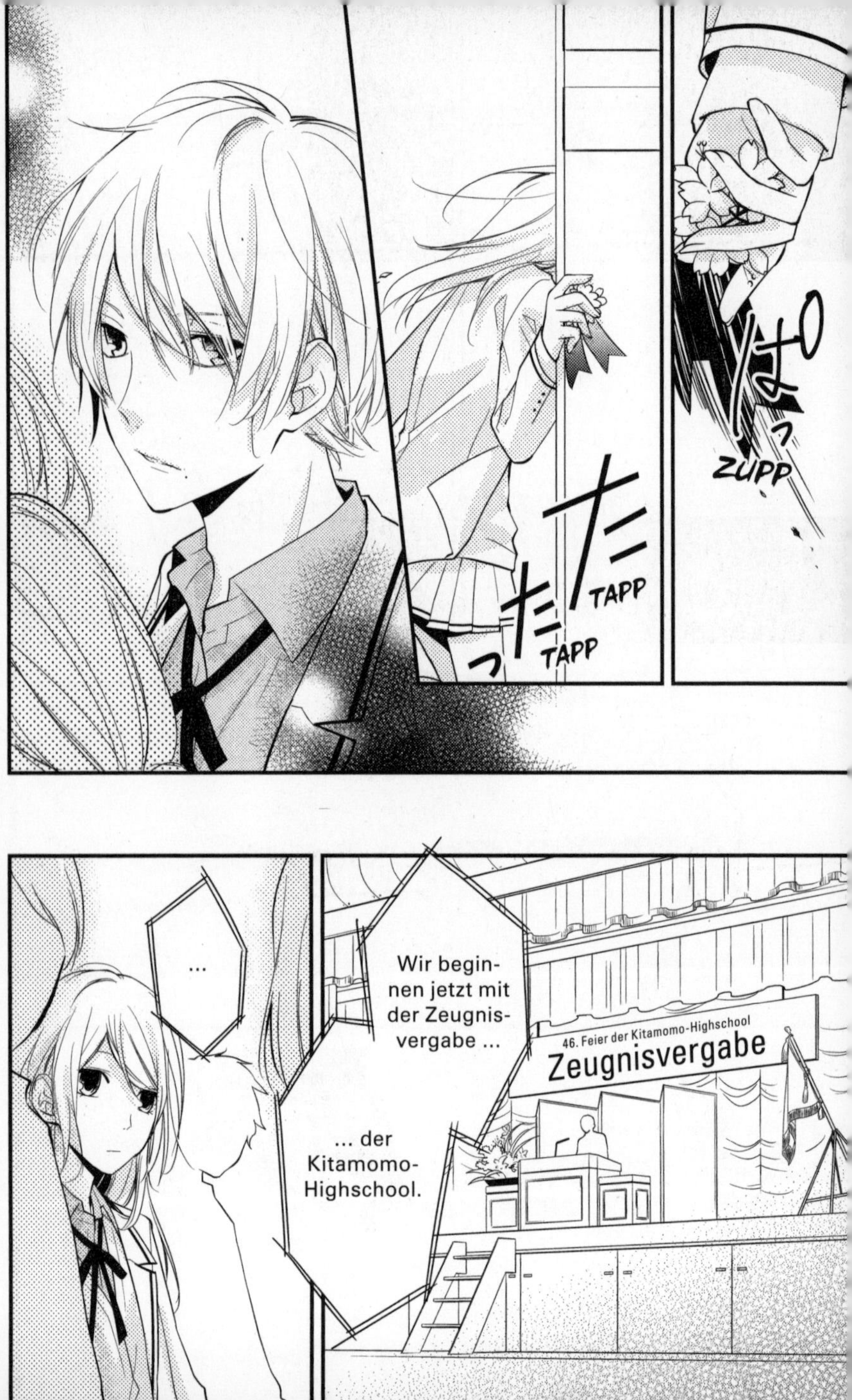

ZUPP

TAPP

TAPP

Wir beginnen jetzt mit der Zeugnisvergabe ...

46. Feier der Kitamomo-Highschool
Zeugnisvergabe

... der Kitamomo-Highschool.

...

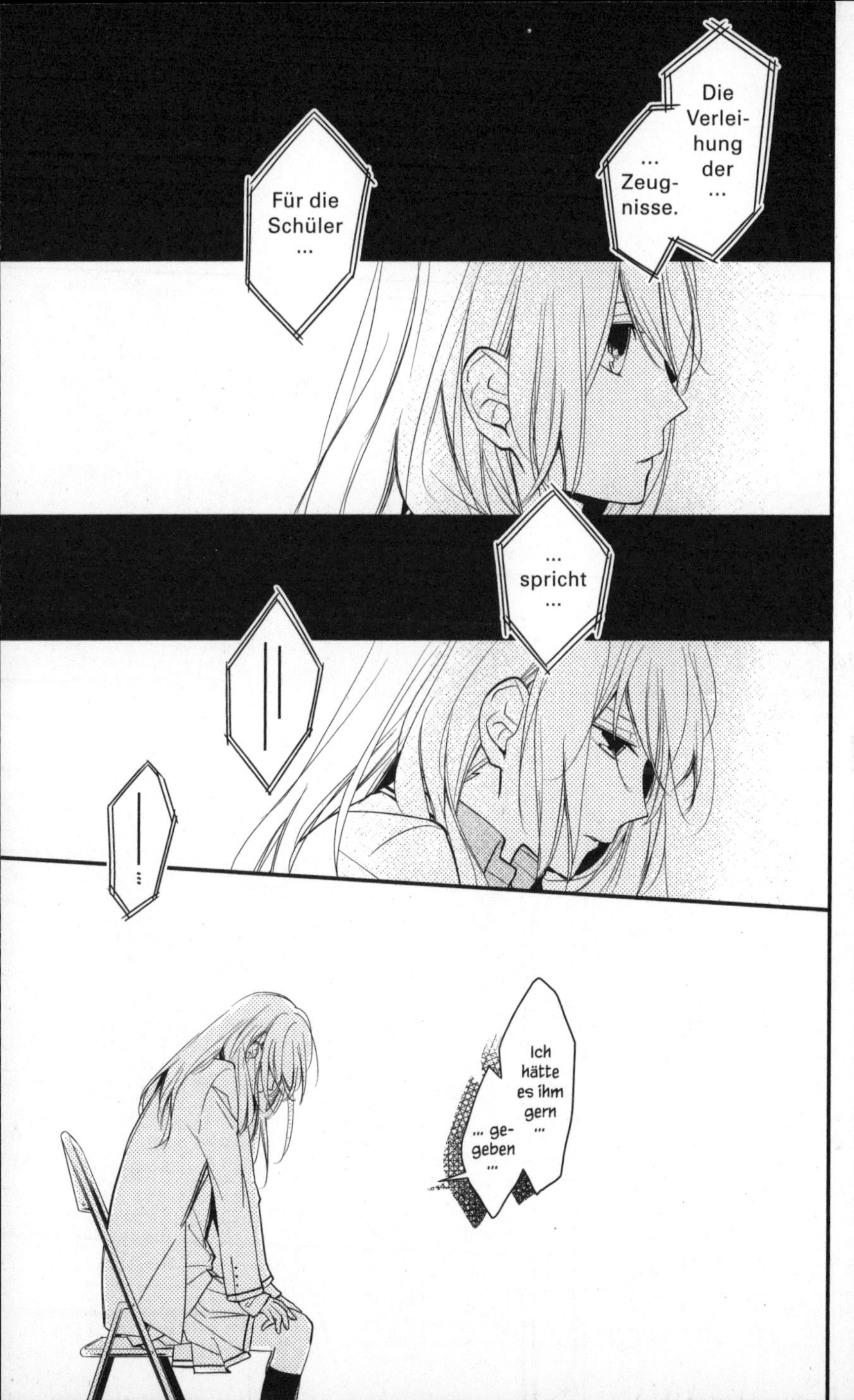
Die Verleihung der ...
... Zeugnisse.
Für die Schüler ...
... spricht ...
Ich hätte es ihm gern ...
... gegeben ...

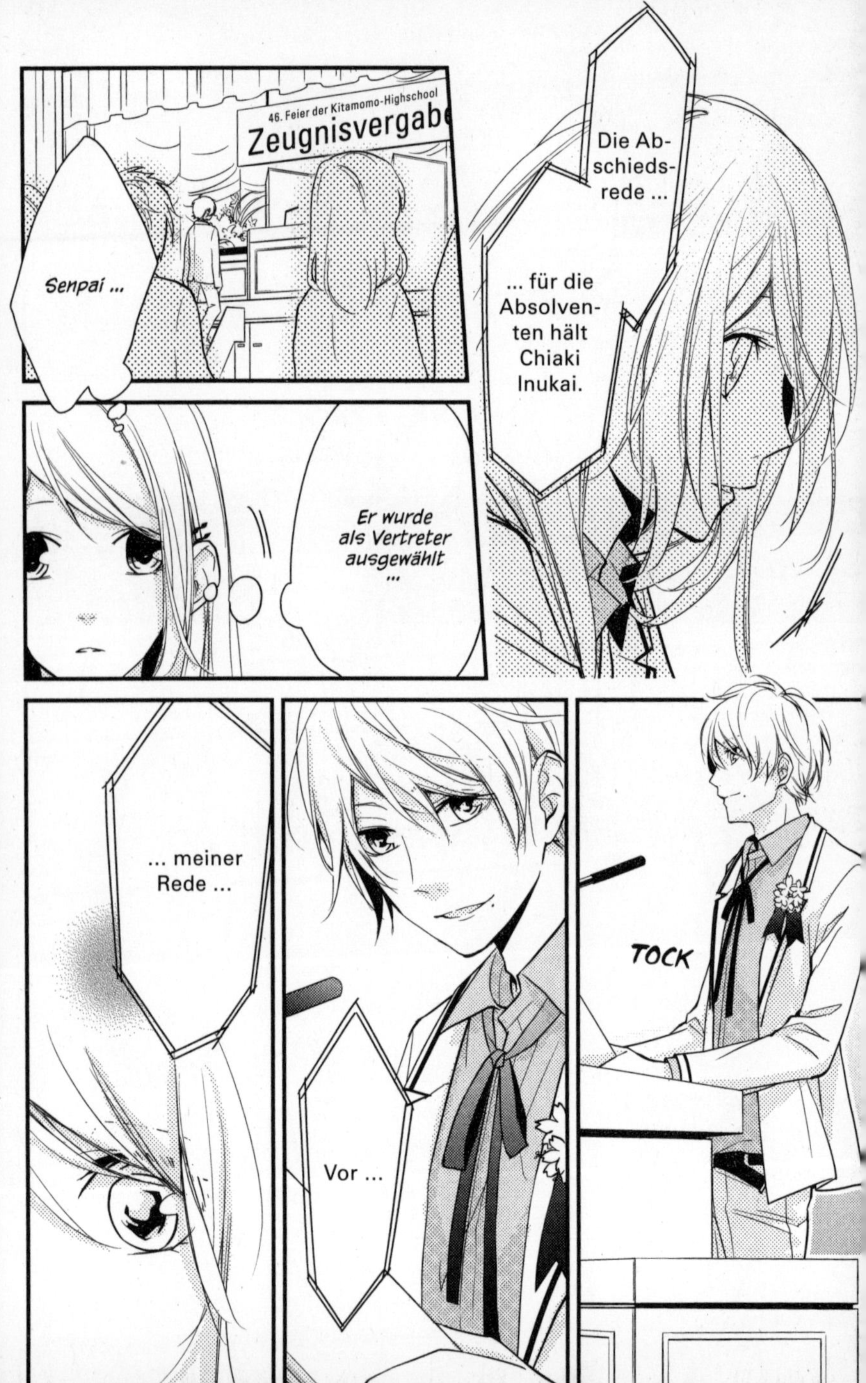

Die Abschiedsrede ...
... für die Absolventen hält Chiaki Inukai.
46. Feier der Kitamomo-Highschool
Zeugnisvergabe
Senpai ...
Er wurde als Vertreter ausgewählt ...
TOCK
Vor ...
... meiner Rede ...

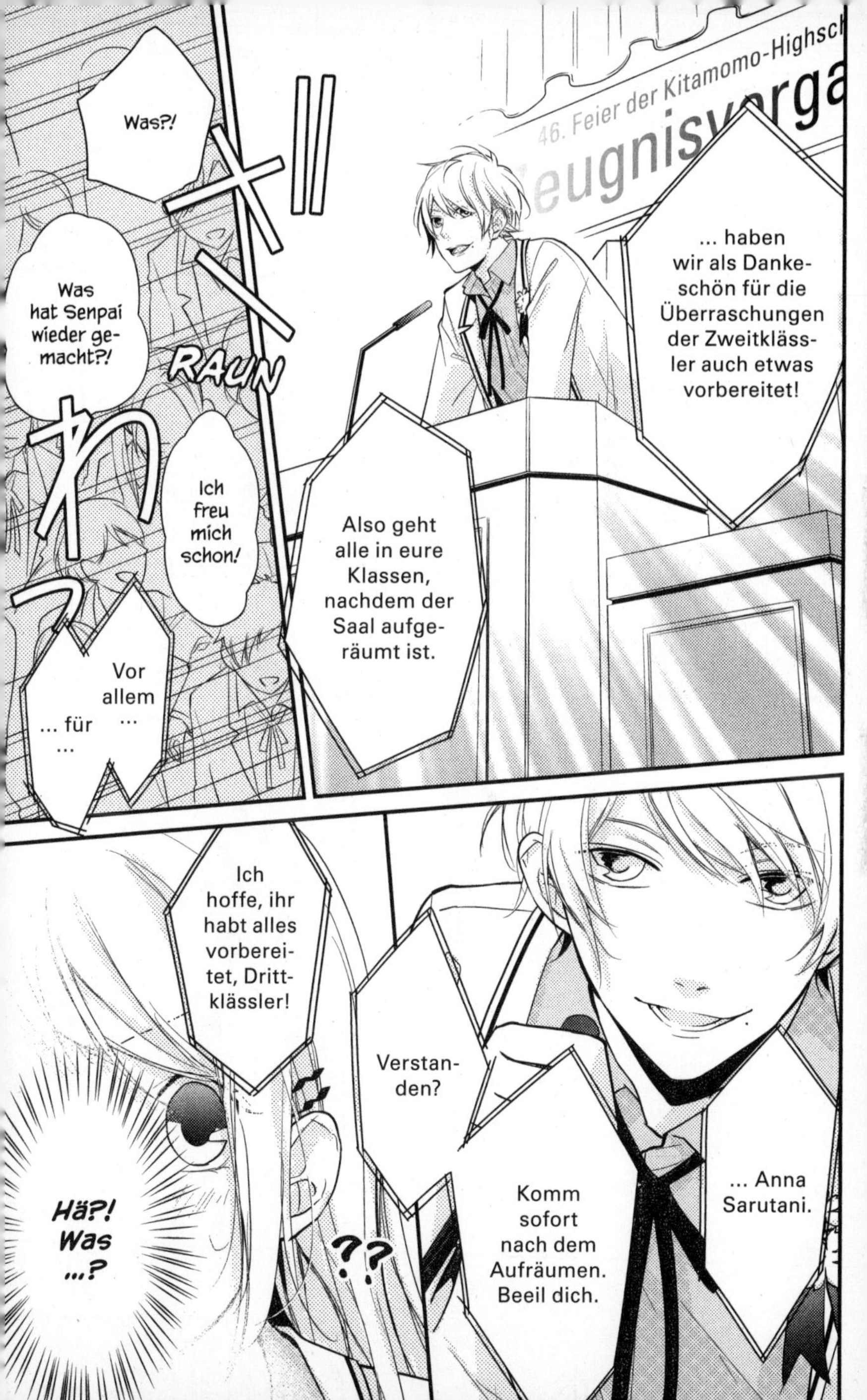
46. Feier der Kitamomo-Highsch
Zeugnisvergа
... haben wir als Dankeschön für die Überraschungen der Zweitklässler auch etwas vorbereitet!
Was?!
RAUN
Was hat Senpai wieder gemacht?!
Also geht alle in eure Klassen, nachdem der Saal aufgeräumt ist.
Ich freu mich schon!
Vor allem ...
... für ...
Ich hoffe, ihr habt alles vorbereitet, Drittklässler!
Verstanden?
... Anna Sarutani.
Komm sofort nach dem Aufräumen. Beeil dich.
Hä?! Was ...?
??

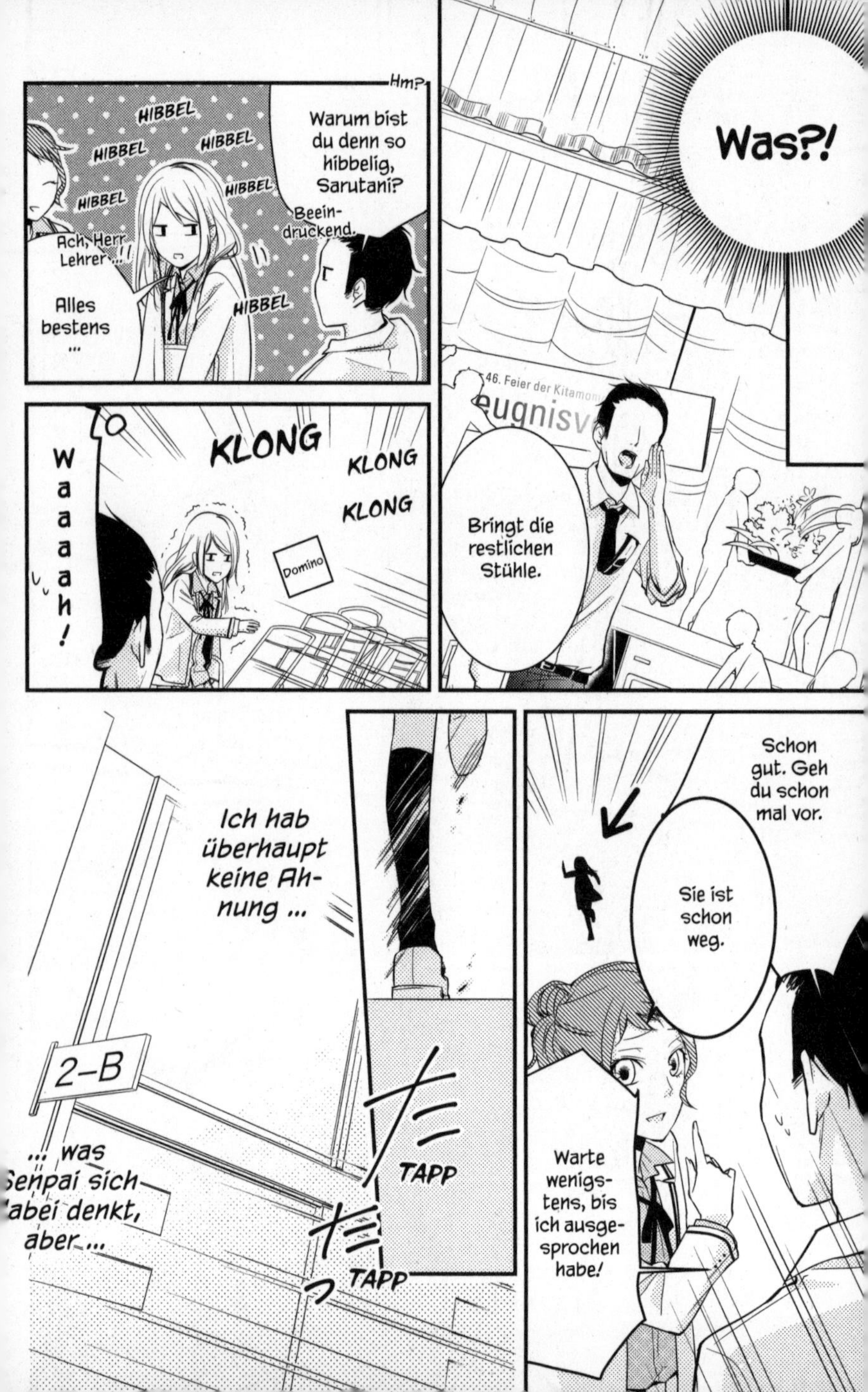
Was?!
Hm?
Warum bist du denn so hibbelig, Sarutani?
HIBBEL
HIBBEL
HIBBEL
HIBBEL
HIBBEL
HIBBEL
Beein-druckend.
Ach, Herr Lehrer ...!
Alles bestens ...
46. Feier der Kitamom
eugnisv
Bringt die restlichen Stühle.
KLONG
KLONG
KLONG
Domino
Waaaaah!
Schon gut. Geh du schon mal vor.
Sie ist schon weg.
Warte wenigstens, bis ich ausgesprochen habe!
TAPP
TAPP
Ich hab überhaupt keine Ahnung ...
2-B
... was Senpai sich dabei denkt, aber ...

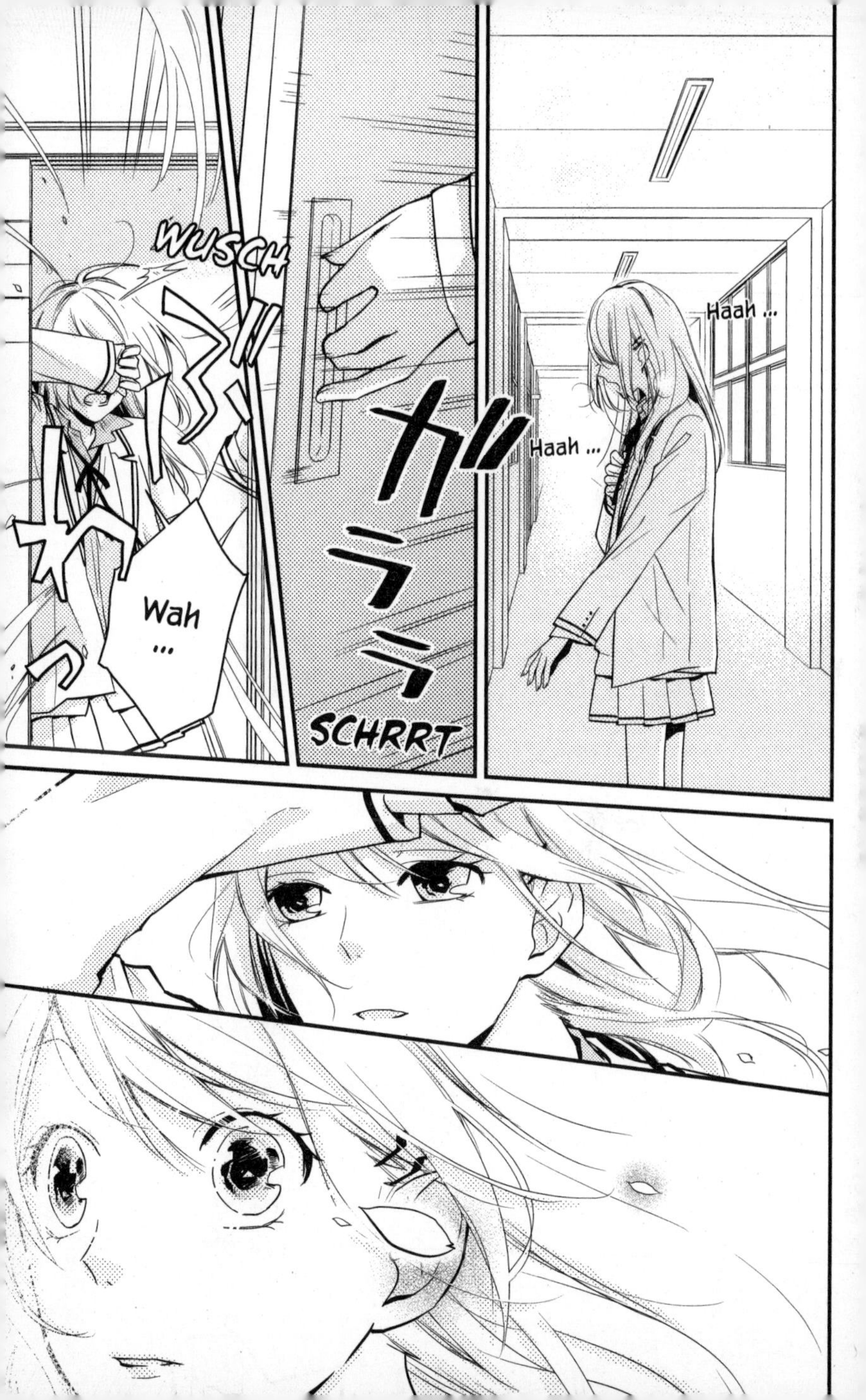
Haah ...
Haah ...
ガララ
SCHRRT
WUSCH
Wah ...

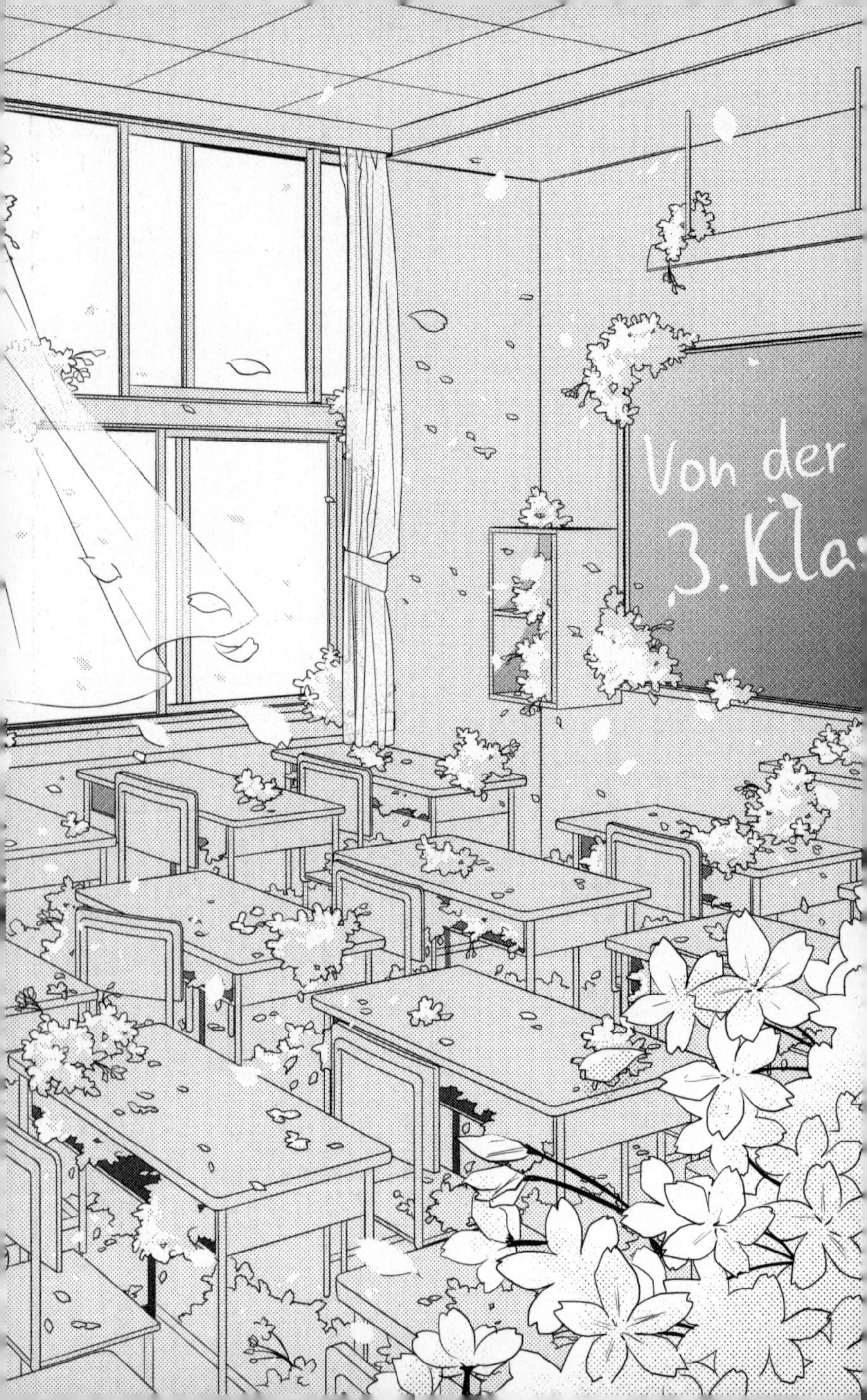
Von der
3. Kla

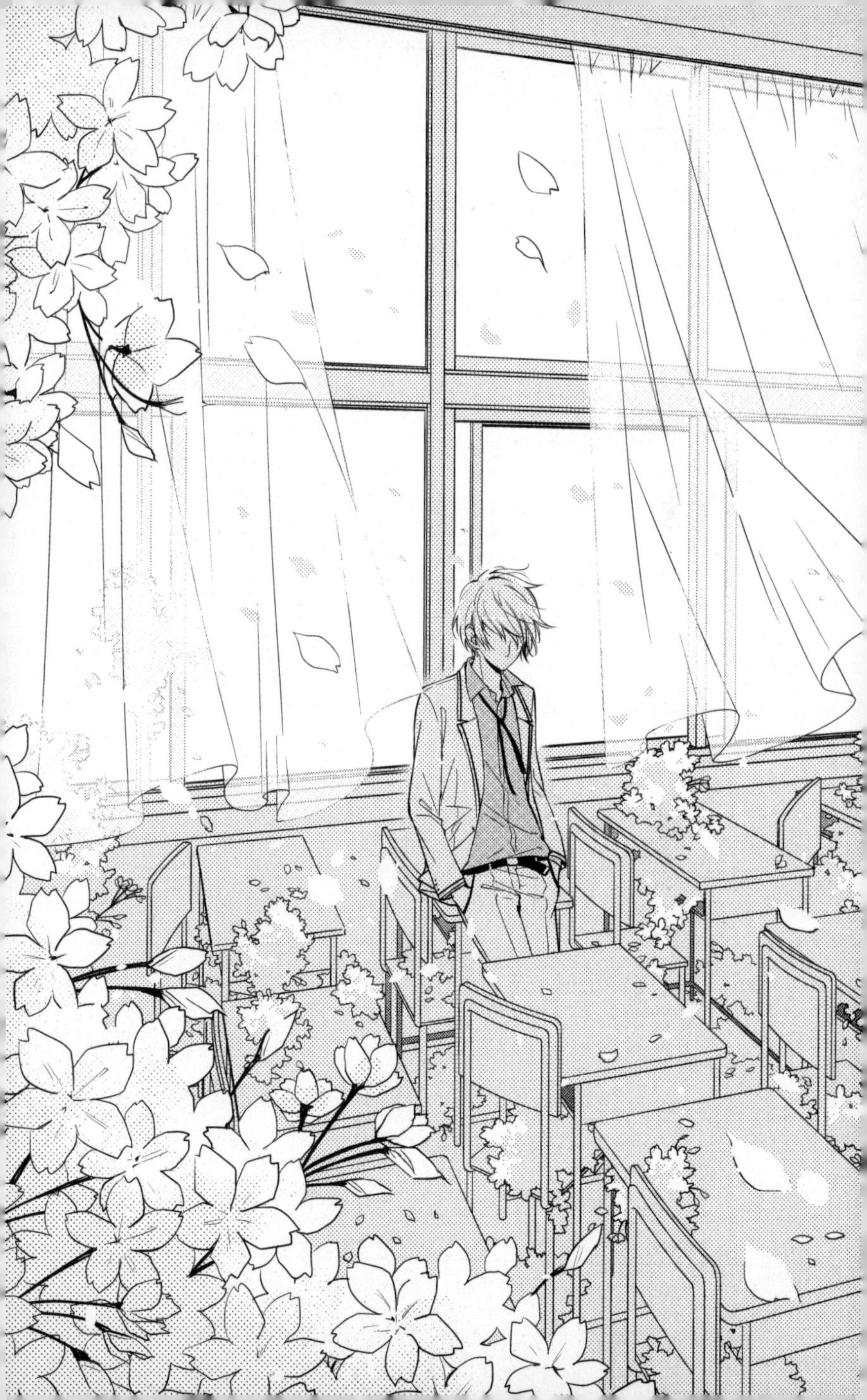

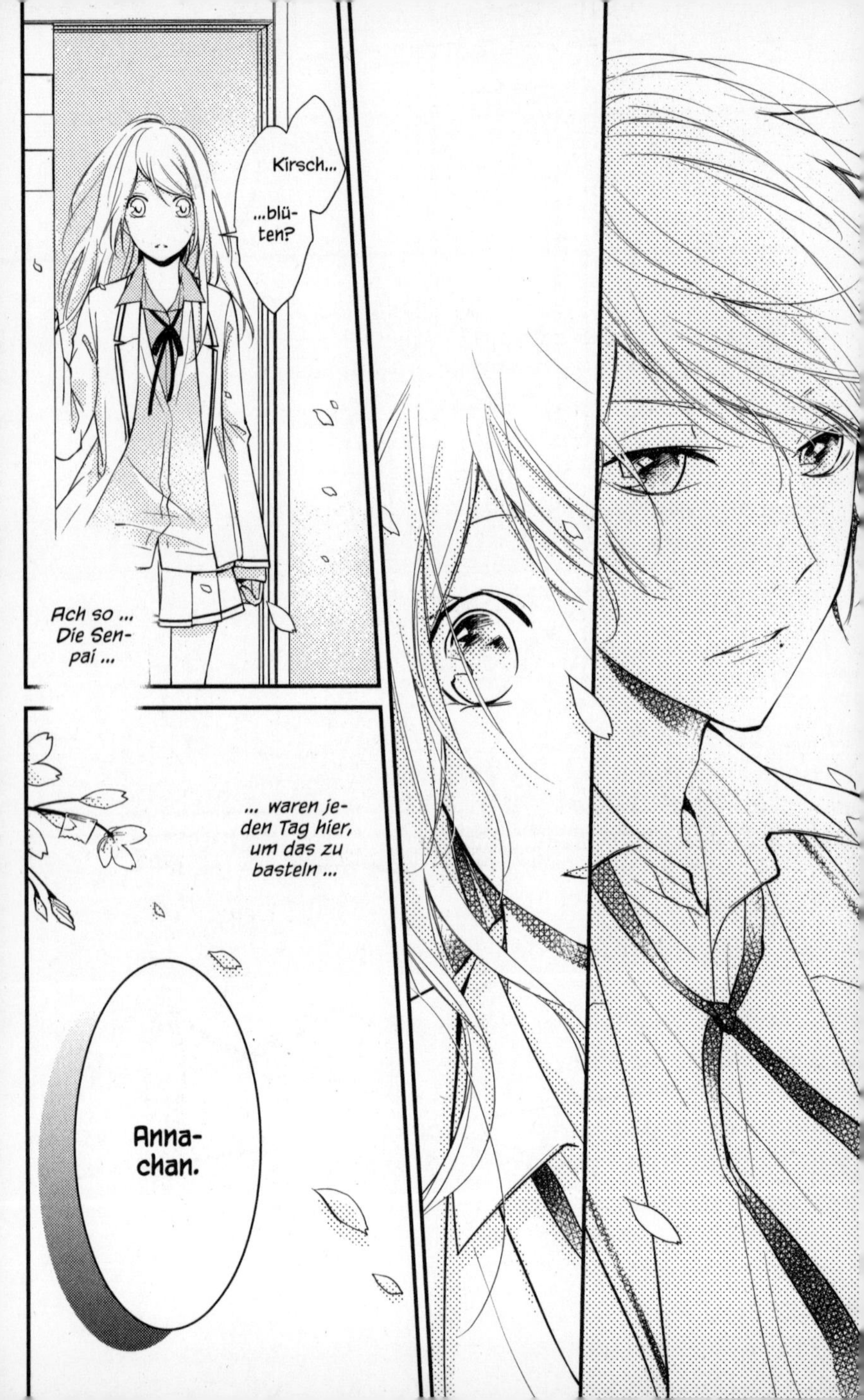
Kirsch...
...blüten?
Ach so ... Die Senpai ...
... waren jeden Tag hier, um das zu basteln ...
Anna-chan.

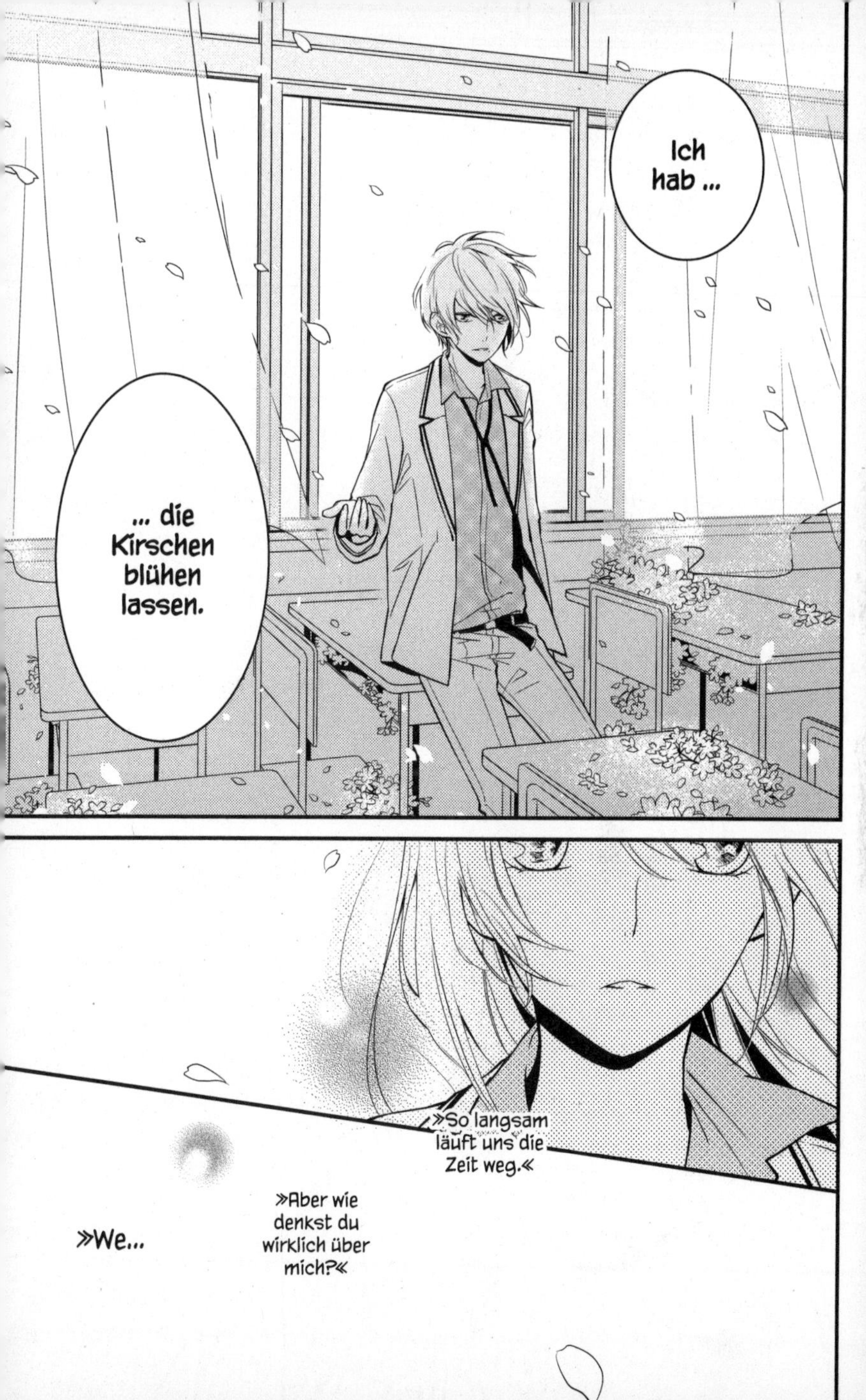
Ich hab ...
... die Kirschen blühen lassen.
»So langsam läuft uns die Zeit weg.«
»Aber wie denkst du wirklich über mich?«
»We...

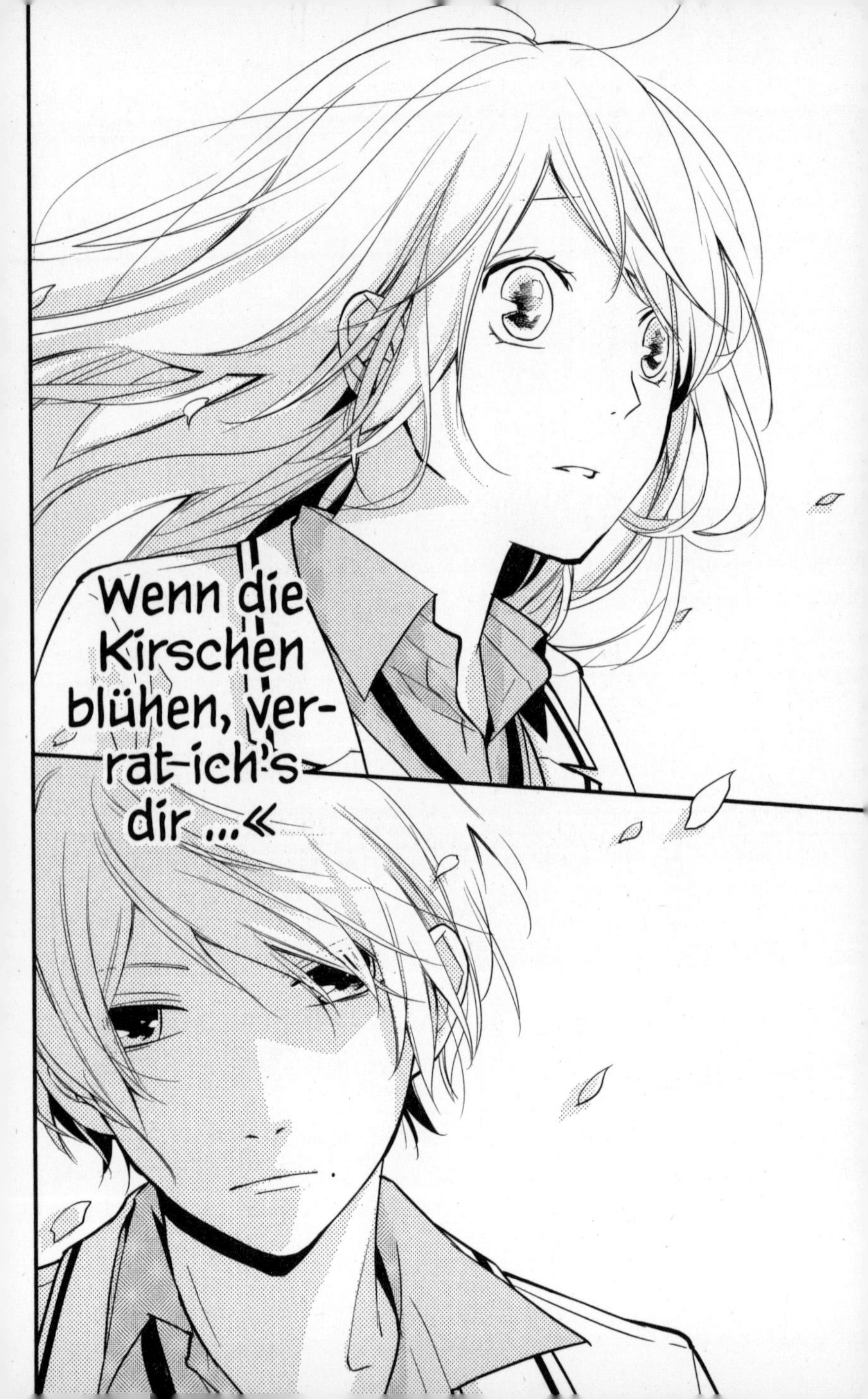
Wenn die Kirschen blühen, ver-rat ich's dir ...«

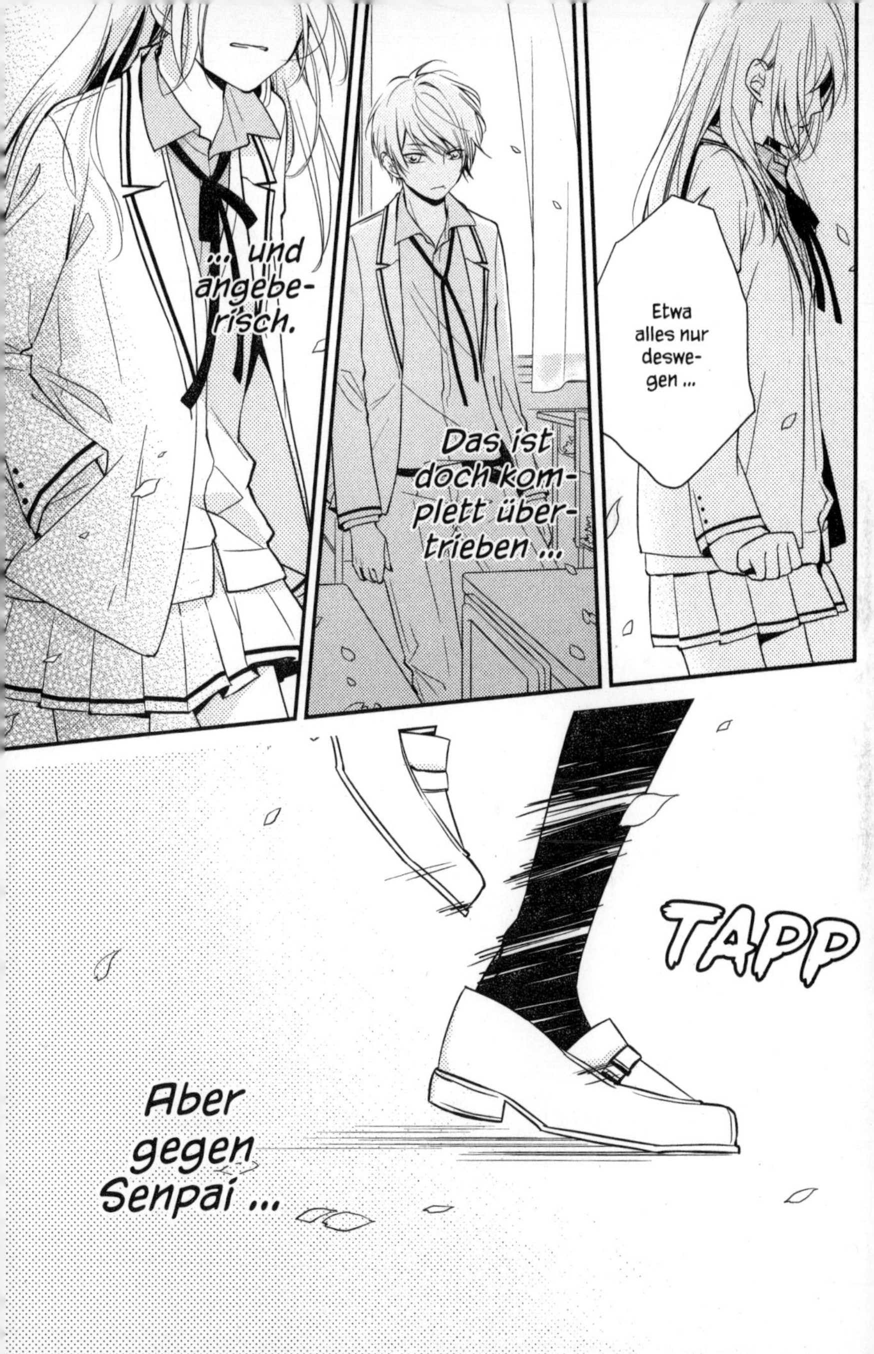
Etwa alles nur deswegen ...
Das ist doch komplett übertrieben ...
... und angeberisch.
TAPP
Aber gegen Senpai ...

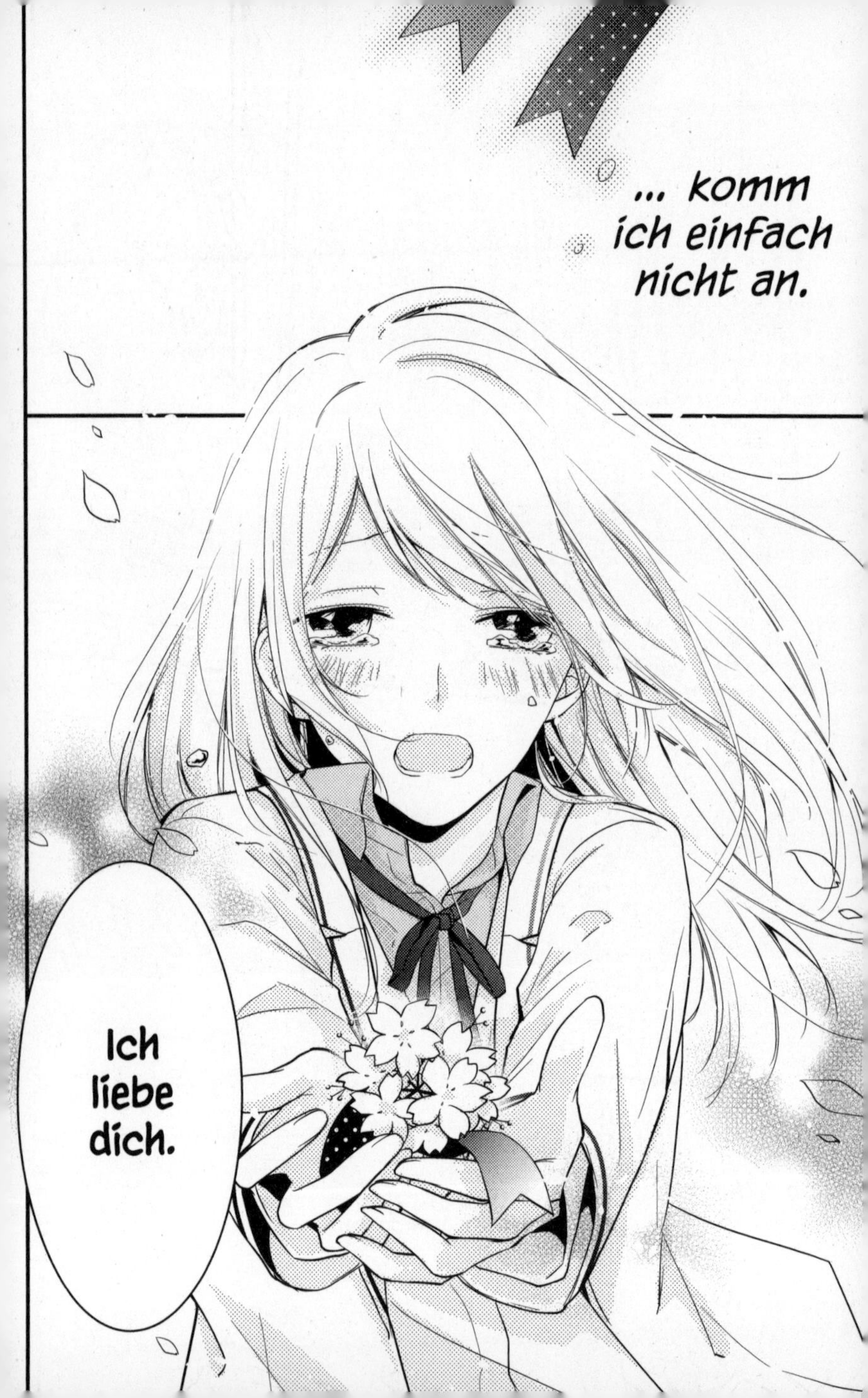
... komm
ich einfach
nicht an.
Ich
liebe
dich.

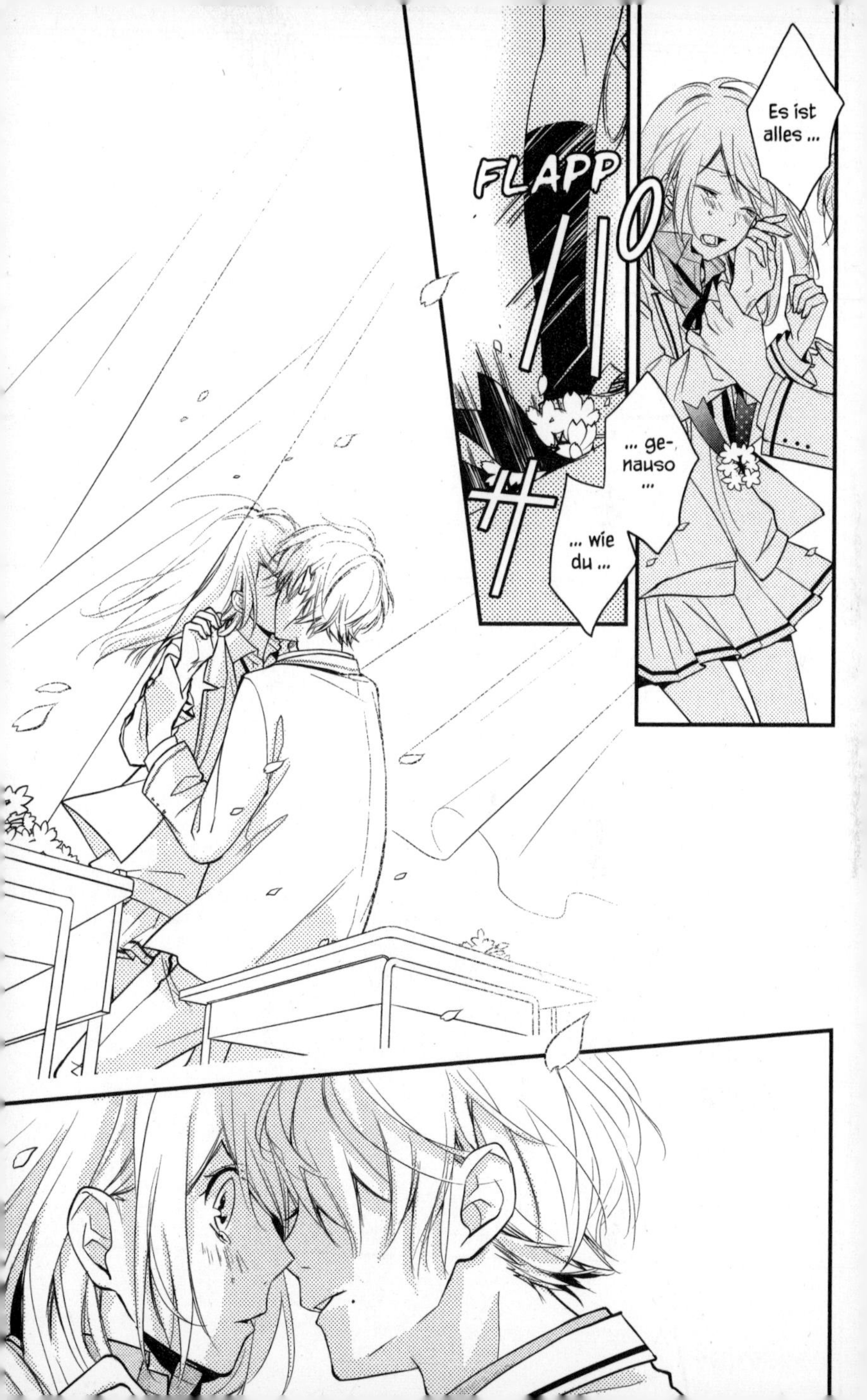
Es ist alles ...
FLAPP
... ge-nauso ...
... wie du ...

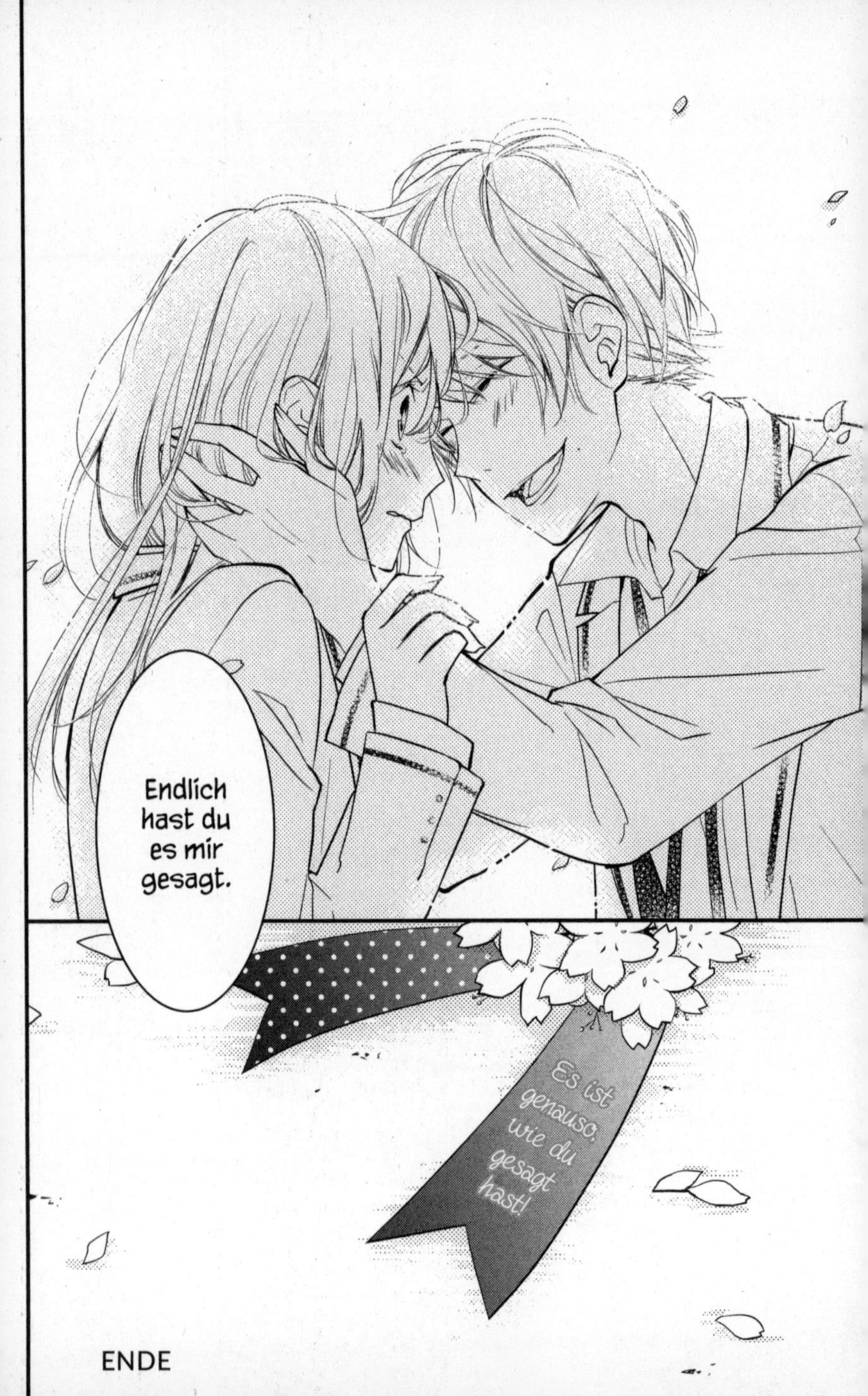
Endlich hast du es mir gesagt.
Es ist genauso, wie du gesagt hast!
ENDE

LAUTER GESAGT ALS GETAN

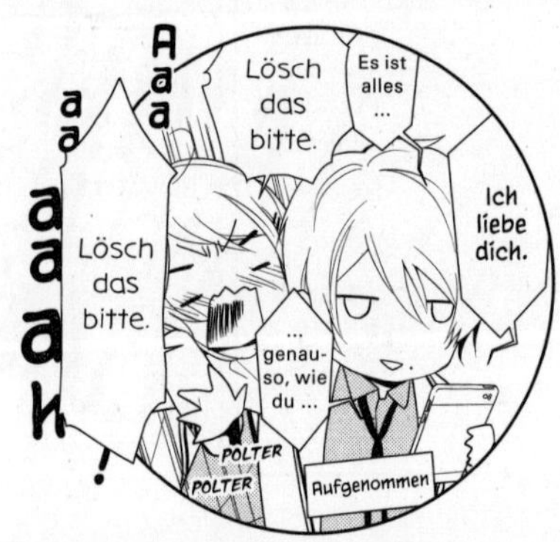

Ich liebe dich.
Es ist alles ...
Lösch das bitte.
Aaa
... genauso, wie du ...
Aufgenommen
Lösch das bitte.
POLTER
POLTER
aaaaaah!

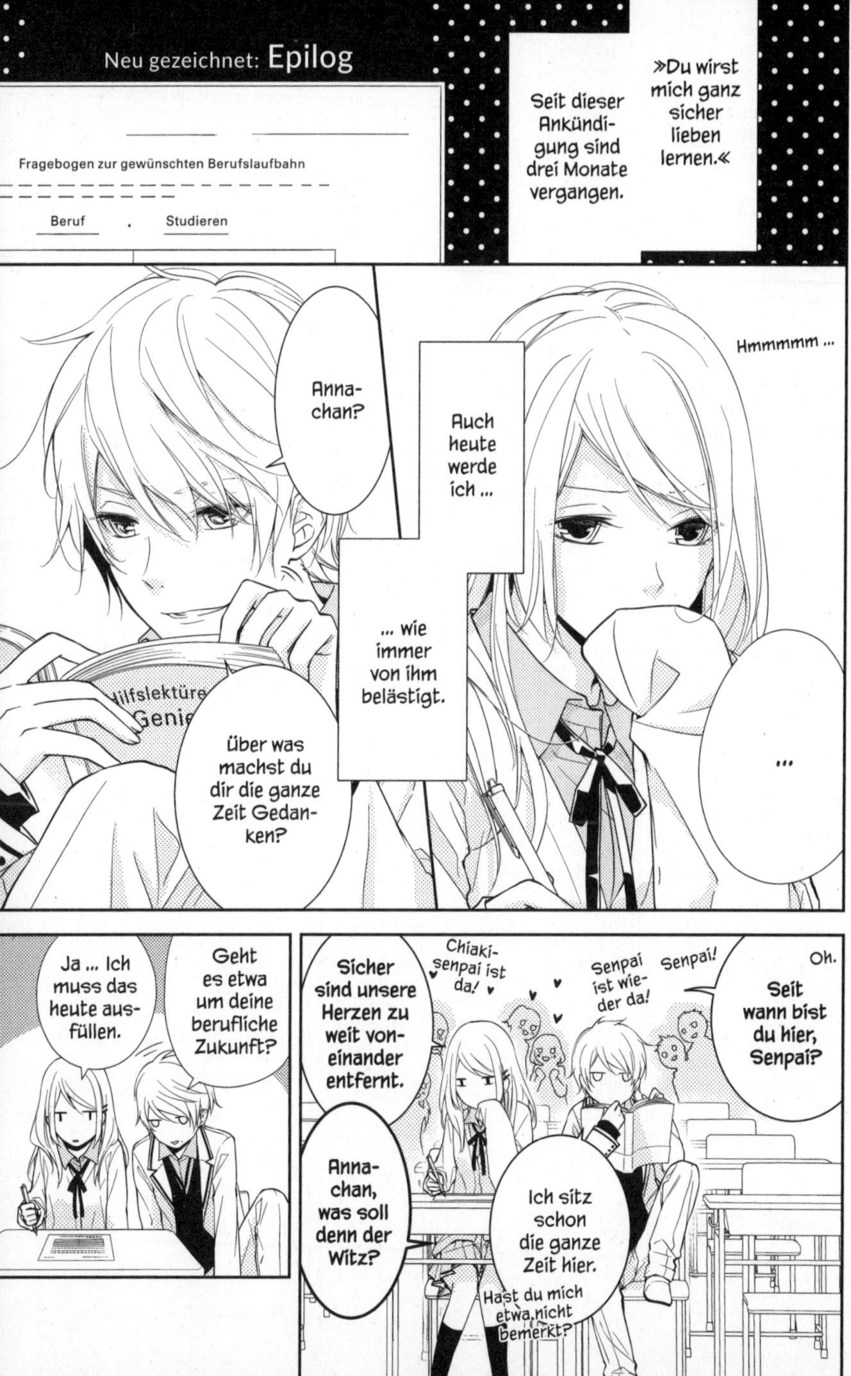
»Du wirst mich ganz sicher lieben lernen.«
Seit dieser Ankündigung sind drei Monate vergangen.
Neu gezeichnet: Epilog
Fragebogen zur gewünschten Berufslaufbahn
Beruf
Studieren
Hmmmmm ...
Auch heute werde ich ...
Anna-chan?
... wie immer von ihm belästigt.
...
Über was machst du dir die ganze Zeit Gedanken?
Oh.
Seit wann bist du hier, Senpai?
Senpai!
Senpai ist wieder da!
Chiaki-senpai ist da!
Sicher sind unsere Herzen zu weit voneinander entfernt.
Ich sitz schon die ganze Zeit hier.
Hast du mich etwa nicht bemerkt?
Anna-chan, was soll denn der Witz?
Geht es etwa um deine berufliche Zukunft?
Ja ... Ich muss das heute ausfüllen.

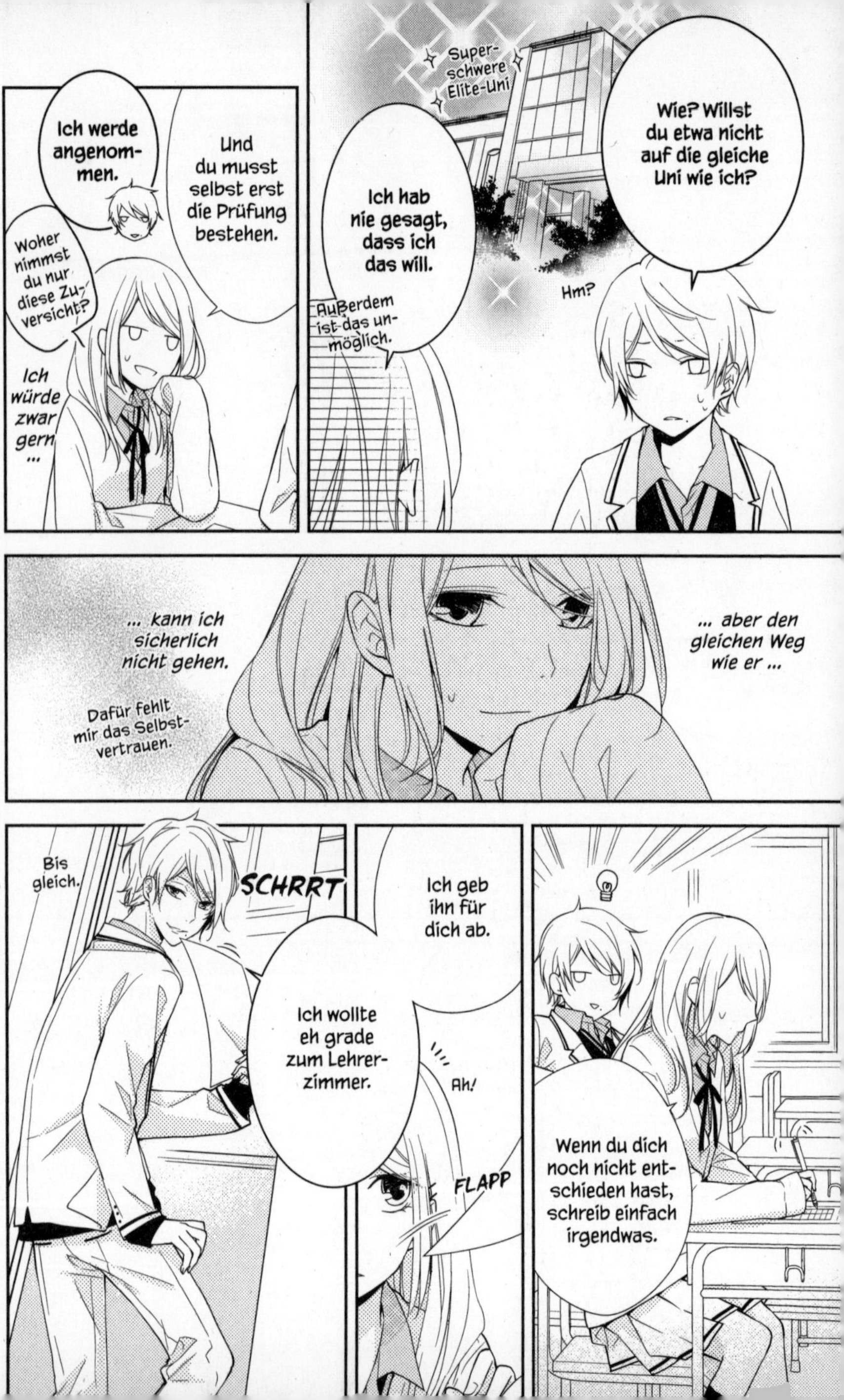

Wie? Willst du etwa nicht auf die gleiche Uni wie ich?

Hm?

Super-schwere Elite-Uni

Ich hab nie gesagt, dass ich das will.

Außerdem ist das unmöglich.

Und du musst selbst erst die Prüfung bestehen.

Ich werde angenommen.

Woher nimmst du nur diese Zuversicht?

Ich würde zwar gern ...

... aber den gleichen Weg wie er ...

... kann ich sicherlich nicht gehen.

Dafür fehlt mir das Selbstvertrauen.

Wenn du dich noch nicht entschieden hast, schreib einfach irgendwas.

Ah!

FLAPP

Ich geb ihn für dich ab.

Ich wollte eh grade zum Lehrerzimmer.

SCHRRT

Bis gleich.

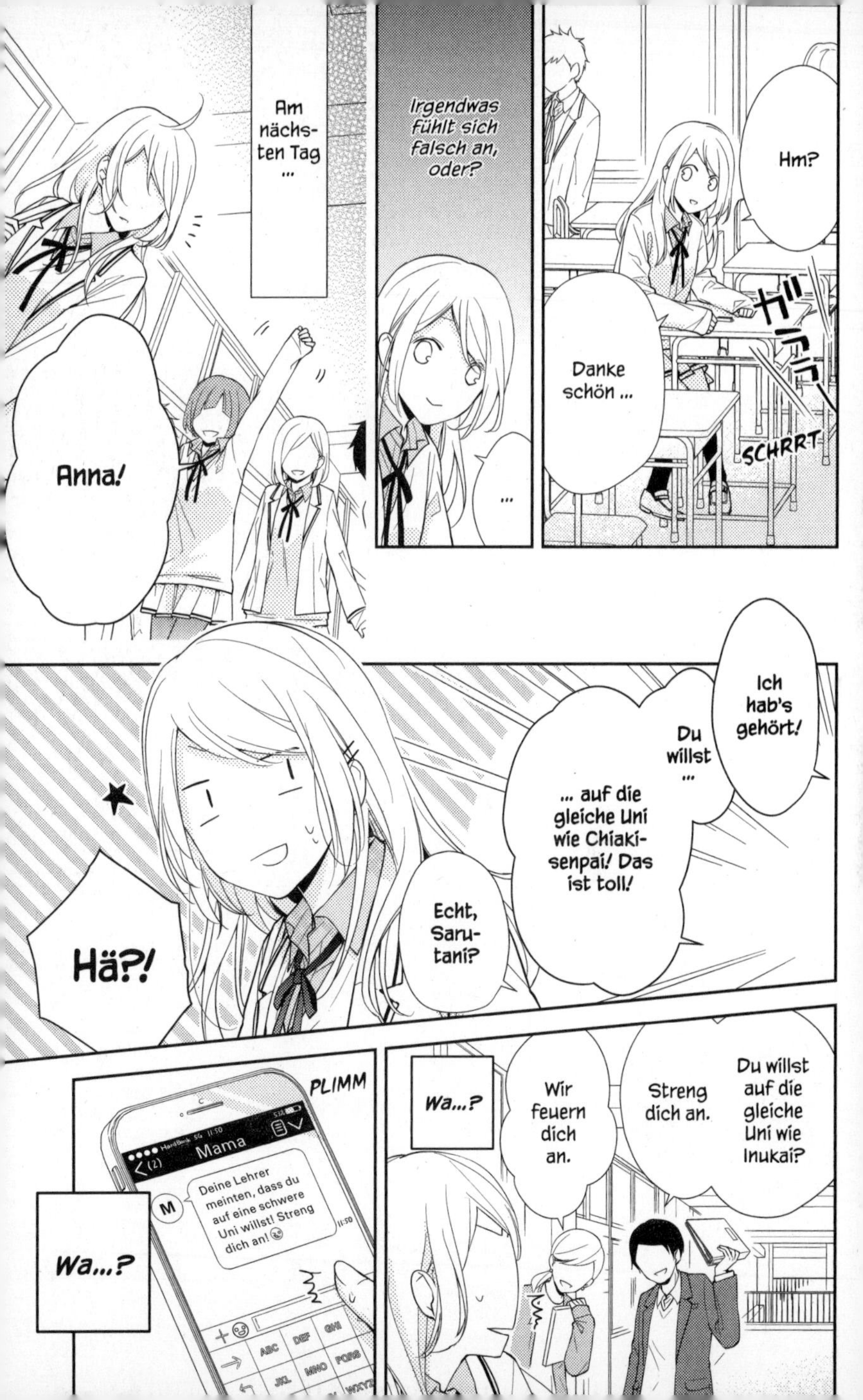
Hm?
SCHRRT
Danke schön ...
Irgendwas fühlt sich falsch an, oder?
...
Am nächsten Tag ...
Anna!
Ich hab's gehört!
Du willst ...
... auf die gleiche Uni wie Chiaki-senpai! Das ist toll!
Echt, Sarutani?
Hä?!
Du willst auf die gleiche Uni wie Inukai?
Streng dich an.
Wir feuern dich an.
Wa...?
PLIMM
Mama
Deine Lehrer meinten, dass du auf eine schwere Uni willst! Streng dich an!
Wa...?

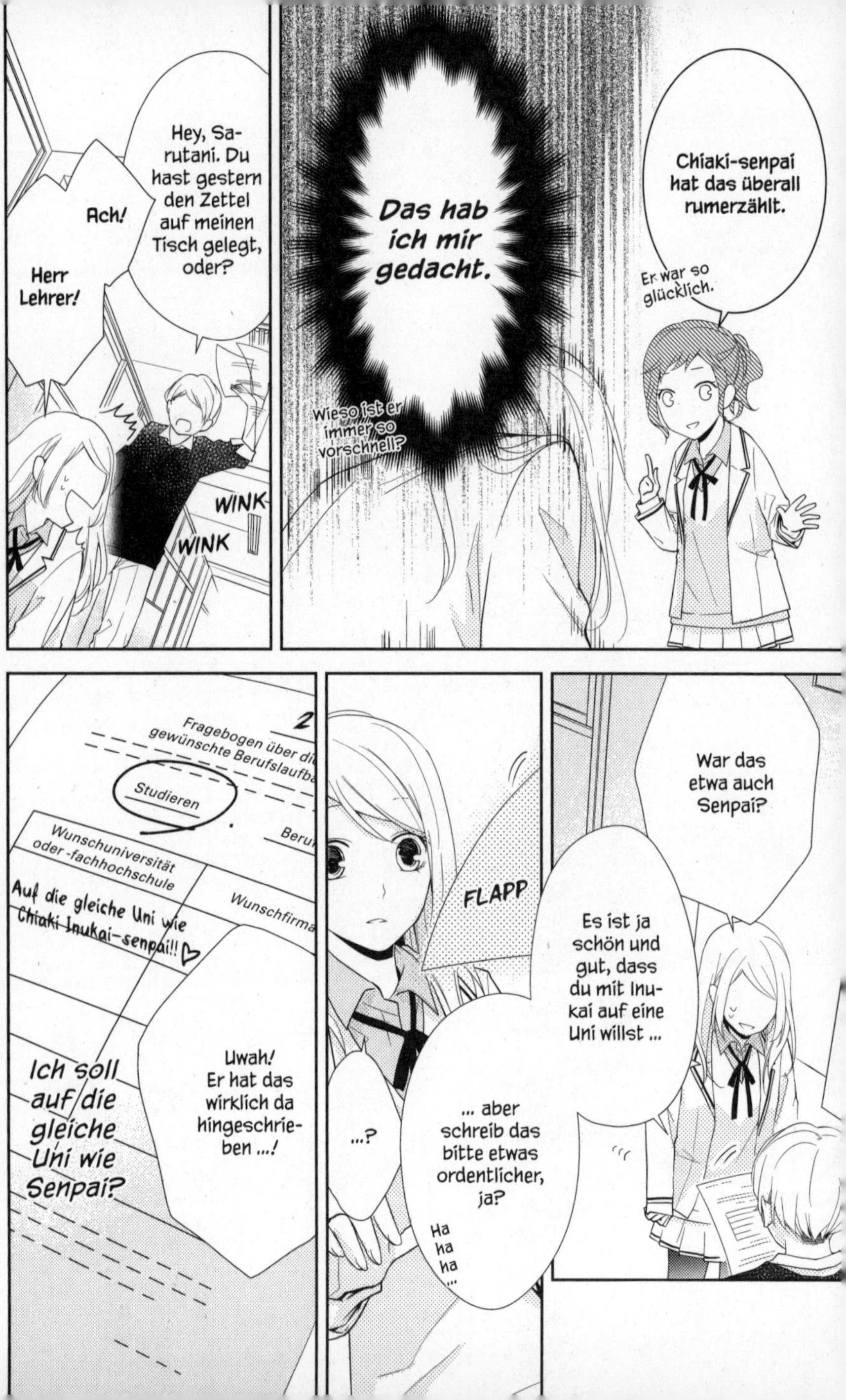

Chiaki-senpai hat das überall rumerzählt.

Er war so glücklich.

Das hab ich mir gedacht.

Wieso ist er immer so vorschnell?

Hey, Sarutani. Du hast gestern den Zettel auf meinen Tisch gelegt, oder?

Ach!

Herr Lehrer!

WINK-

WINK

War das etwa auch Senpai?

Es ist ja schön und gut, dass du mit Inukai auf eine Uni willst ...

... aber schreib das bitte etwas ordentlicher, ja?

Ha ha ha ...

FLAPP

...?

2

Fragebogen über di[e]
gewünschte Berufslaufba[hn]

Studieren

Beru[f]

Wunschuniversität oder -fachhochschule

Wunschfirma

Auf die gleiche Uni wie Chiaki Inukai-senpai!! ♡

Uwah! Er hat das wirklich da hingeschrieben ...!

Ich soll auf die gleiche Uni wie Senpai?

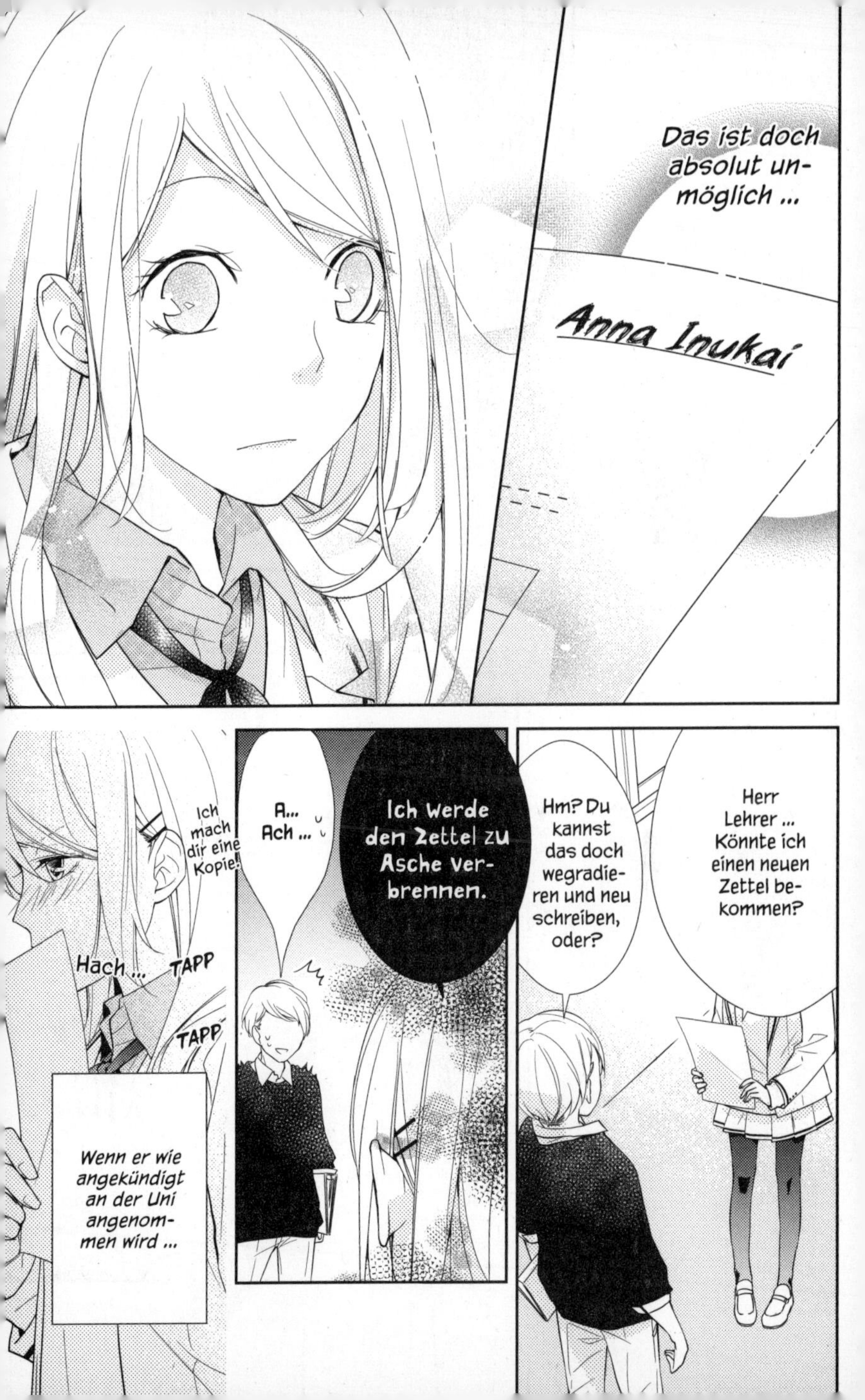

Das ist doch absolut unmöglich ...

Anna Inukai

Herr Lehrer ... Könnte ich einen neuen Zettel bekommen?

Hm? Du kannst das doch wegradieren und neu schreiben, oder?

Ich werde den Zettel zu Asche verbrennen.

A... Ach ...

Ich mach dir eine Kopie!

Hach ...

TAPP

TAPP

Wenn er wie angekündigt an der Uni angenommen wird ...

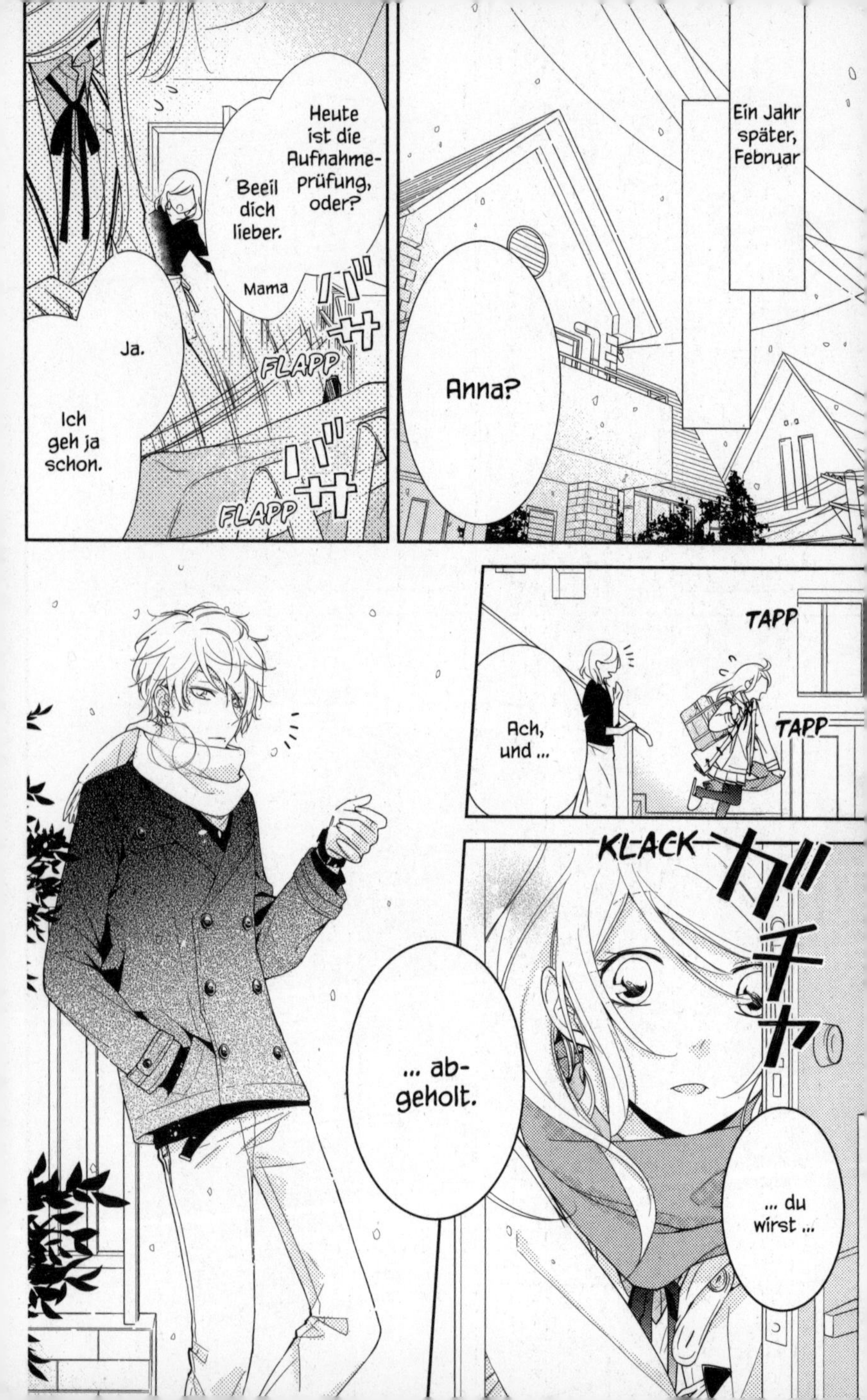

Ein Jahr später, Februar
Anna?
Heute ist die Aufnahme-prüfung, oder?
Beeil dich lieber.
Mama
バサ
FLAPP
Ja.
Ich geh ja schon.
バサ
FLAPP
TAPP
TAPP
Ach, und ...
KLACK
ガチャ
... du wirst ...
... ab-geholt.

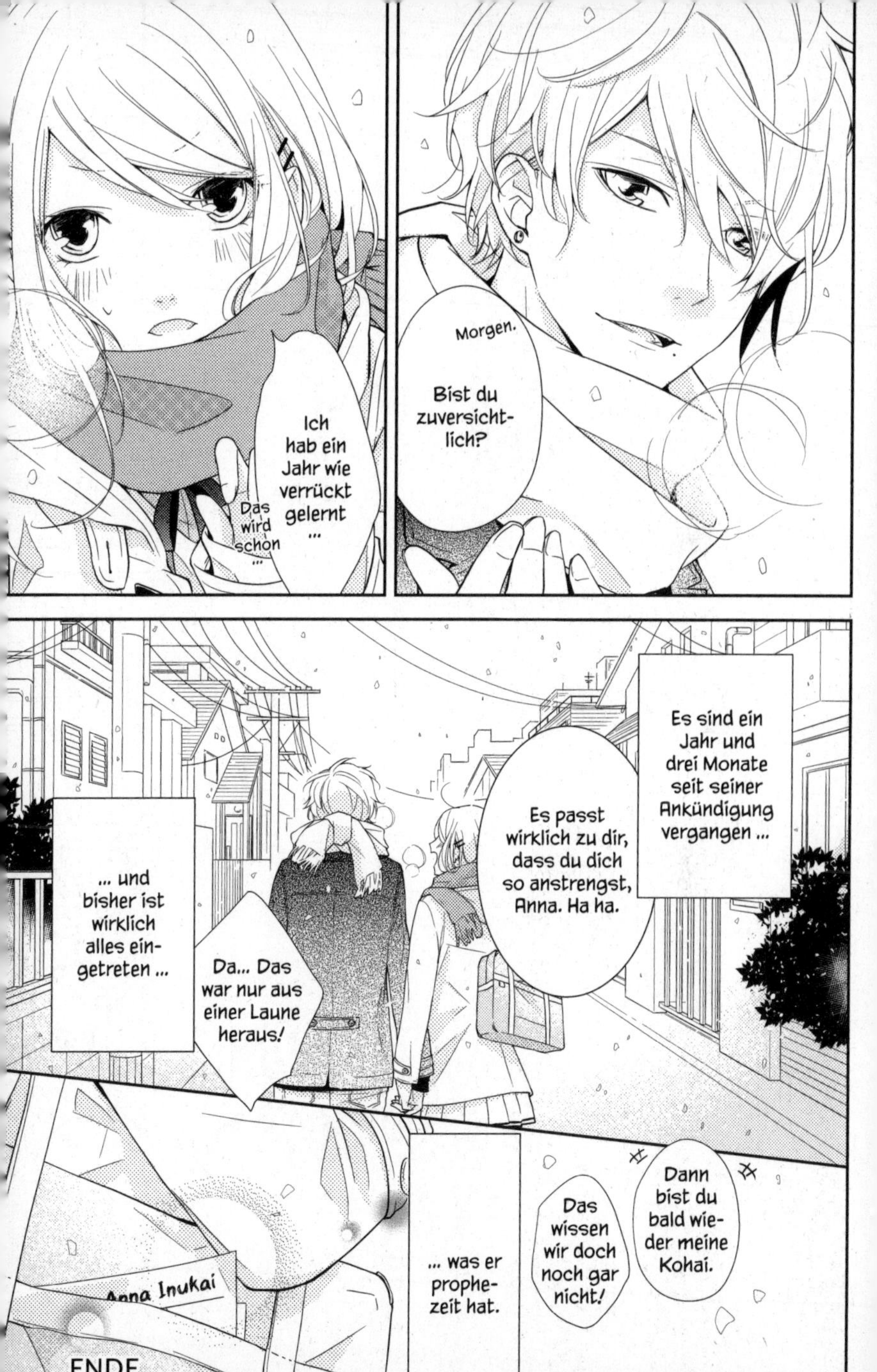
Morgen.
Bist du zuversichtlich?
Ich hab ein Jahr wie verrückt gelernt ...
Das wird schon ...
Es sind ein Jahr und drei Monate seit seiner Ankündigung vergangen ...
Es passt wirklich zu dir, dass du dich so anstrengst, Anna. Ha ha.
Da... Das war nur aus einer Laune heraus!
... und bisher ist wirklich alles eingetreten ...
Dann bist du bald wieder meine Kohai.
Das wissen wir doch noch gar nicht!
... was er prophezeit hat.
Anna Inukai
ENDE

LAUTER GESAGT ALS GETAN

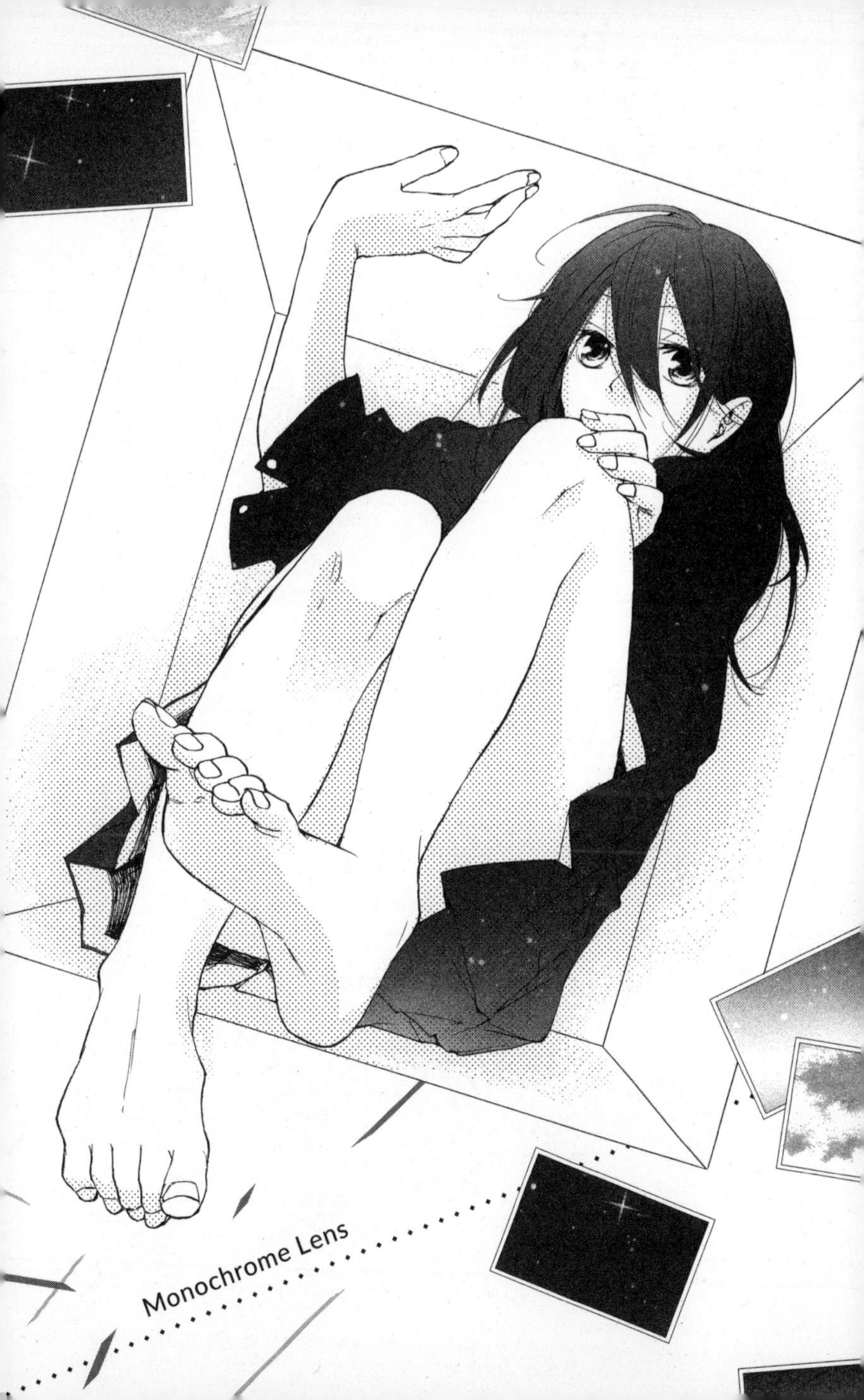
Monochrome Lens

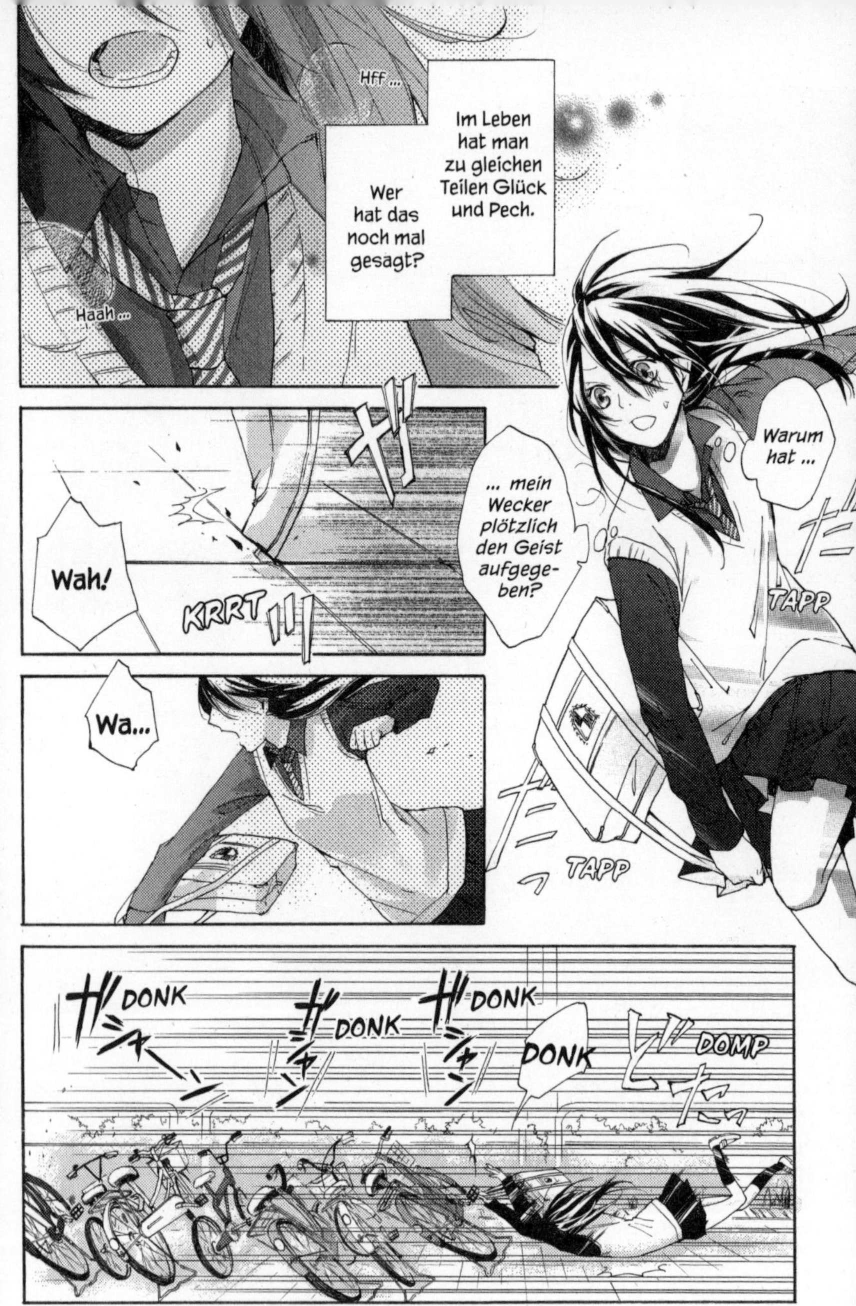
Hff ...
Im Leben hat man zu gleichen Teilen Glück und Pech.
Wer hat das noch mal gesagt?
Haah ...
Warum hat ...
... mein Wecker plötzlich den Geist aufgegeben?
TAPP
TAPP
Wah!
KRRT
Wa...
DOMP
DONK
DONK
DONK
DONK

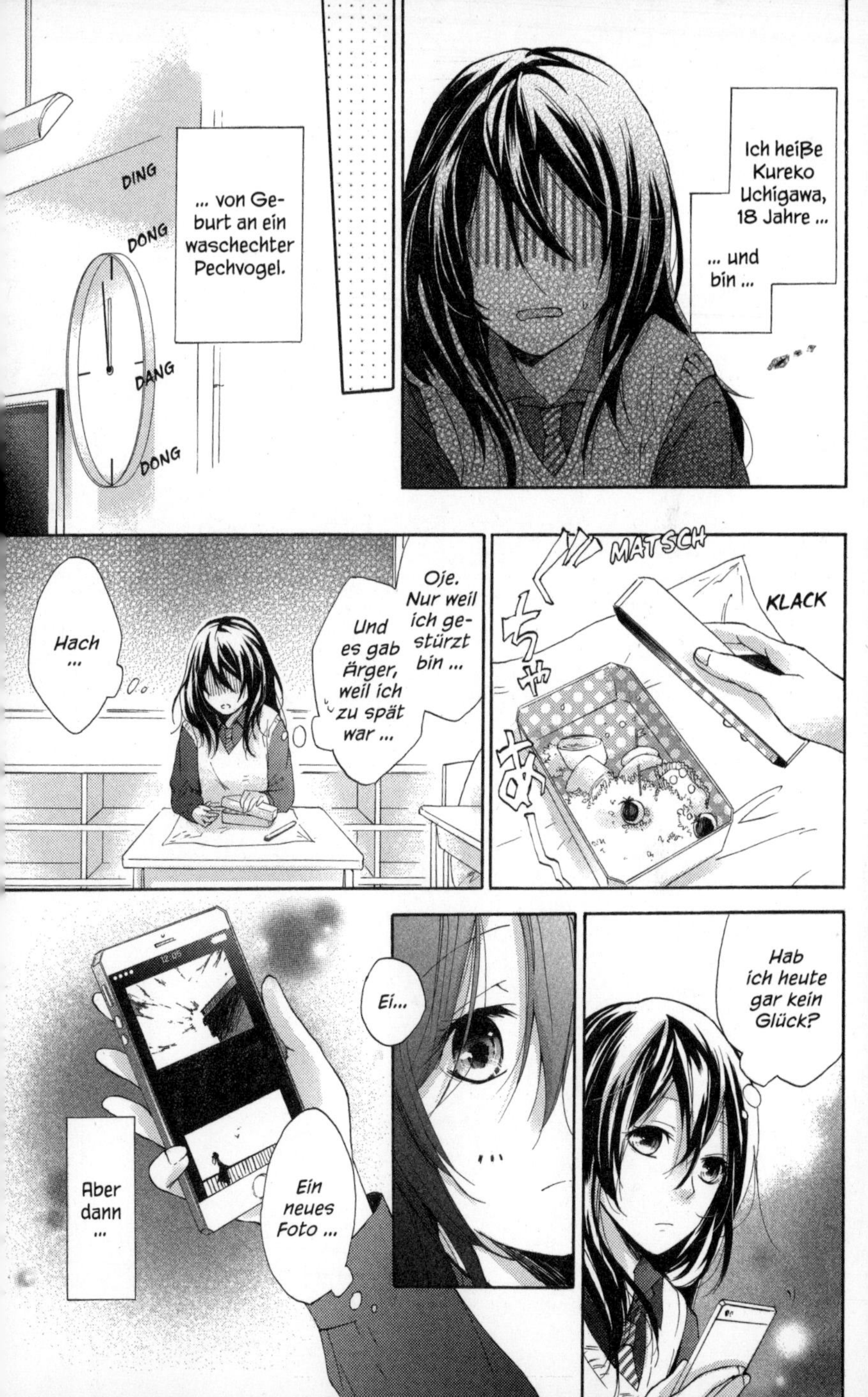

Ich heiße Kureko Uchigawa, 18 Jahre ...
... und bin ...
... von Geburt an ein waschechter Pechvogel.
DING
DONG
DANG
DONG
MATSCH
KLACK
Oje. Nur weil ich gestürzt bin ...
Und es gab Ärger, weil ich zu spät war ...
Hach ...
Hab ich heute gar kein Glück?
Ei...
Ein neues Foto ...
Aber dann ...

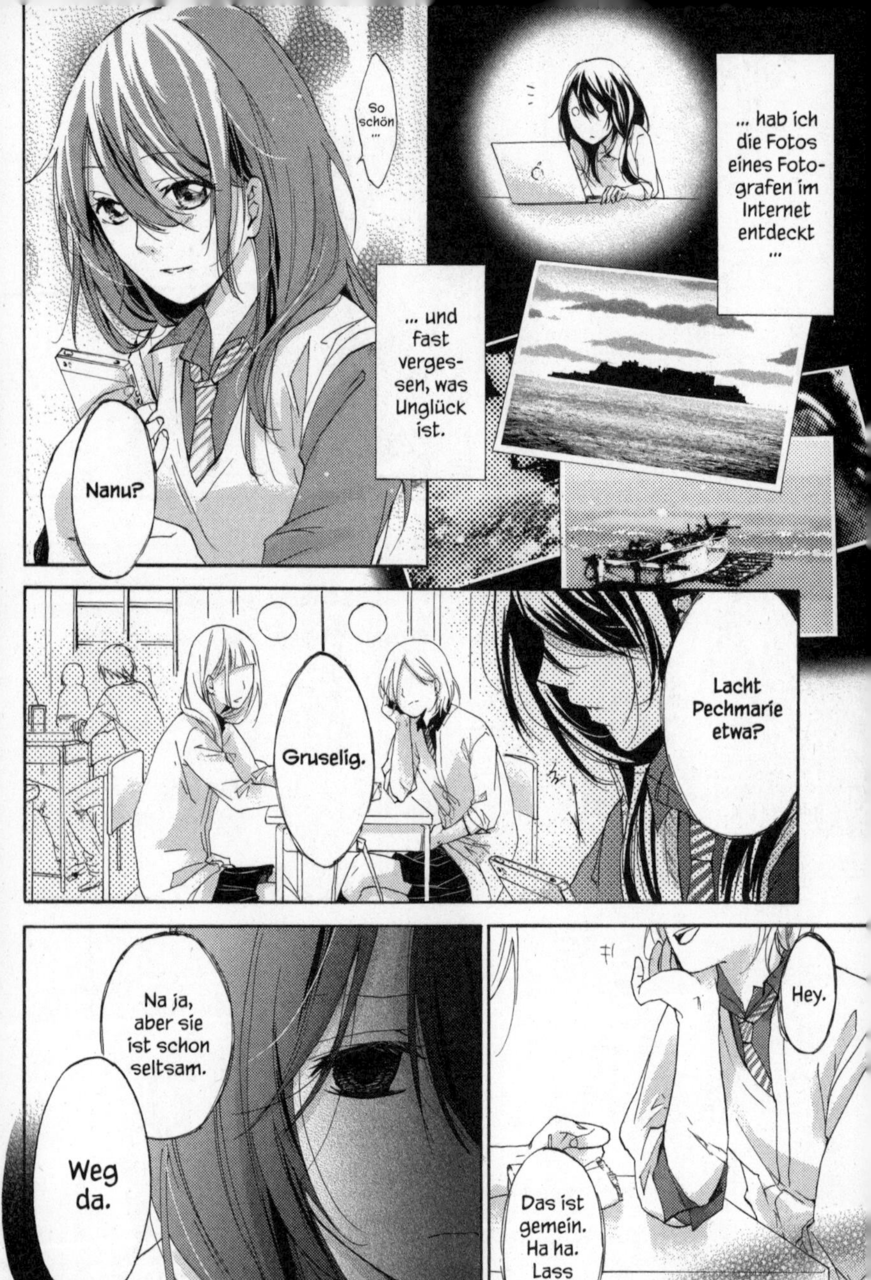
... hab ich die Fotos eines Fotografen im Internet entdeckt ...
So schön ...
... und fast vergessen, was Unglück ist.
Nanu?
Lacht Pechmarie etwa?
Gruselig.
Hey.
Das ist gemein. Ha ha. Lass das.
Na ja, aber sie ist schon seltsam.
Weg da.

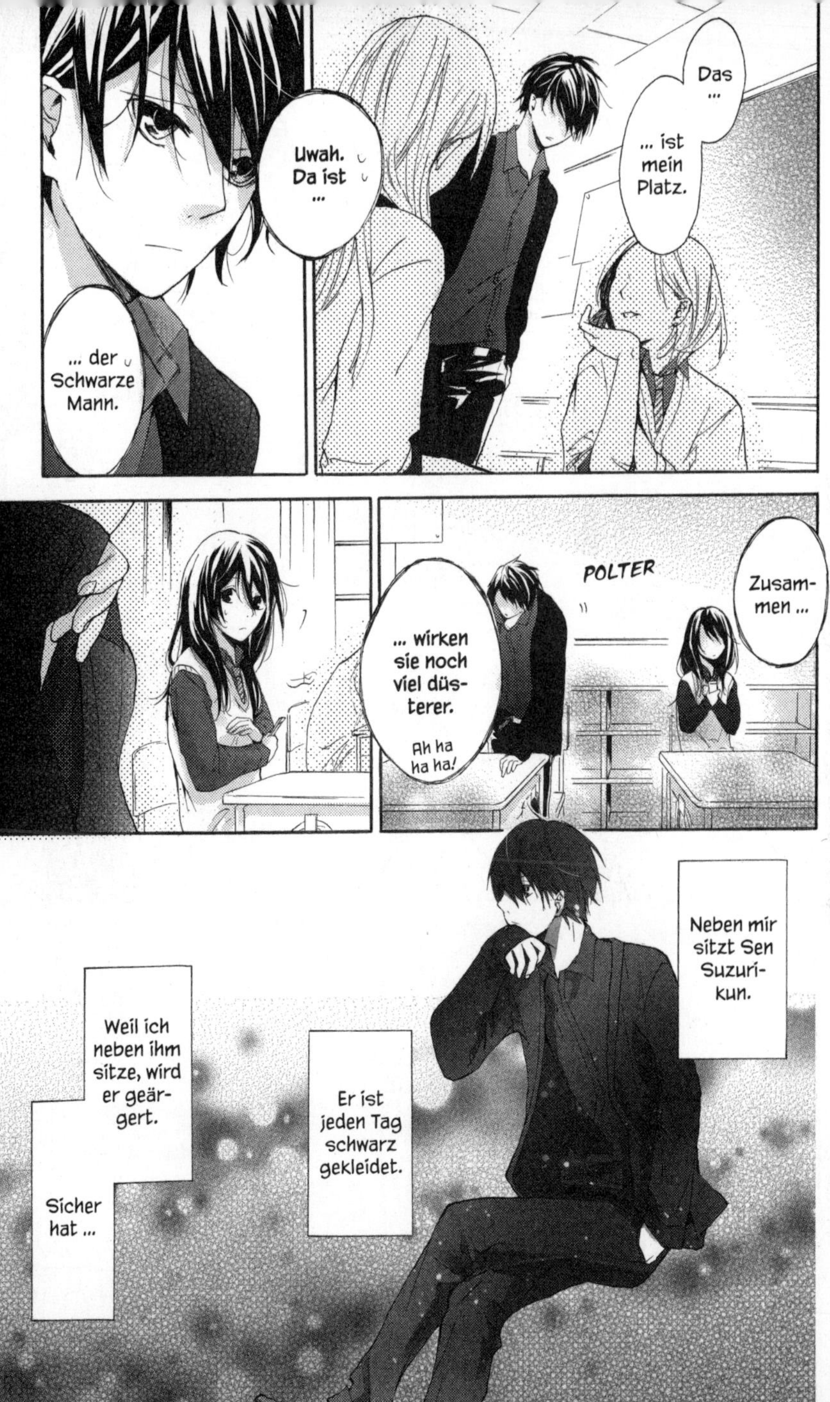
Das ...
... ist mein Platz.
Uwah. Da ist ...
... der Schwarze Mann.
Zusammen ...
POLTER
... wirken sie noch viel düsterer.
Ah ha ha ha!
Neben mir sitzt Sen Suzuri-kun.
Er ist jeden Tag schwarz gekleidet.
Weil ich neben ihm sitze, wird er geärgert.
Sicher hat ...

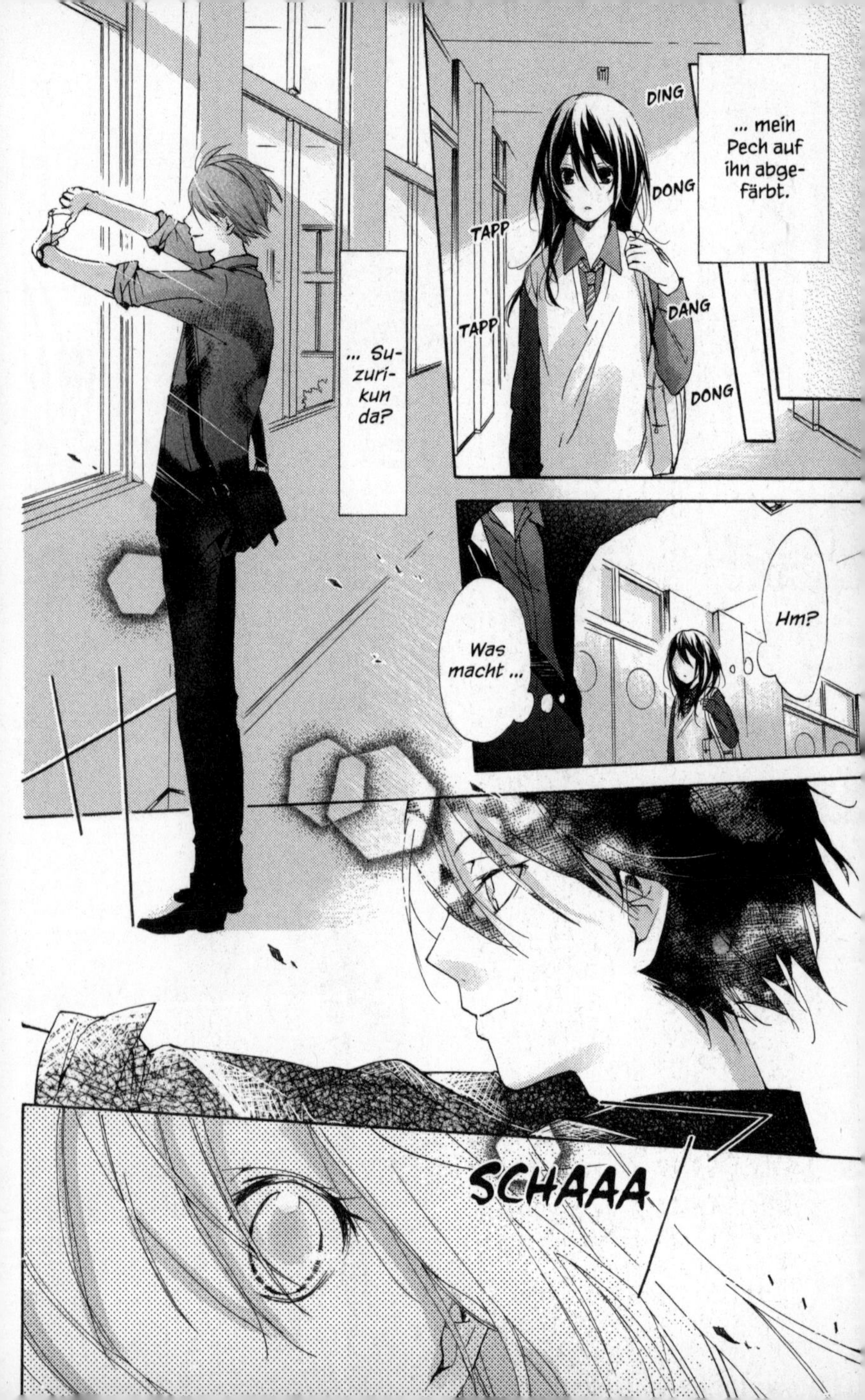
... mein Pech auf ihn abgefärbt.
DING
DONG
TAPP
TAPP
DANG
DONG
... Suzuri-kun da?
Hm?
Was macht ...
SCHAAA

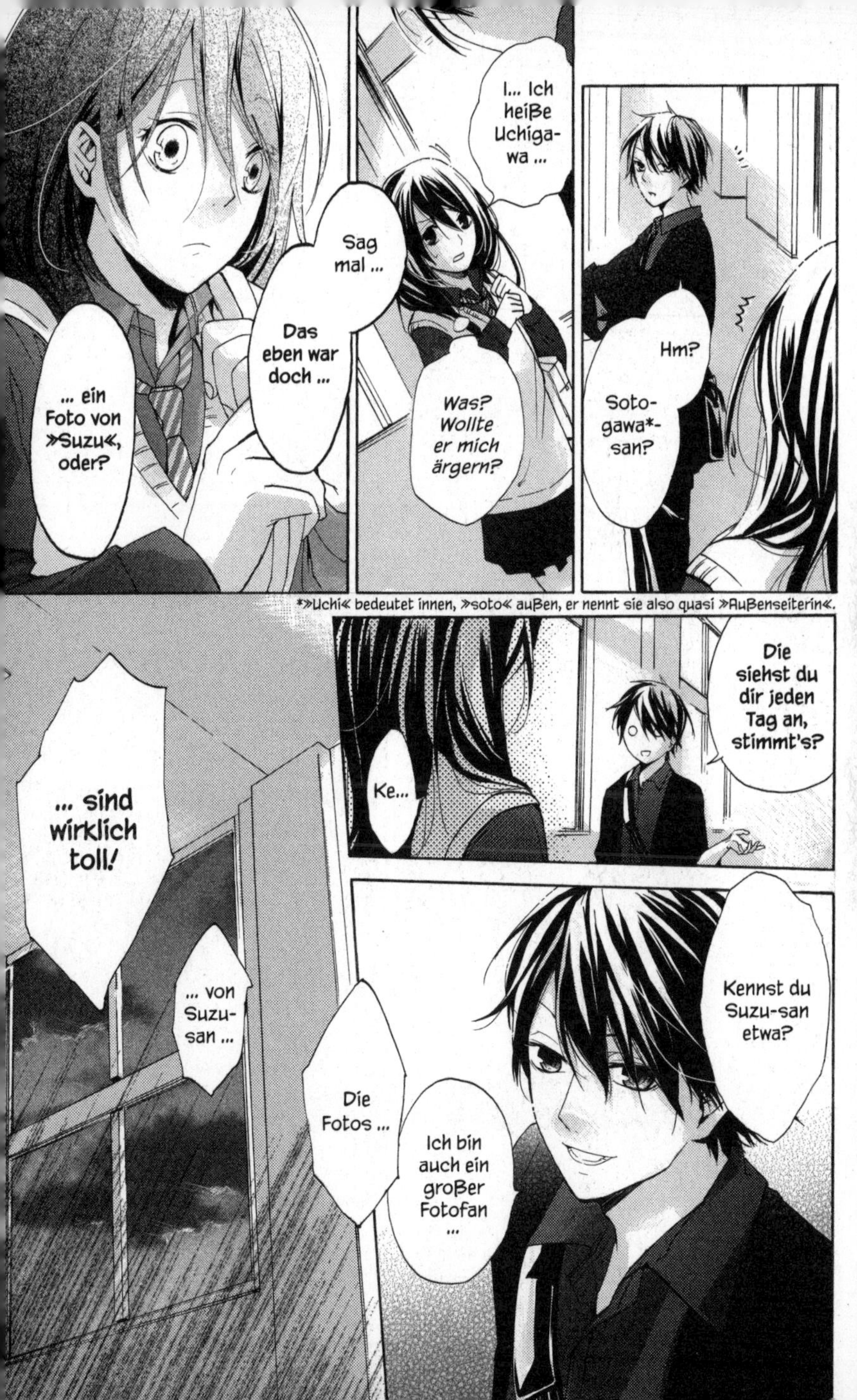
Hm?
Soto-gawa*-san?
I... Ich heiße Uchiga-wa ...
Was? Wollte er mich ärgern?
Sag mal ...
Das eben war doch ...
... ein Foto von »Suzu«, oder?
*»Uchi« bedeutet innen, »soto« außen, er nennt sie also quasi »Außenseiterin«.
Die siehst du dir jeden Tag an, stimmt's?
Ke...
Kennst du Suzu-san etwa?
Ich bin auch ein großer Fotofan ...
Die Fotos ...
... von Suzu-san ...
... sind wirklich toll!

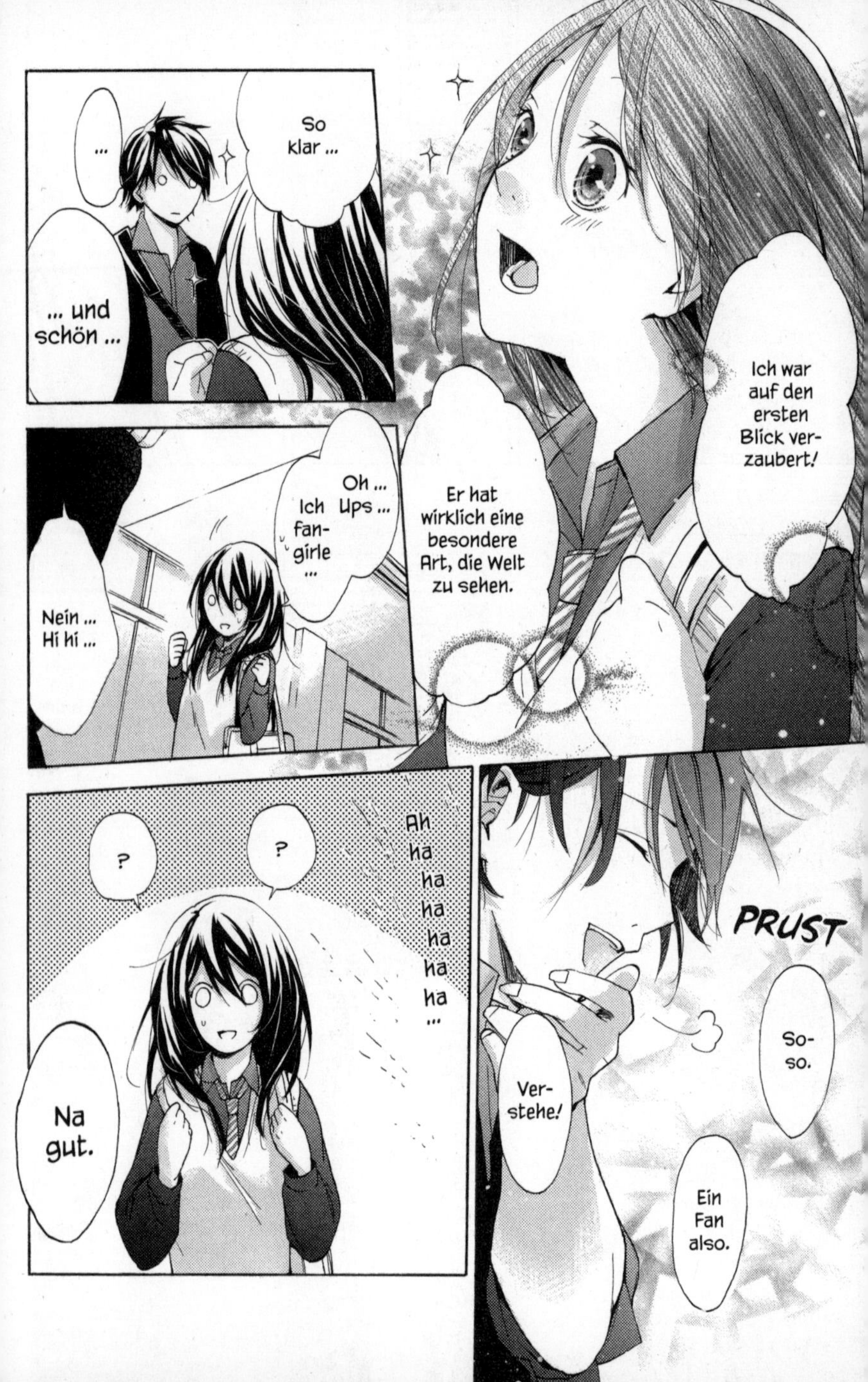

Ich war auf den ersten Blick verzaubert!
Er hat wirklich eine besondere Art, die Welt zu sehen.
So klar ...
...
... und schön ...
Oh ... Ups ...
Ich fan-girle ...
Nein ... Hi hi ...
PRUST
So-so.
Verstehe!
Ein Fan also.
Ah ha ha ha ha ha ha ...
?
?
Na gut.

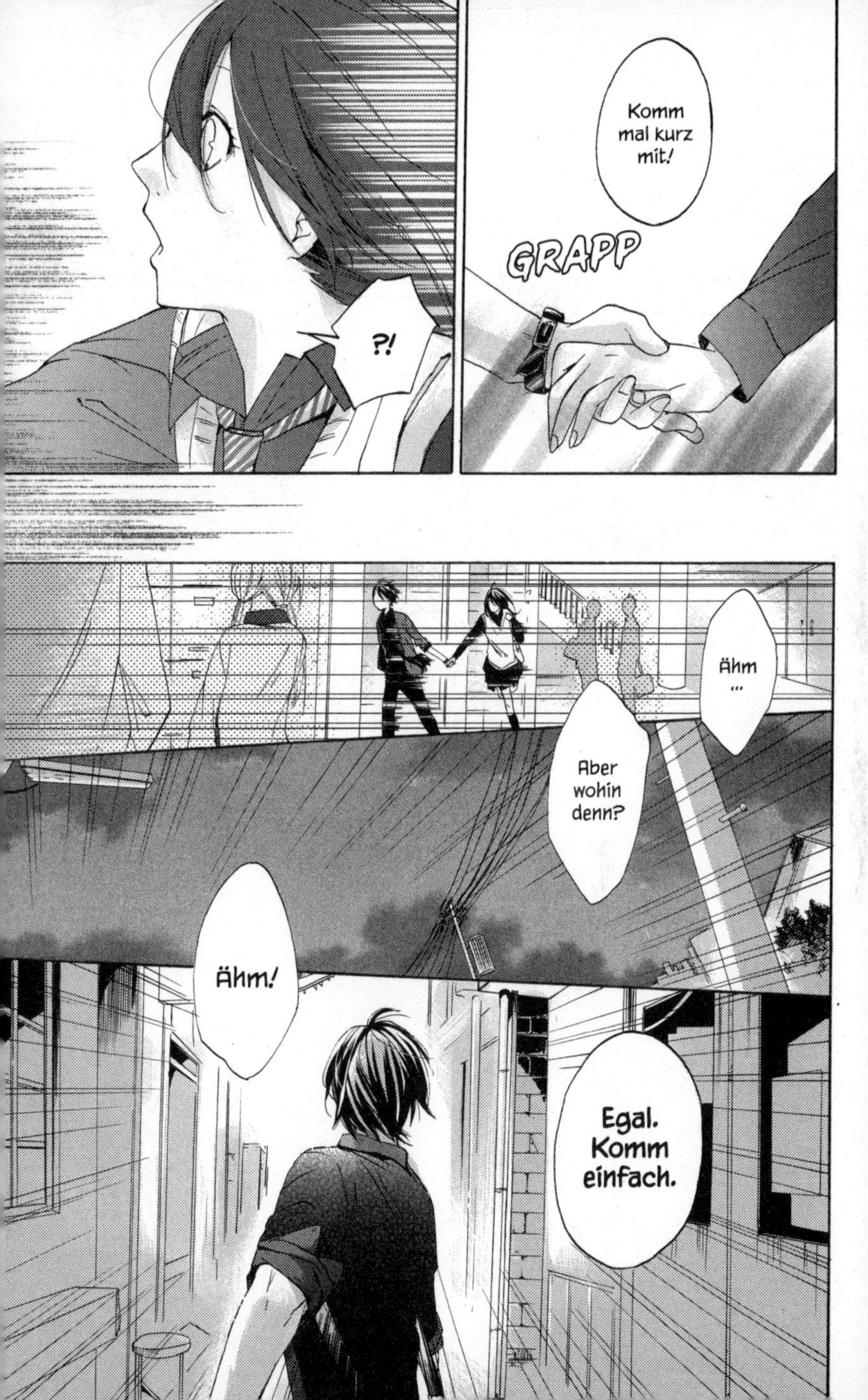
Komm mal kurz mit!
GRAPP
?!
Ähm ...
Aber wohin denn?
Ähm!
Egal. Komm einfach.

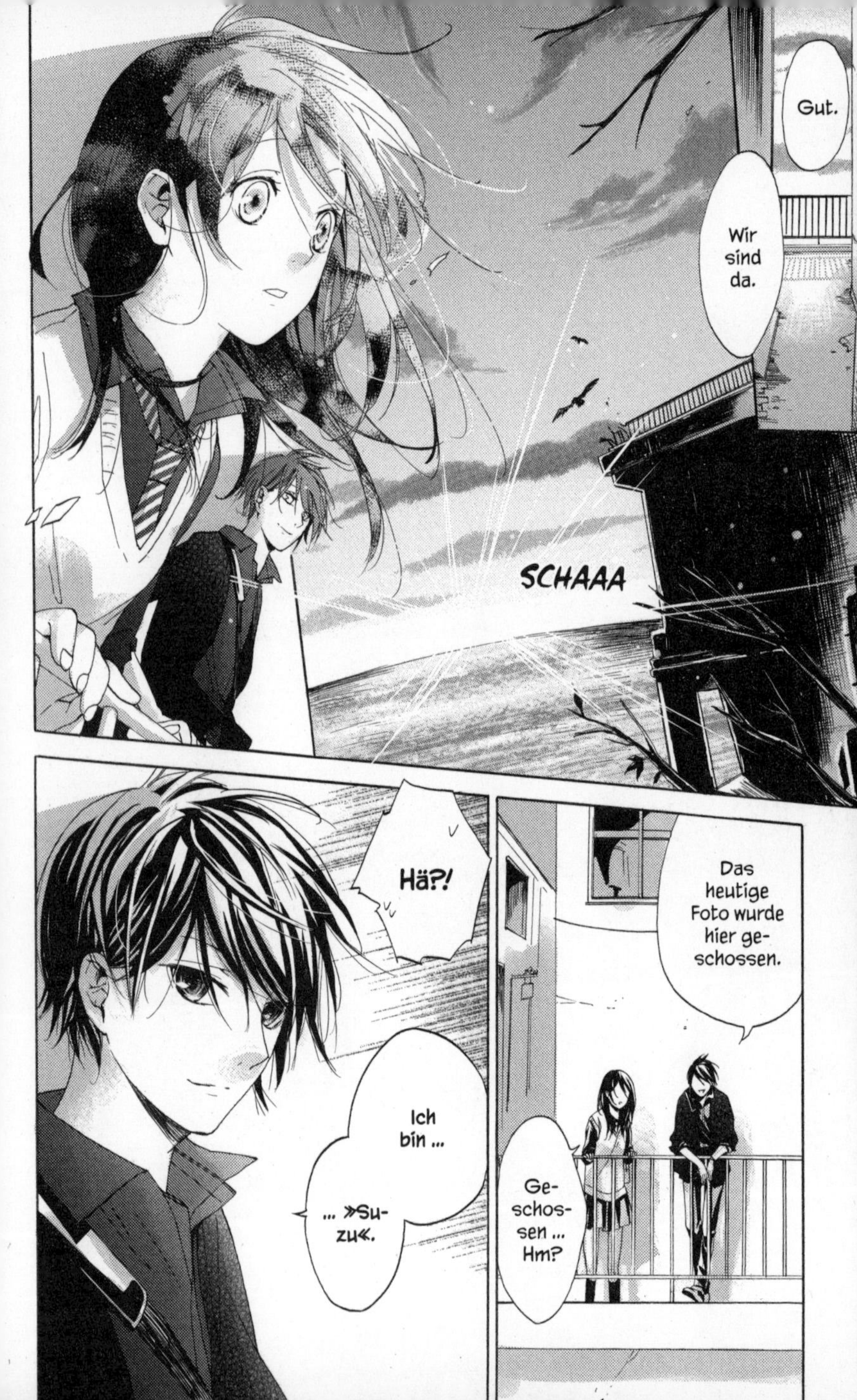
Gut.
Wir sind da.
SCHAAA
Das heutige Foto wurde hier geschossen.
Hä?!
Ge-schos-sen ... Hm?
Ich bin ...
... »Su-zu«.

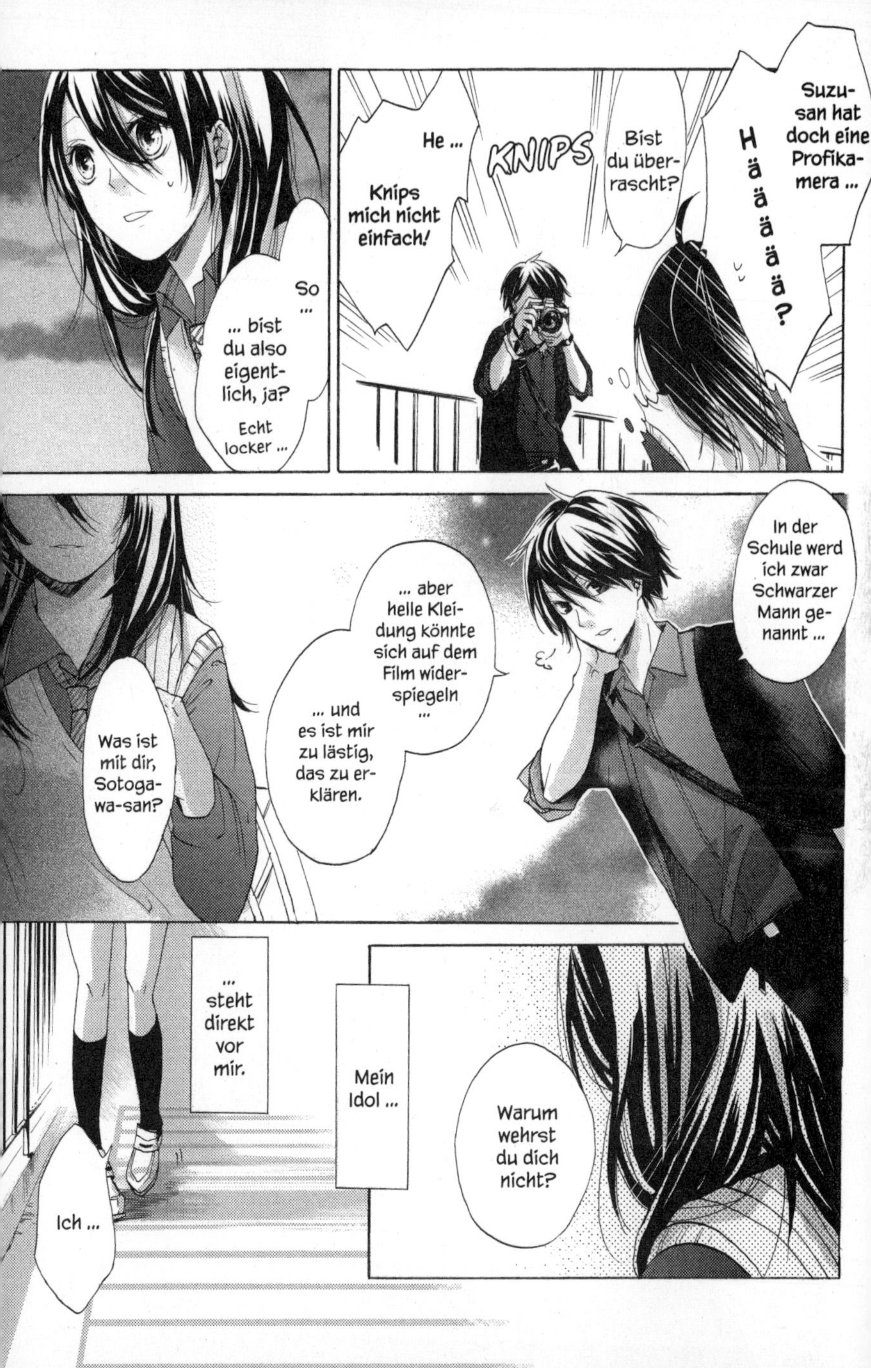

Suzu-san hat doch eine Profikamera ...
Hääää?
Bist du überrascht?
KNIPS
He ...
Knips mich nicht einfach!
So ...
... bist du also eigentlich, ja?
Echt locker ...
In der Schule werd ich zwar Schwarzer Mann genannt ...
... aber helle Kleidung könnte sich auf dem Film widerspiegeln ...
... und es ist mir zu lästig, das zu erklären.
Was ist mit dir, Sotogawa-san?
Warum wehrst du dich nicht?
Mein Idol ...
... steht direkt vor mir.
Ich ...

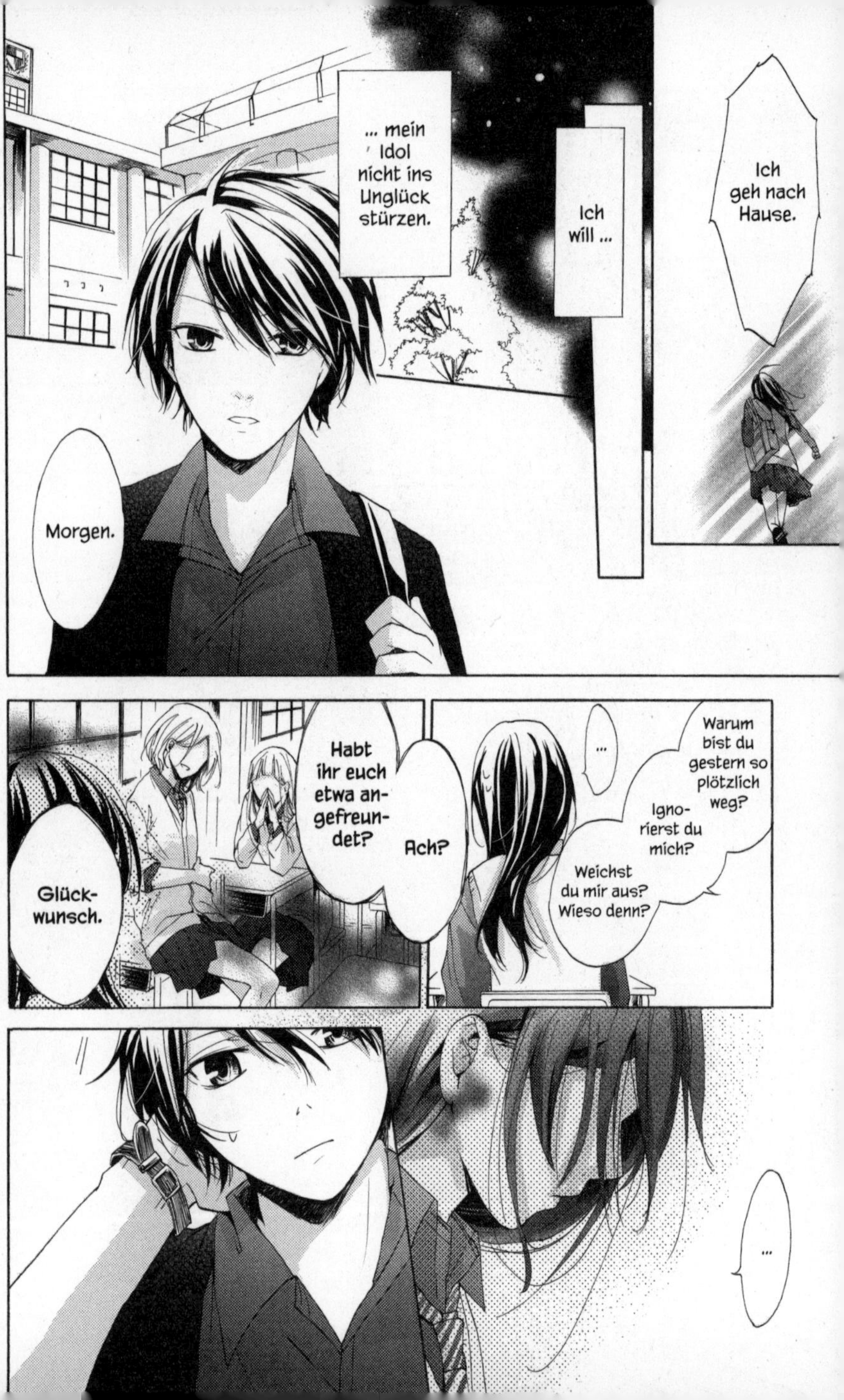

Ich geh nach Hause.
Ich will ...
... mein Idol nicht ins Unglück stürzen.
Morgen.
Warum bist du gestern so plötzlich weg?
...
Ignorierst du mich?
Weichst du mir aus? Wieso denn?
Ach?
Habt ihr euch etwa angefreundet?
Glückwunsch.
...

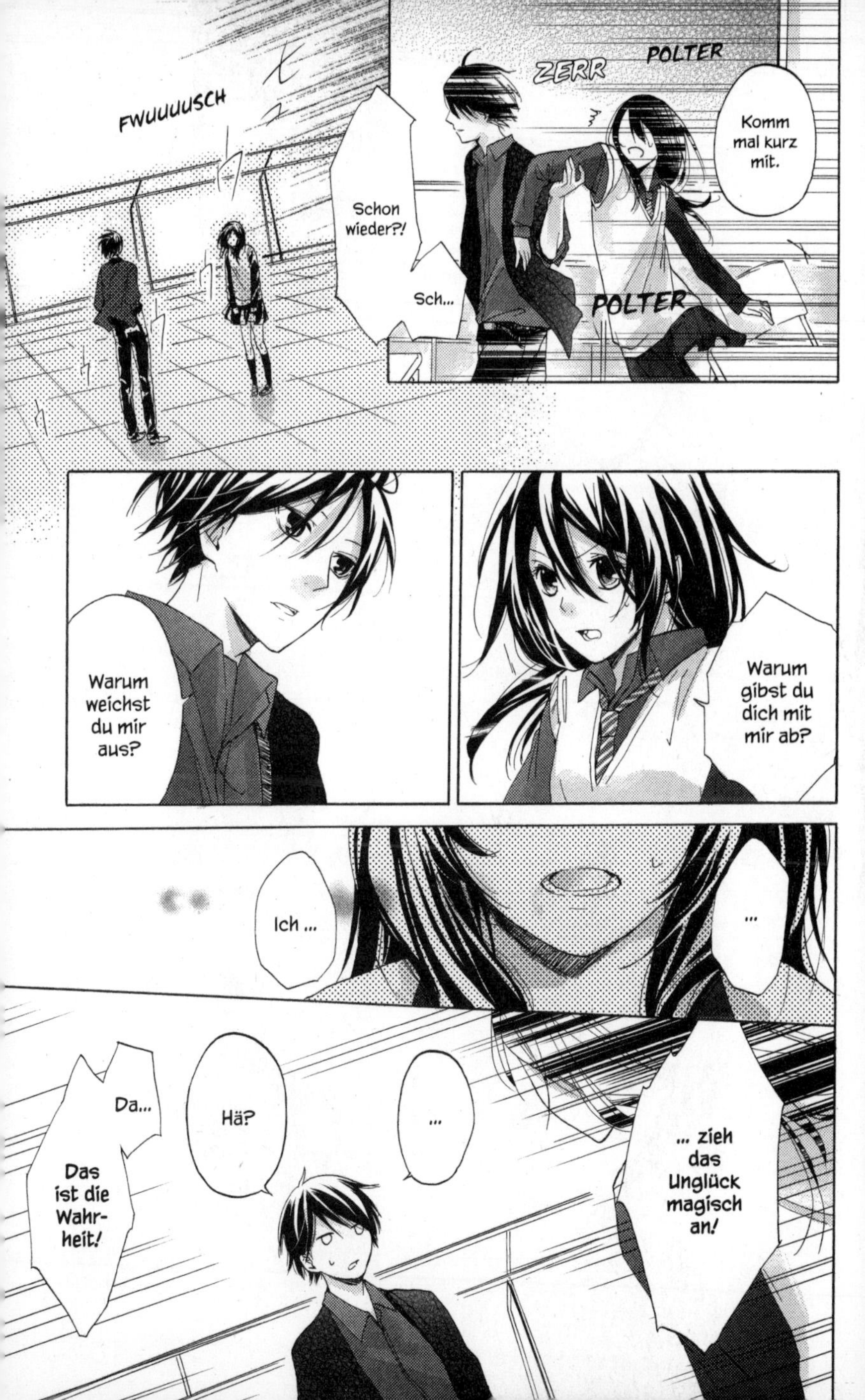
POLTER
ZERR
Komm mal kurz mit.
POLTER
Schon wieder?!
Sch...
FWUUUUSCH
Warum gibst du dich mit mir ab?
Warum weichst du mir aus?
...
Ich ...
... zieh das Unglück magisch an!
...
Hä?
Da...
Das ist die Wahrheit!

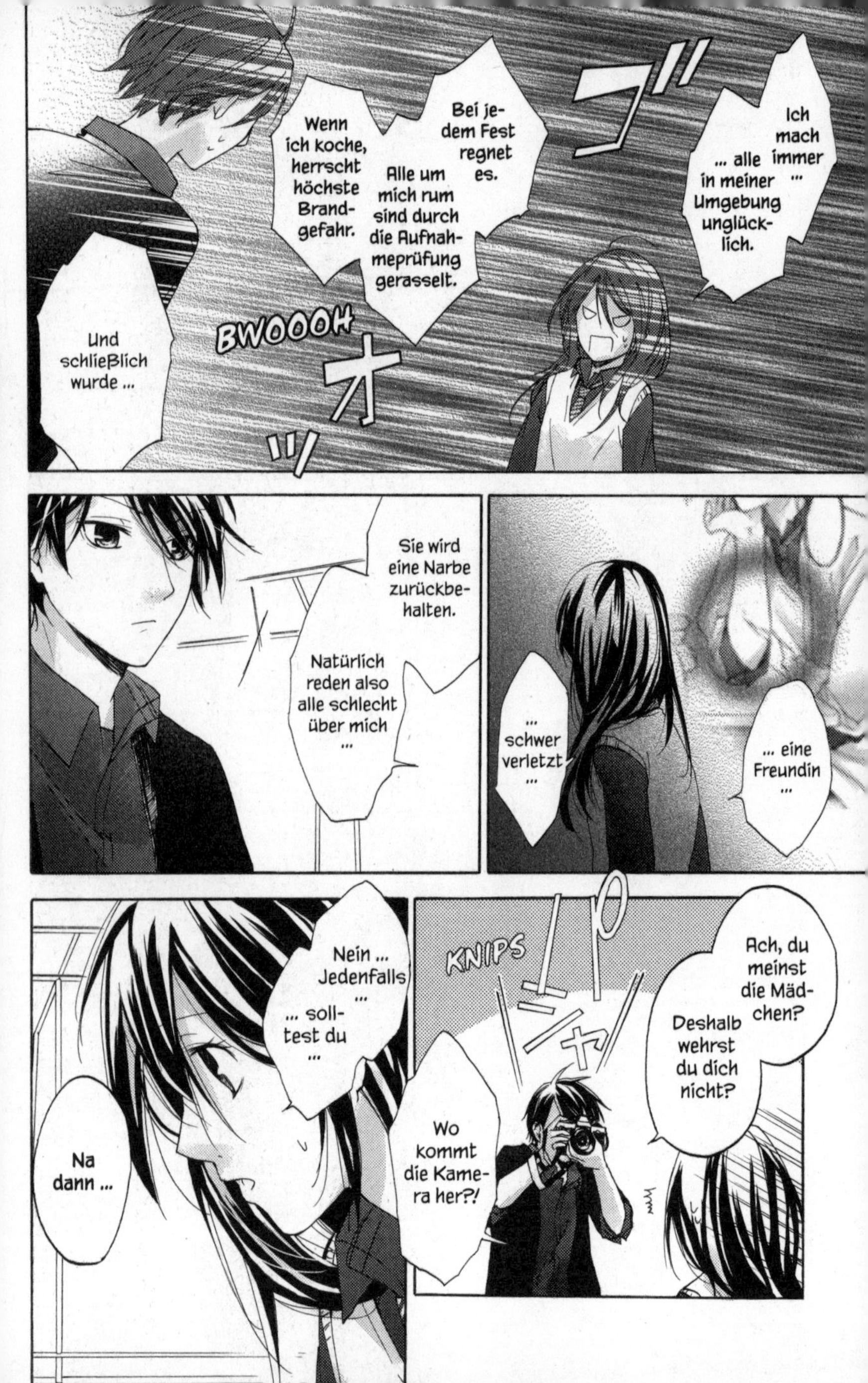

Ich mach immer ... alle in meiner Umgebung unglücklich.
Bei jedem Fest regnet es.
Alle um mich rum sind durch die Aufnahmeprüfung gerasselt.
Wenn ich koche, herrscht höchste Brandgefahr.
BWOOOH
Und schließlich wurde ...
... eine Freundin ...
... schwer verletzt ...
Sie wird eine Narbe zurückbehalten.
Natürlich reden also alle schlecht über mich ...
KNIPS
Ach, du meinst die Mädchen?
Deshalb wehrst du dich nicht?
Wo kommt die Kamera her?!
Nein ... Jedenfalls ...
... solltest du ...
Na dann ...

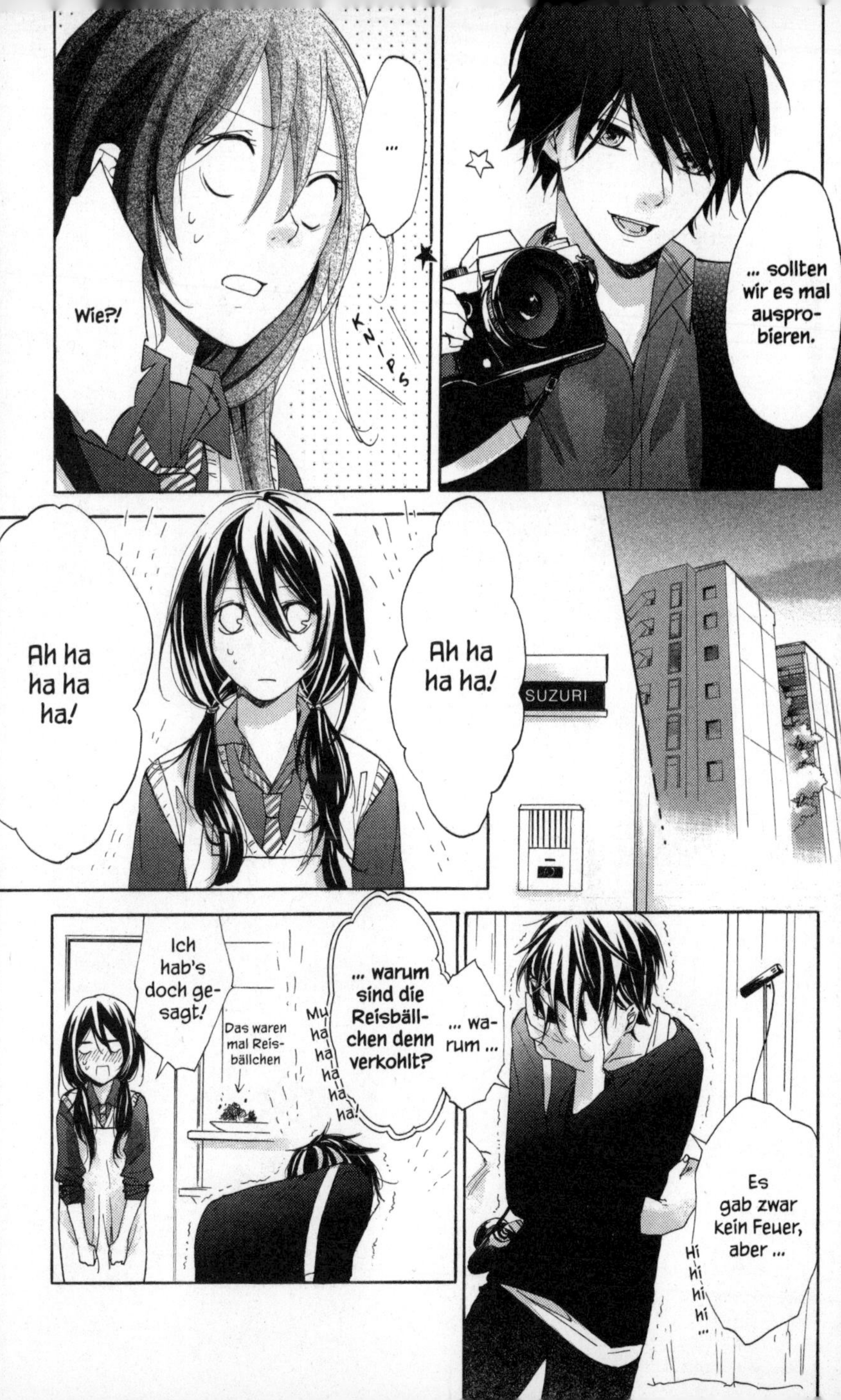
... sollten wir es mal ausprobieren.
...
KNIPS
Wie?!
SUZURI
Ah ha ha ha!
Ah ha ha ha ha!
Es gab zwar kein Feuer, aber ...
Hi hi hi hi ...
... warum ...
... warum sind die Reisbällchen denn verkohlt?
Mu ha ha ha ha ha!
Das waren mal Reisbällchen
Ich hab's doch gesagt!

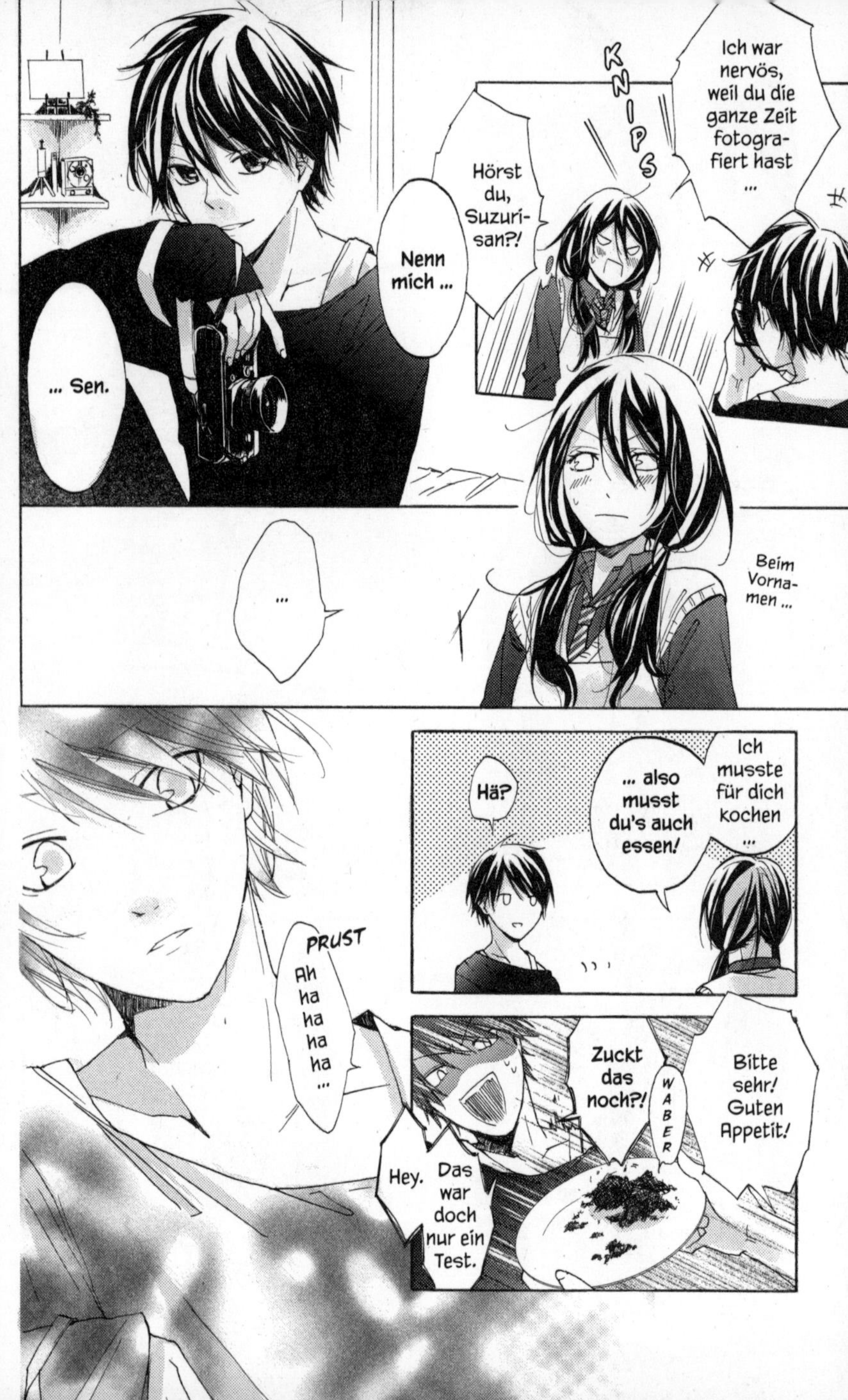

Ich war nervös, weil du die ganze Zeit fotografiert hast ...
KNIPS
Hörst du, Suzuri-san?!
Nenn mich ...
... Sen.
Beim Vornamen ...
...
Ich musste für dich kochen ...
... also musst du's auch essen!
Hä?
Bitte sehr! Guten Appetit!
WABER
Zuckt das noch?!
Hey. Das war doch nur ein Test.
PRUST
Ah ha ha ha ha ...

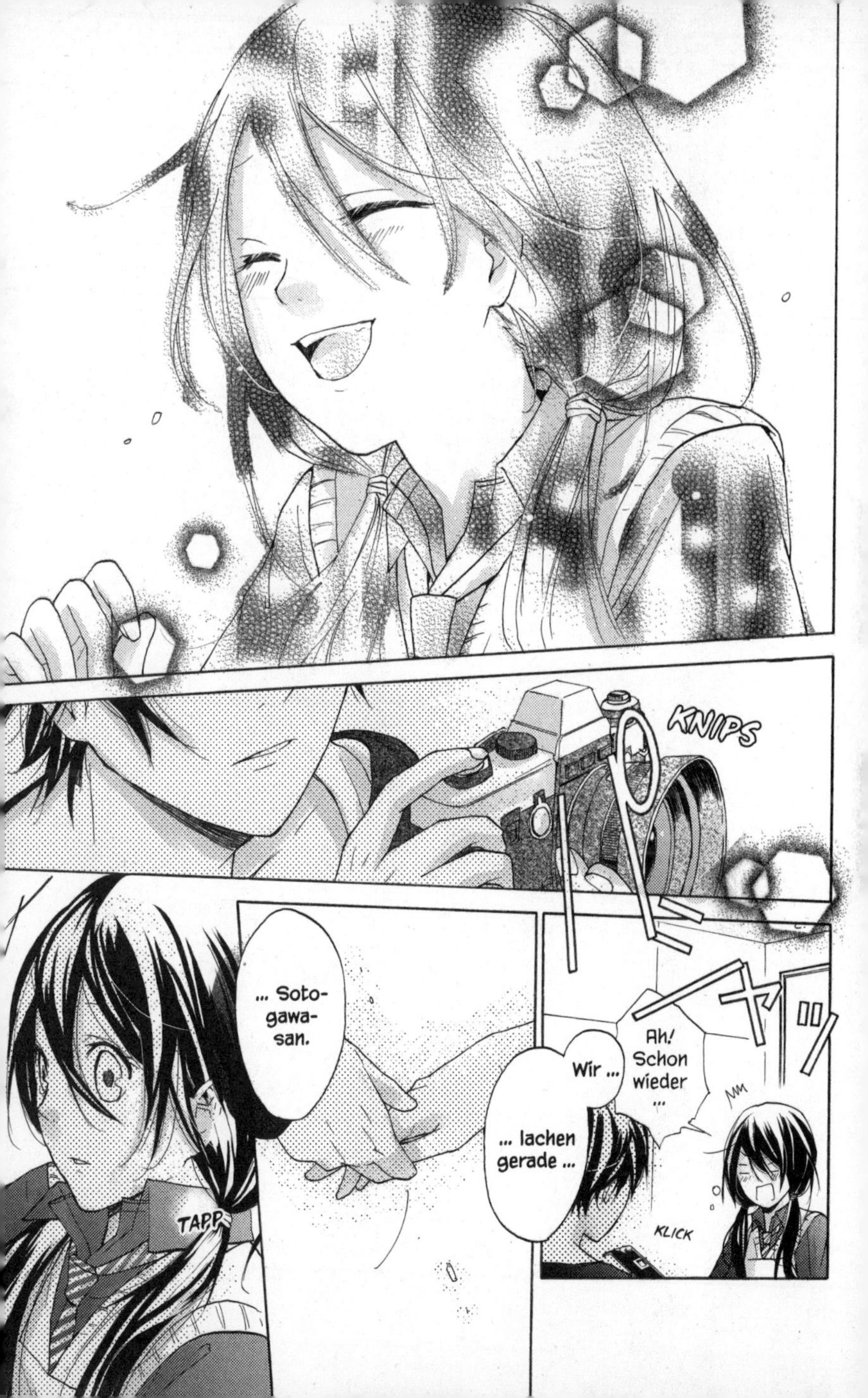
KNIPS
... Soto-gawa-san.
TAPP
Ah! Schon wieder ...
Wir ...
... lachen gerade ...
KLICK

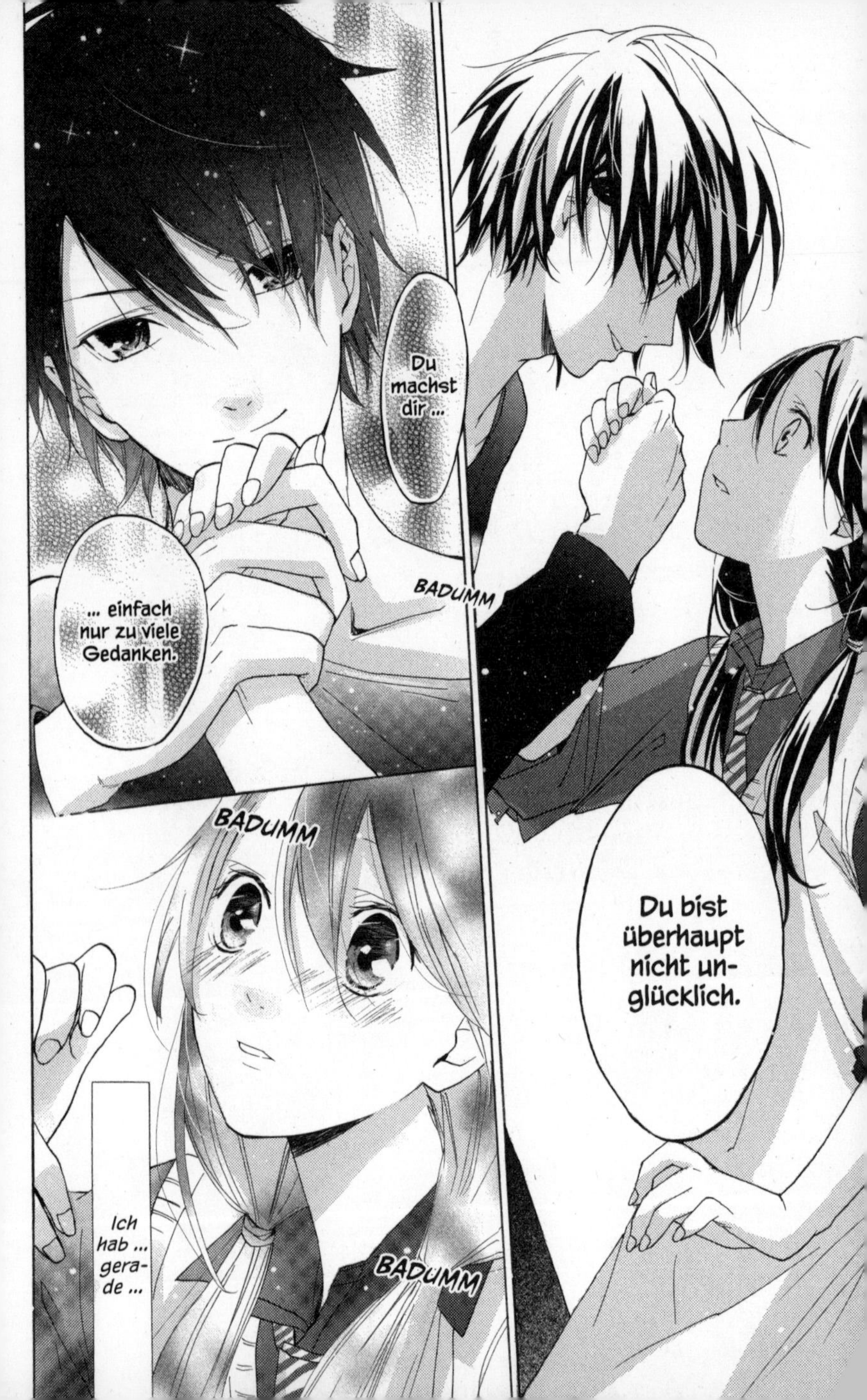
BADUMM
Du bist überhaupt nicht unglücklich.
Du machst dir ...
... einfach nur zu viele Gedanken.
BADUMM
BADUMM
Ich hab ... gerade ...

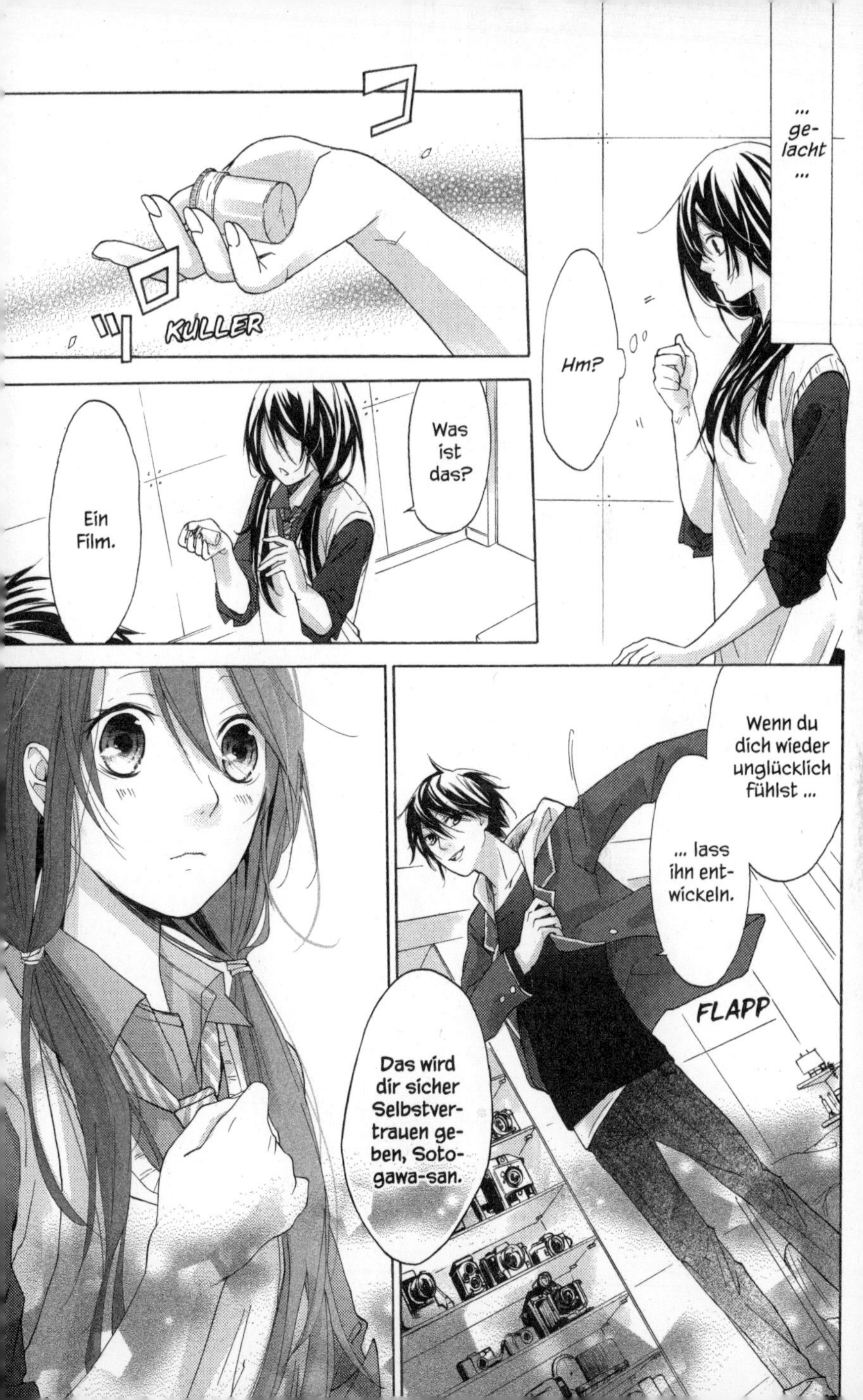
... ge-
lacht
...
KULLER
Hm?
Was ist das?
Ein Film.
Wenn du dich wieder unglücklich fühlst ...
... lass ihn ent-wickeln.
FLAPP
Das wird dir sicher Selbstver-trauen ge-ben, Soto-gawa-san.

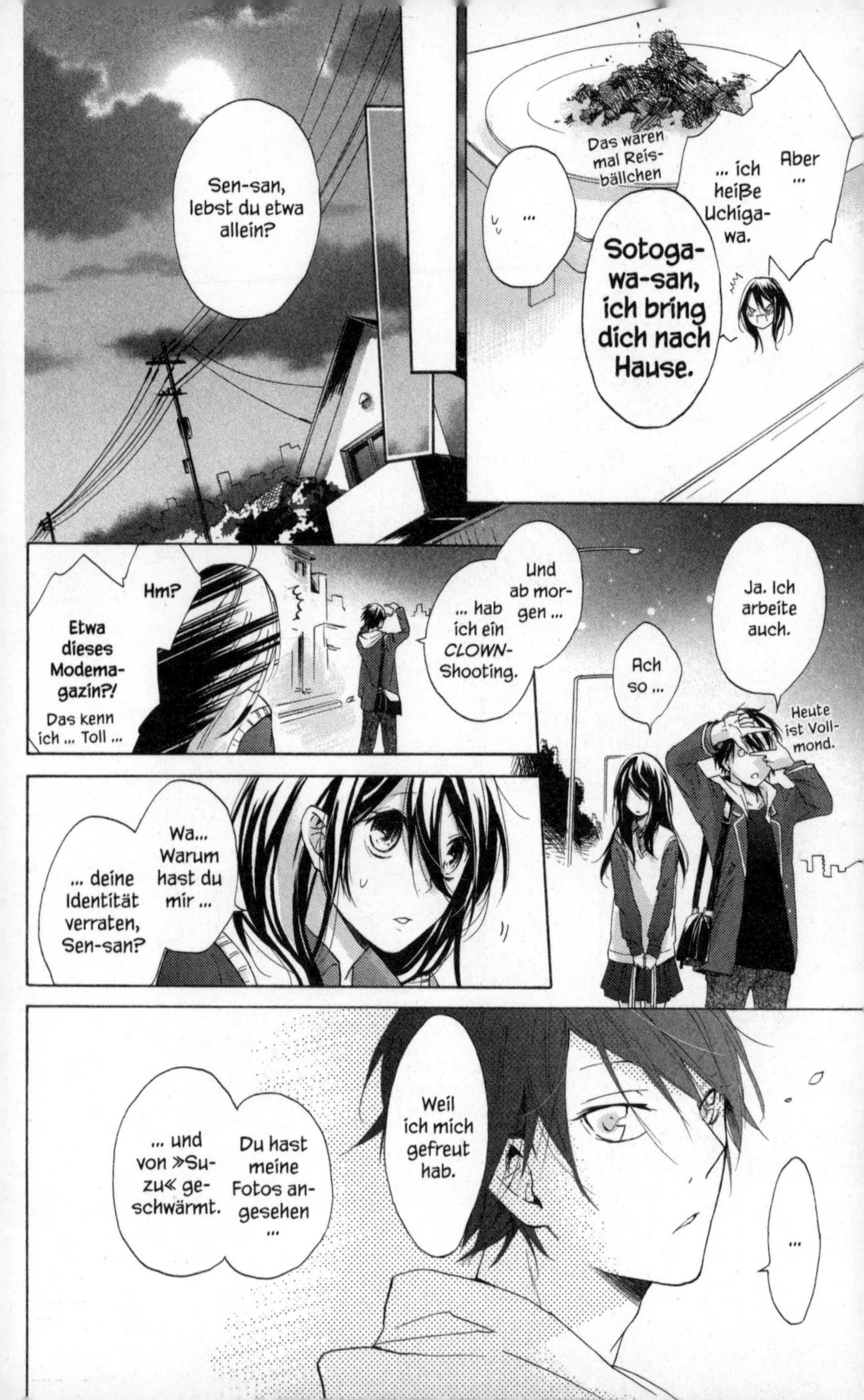
Aber ...
... ich heiße Uchiga-wa.
Das waren mal Reis-bällchen
...
Sotoga-wa-san, ich bring dich nach Hause.
Sen-san, lebst du etwa allein?
Ja. Ich arbeite auch.
Heute ist Voll-mond.
Ach so ...
Und ab mor-gen ...
... hab ich ein CLOWN-Shooting.
Hm?
Etwa dieses Modema-gazin?!
Das kenn ich ... Toll ...
Wa... Warum hast du mir ...
... deine Identität verraten, Sen-san?
...
Weil ich mich gefreut hab.
Du hast meine Fotos an-gesehen ...
... und von »Su-zu« ge-schwärmt.

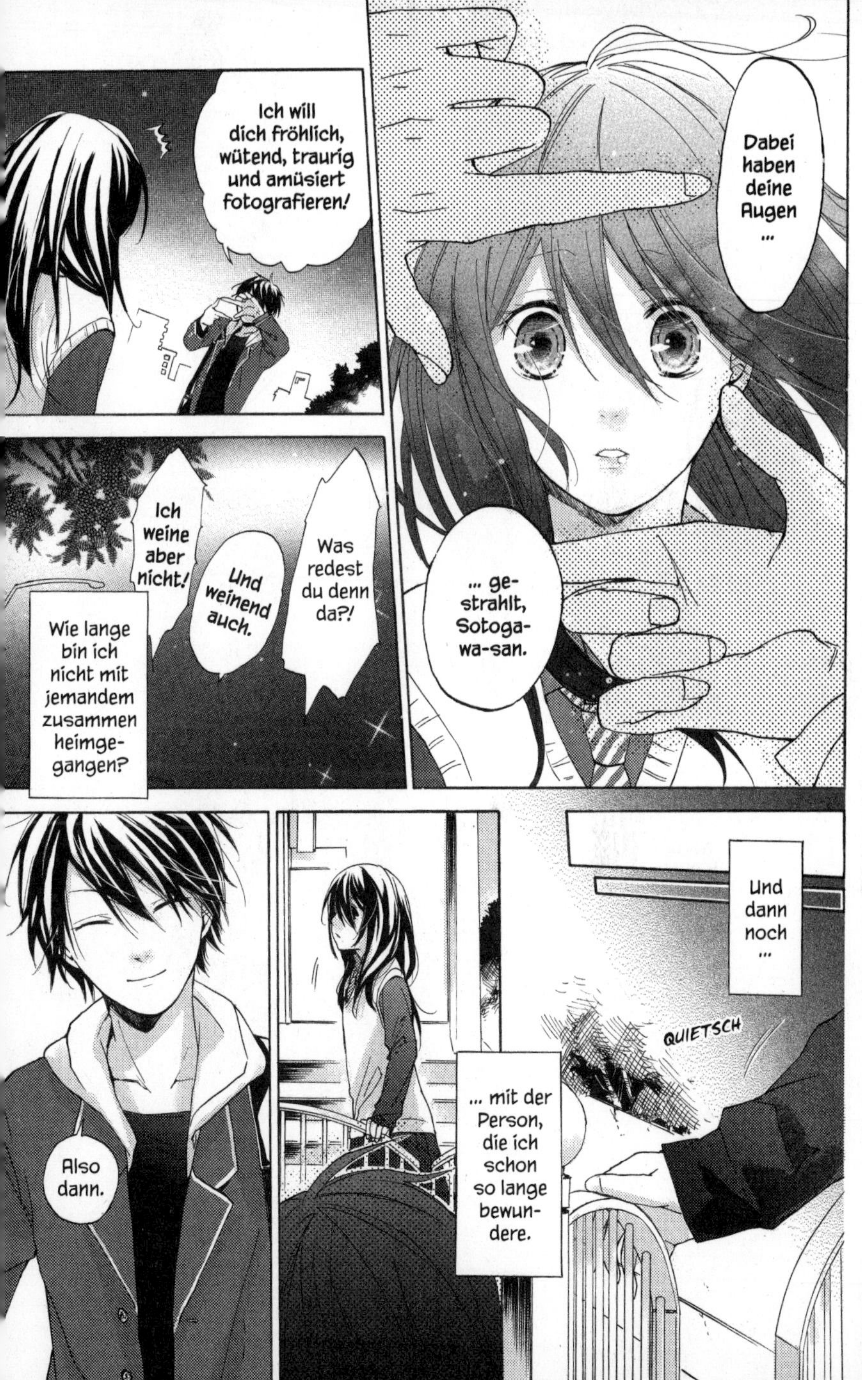
Dabei haben deine Augen ...
Ich will dich fröhlich, wütend, traurig und amüsiert fotografieren!
... ge-strahlt, Sotoga-wa-san.
Was redest du denn da?!
Und weinend auch.
Ich weine aber nicht!
Wie lange bin ich nicht mit jemandem zusammen heimge-gangen?
Und dann noch ...
QUIETSCH
... mit der Person, die ich schon so lange bewun-dere.
Also dann.

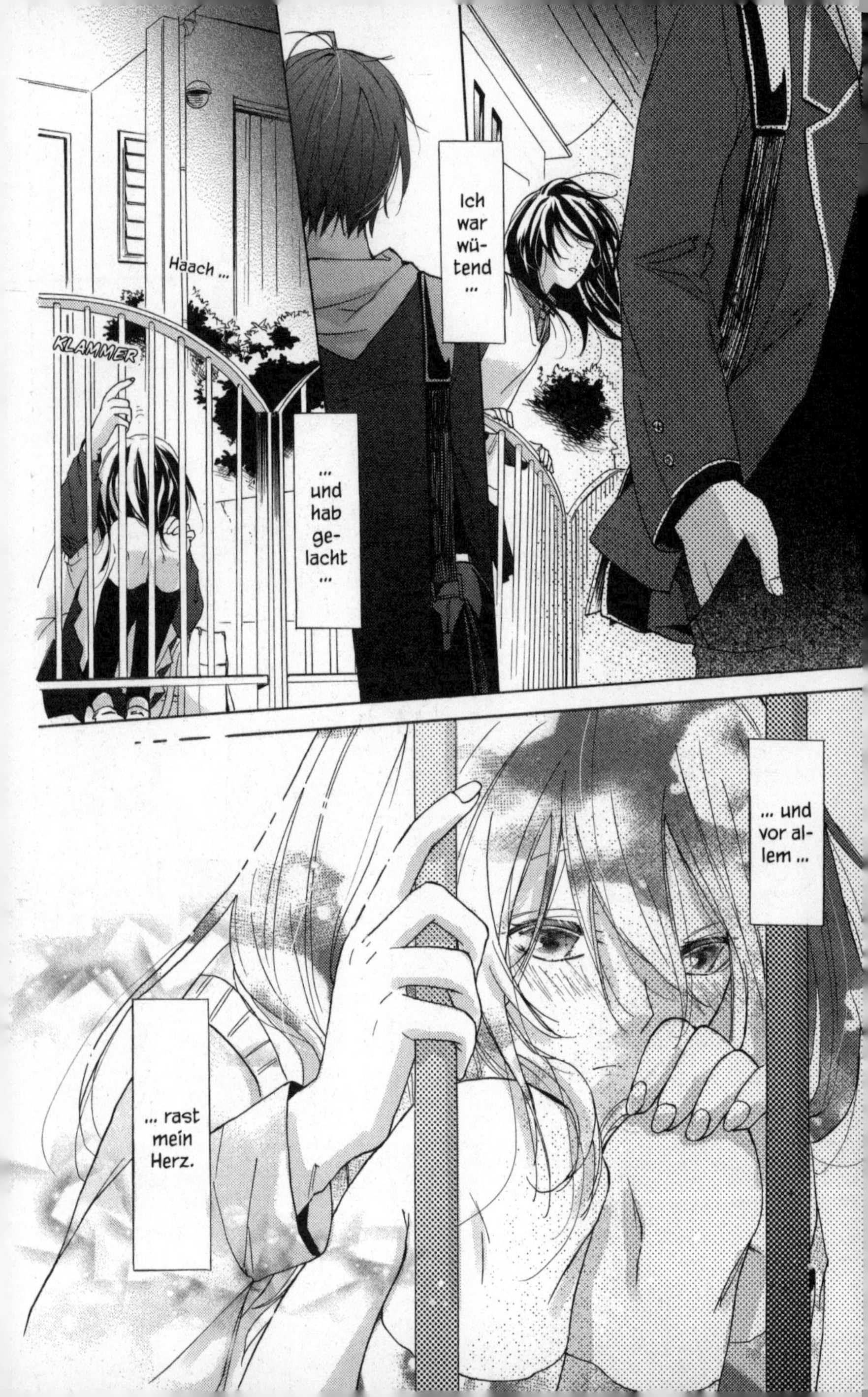
Ich war wütend ...
Haach ...
KLAMMER
... und hab gelacht ...
... und vor allem ...
... rast mein Herz.

Vielleicht hab ich gerade etwas ...

... Glück gefunden ...

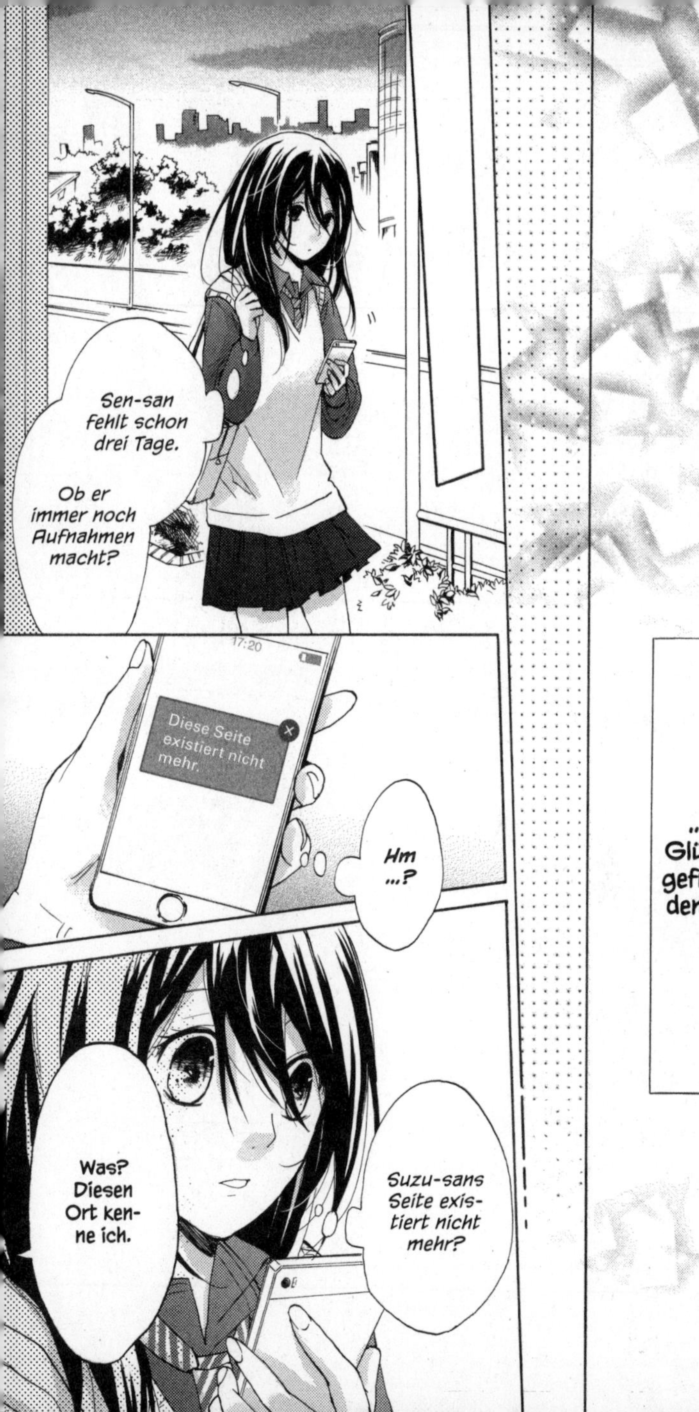

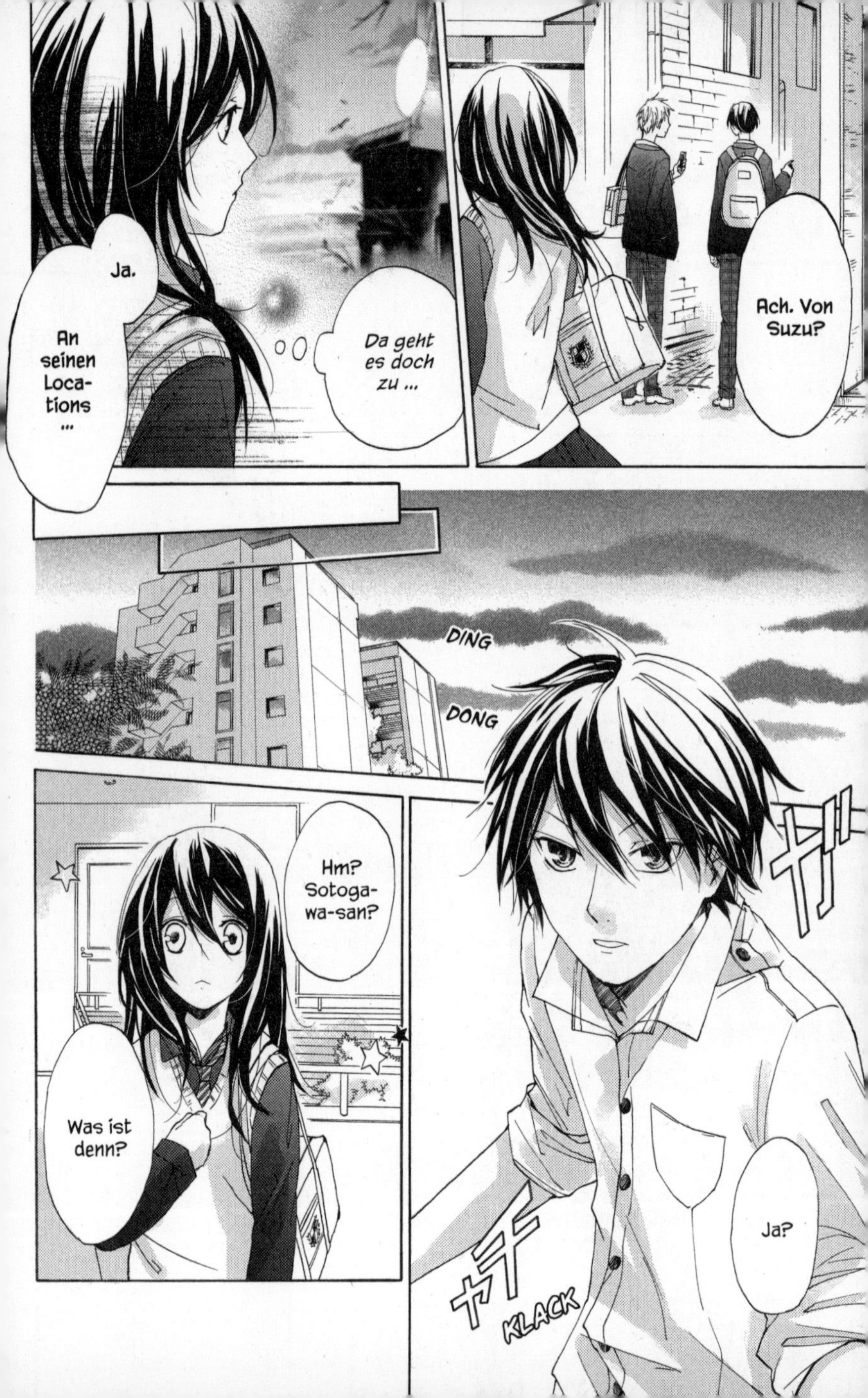

Ach. Von Suzu?
Da geht es doch zu ...
Ja.
An seinen Locations ...
DING
DONG
Hm? Sotoga-wa-san?
Was ist denn?
Ja?
KLACK

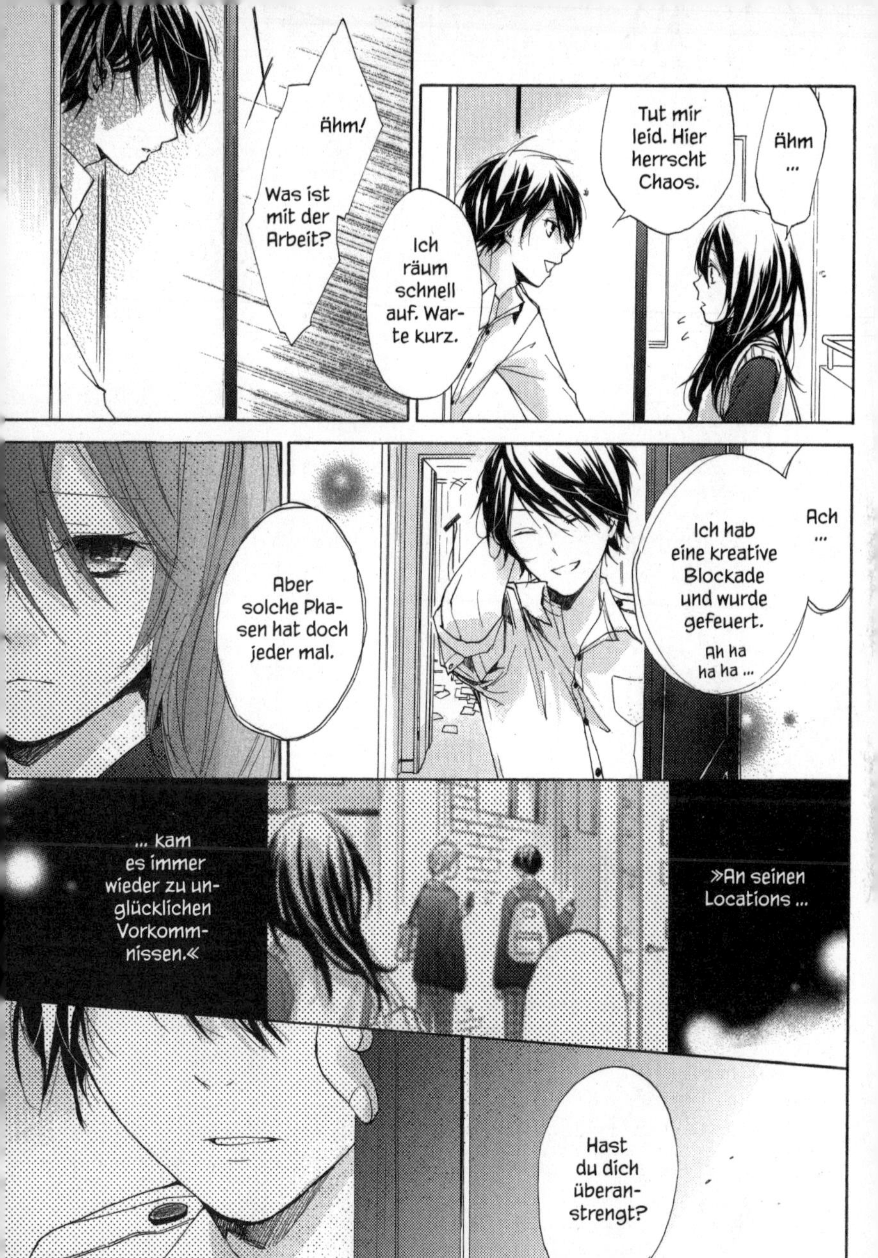
Ähm …
Tut mir leid. Hier herrscht Chaos.
Ich räum schnell auf. Warte kurz.
Ähm!
Was ist mit der Arbeit?
Ach …
Ich hab eine kreative Blockade und wurde gefeuert.
Ah ha ha ha …
Aber solche Phasen hat doch jeder mal.
»An seinen Locations …
… kam es immer wieder zu unglücklichen Vorkommnissen.«
Hast du dich überanstrengt?

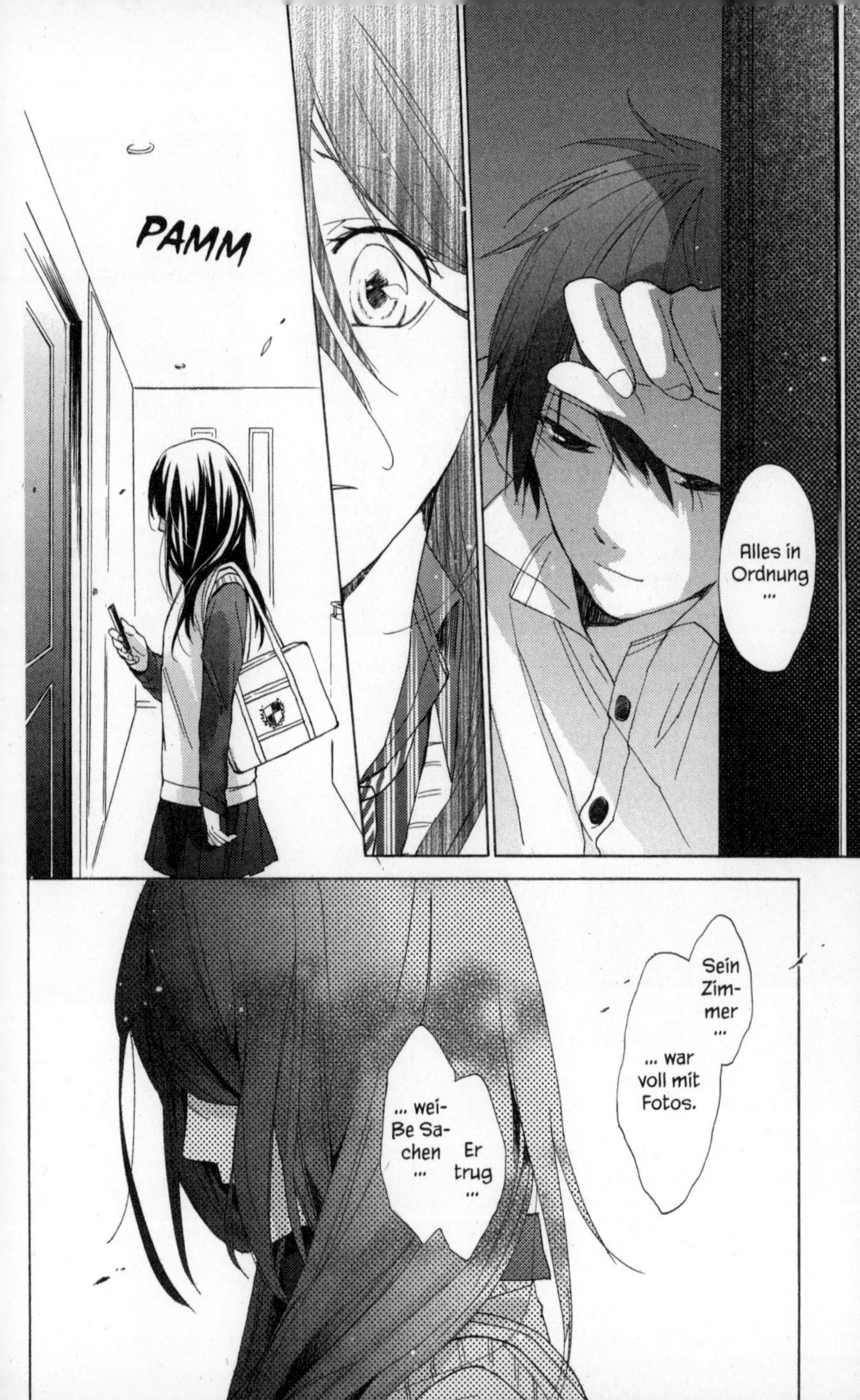
PAMM
Alles in Ordnung ...
Sein Zimmer ...
... war voll mit Fotos.
Er trug ...
... weiße Sachen ...

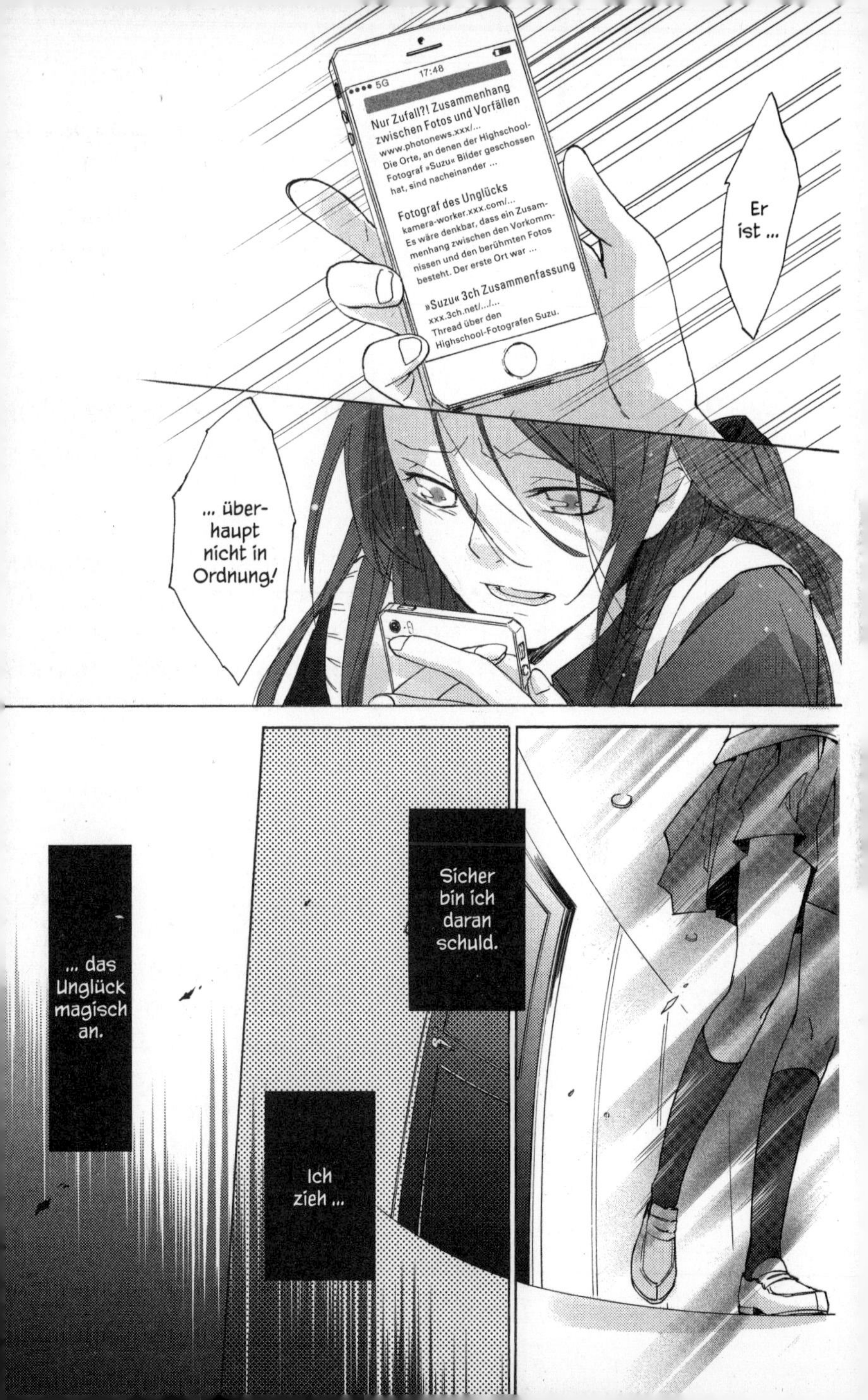

5G 17:48

Nur Zufall?! Zusammenhang zwischen Fotos und Vorfällen
www.photonews.xxx/...
Die Orte, an denen der Highschool-Fotograf »Suzu« Bilder geschossen hat, sind nacheinander ...

Fotograf des Unglücks
kamera-worker.xxx.com/...
Es wäre denkbar, dass ein Zusammenhang zwischen den Vorkommnissen und den berühmten Fotos besteht. Der erste Ort war ...

»Suzu« 3ch Zusammenfassung
xxx.3ch.net/.../...
Thread über den Highschool-Fotografen Suzu.

Er ist ...

... überhaupt nicht in Ordnung!

Sicher bin ich daran schuld.

Ich zieh ...

... das Unglück magisch an.

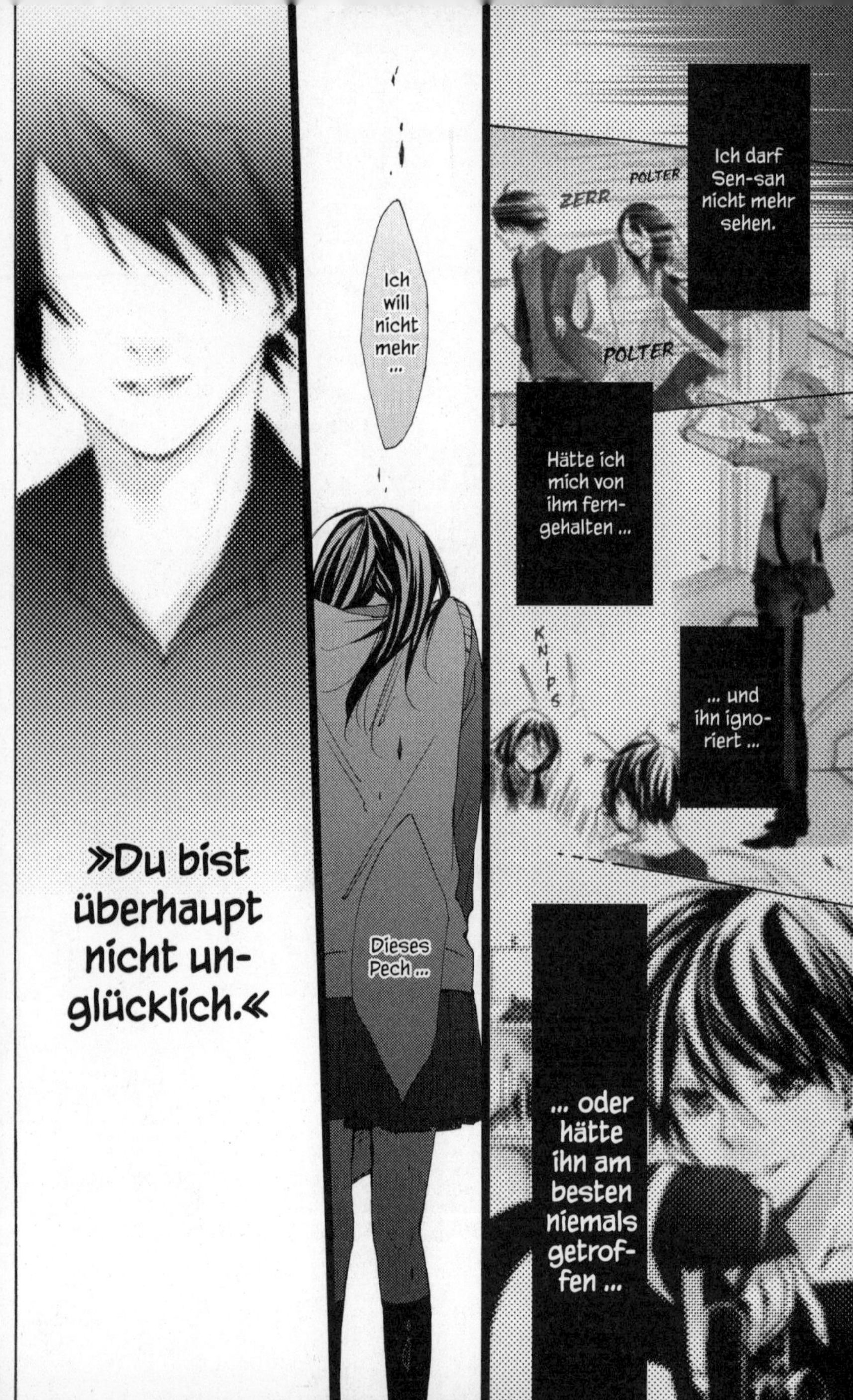
Ich darf Sen-san nicht mehr sehen.
POLTER
ZERR
POLTER
Hätte ich mich von ihm fern-gehalten ...
KNIPS
... und ihn igno-riert ...
... oder hätte ihn am besten niemals getrof-fen ...
Ich will nicht mehr ...
Dieses Pech ...
»Du bist überhaupt nicht un-glücklich.«

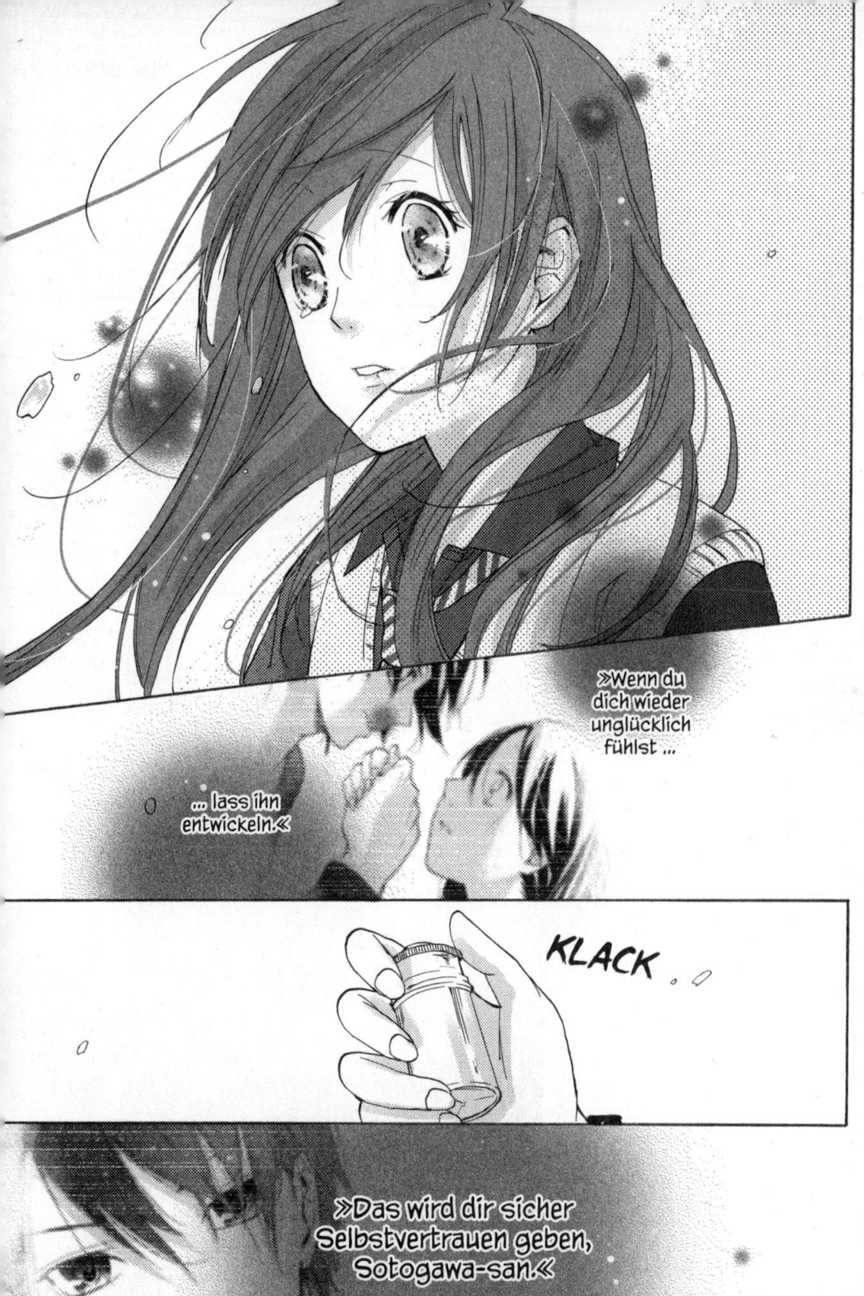
»Wenn du dich wieder unglücklich fühlst ...
... lass ihn entwickeln.«
KLACK
»Das wird dir sicher Selbstvertrauen geben, Sotogawa-san.«

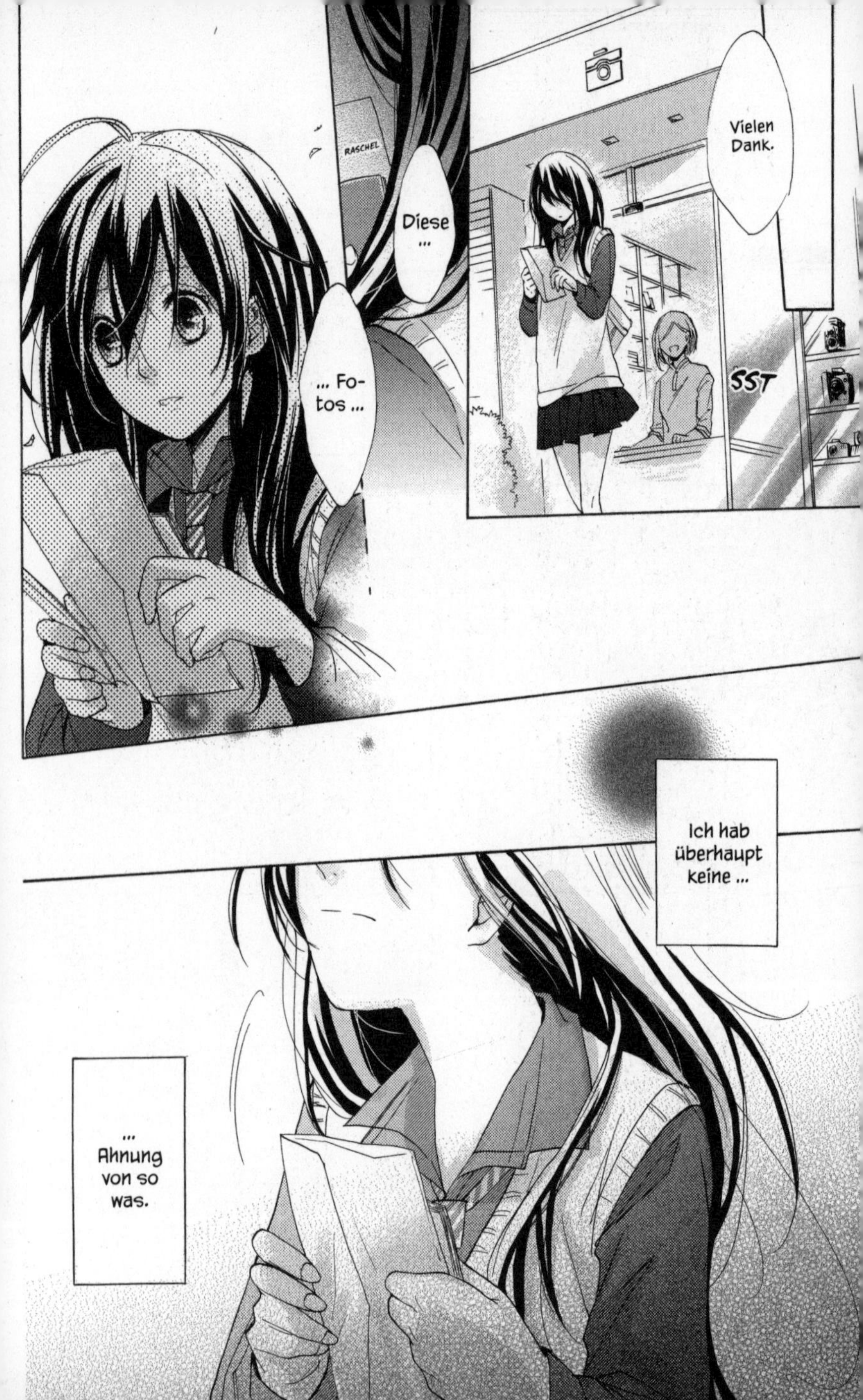
Vielen Dank.
SST
RASCHEL
Diese ...
... Fo-tos ...
Ich hab überhaupt keine ...
... Ahnung von so was.

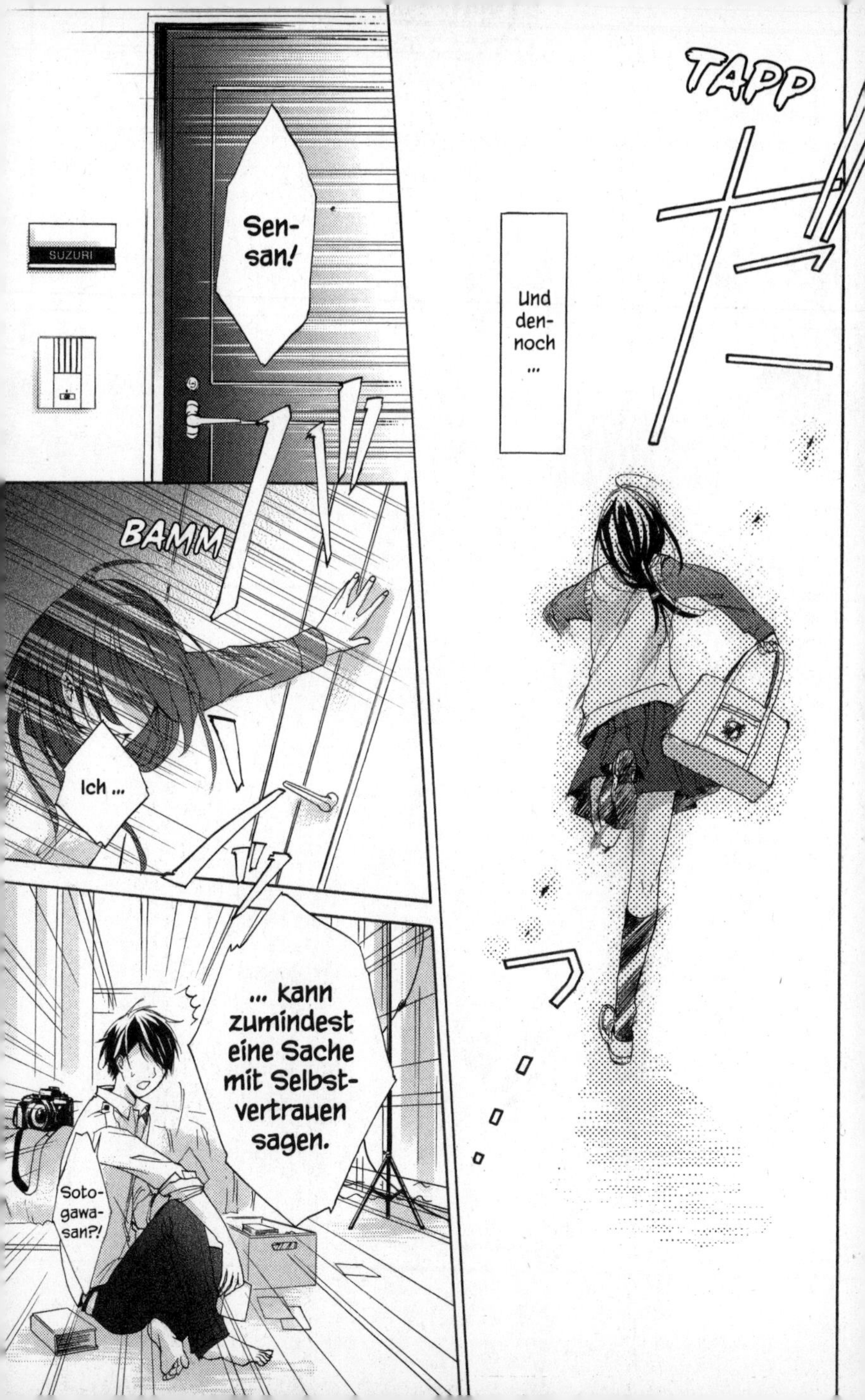

TAPP
Und dennoch …
SUZURI
Sen-san!
BAMM
Ich …
… kann zumindest eine Sache mit Selbstvertrauen sagen.
Sotogawa-san?!

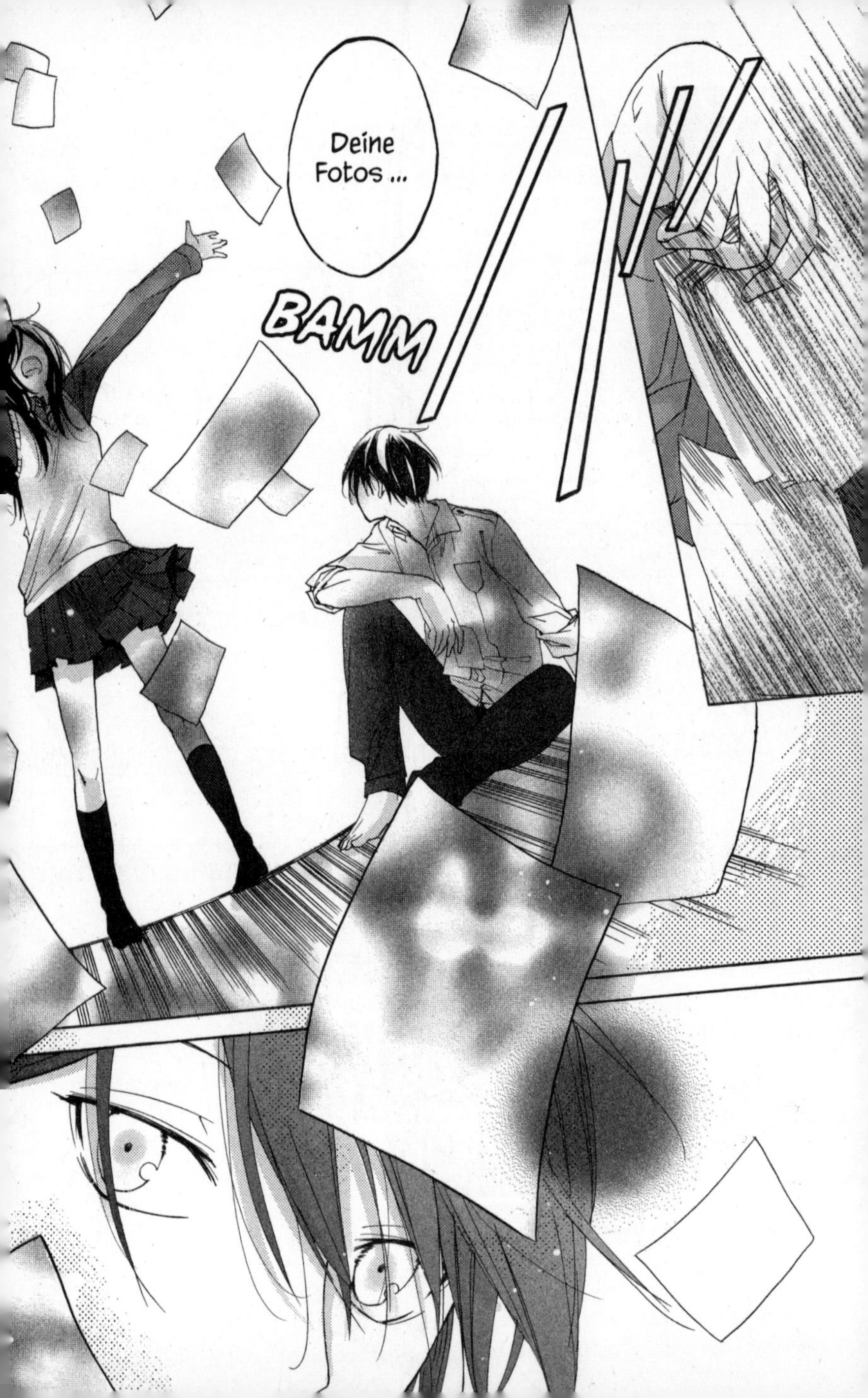

Deine Fotos ...
BAMM

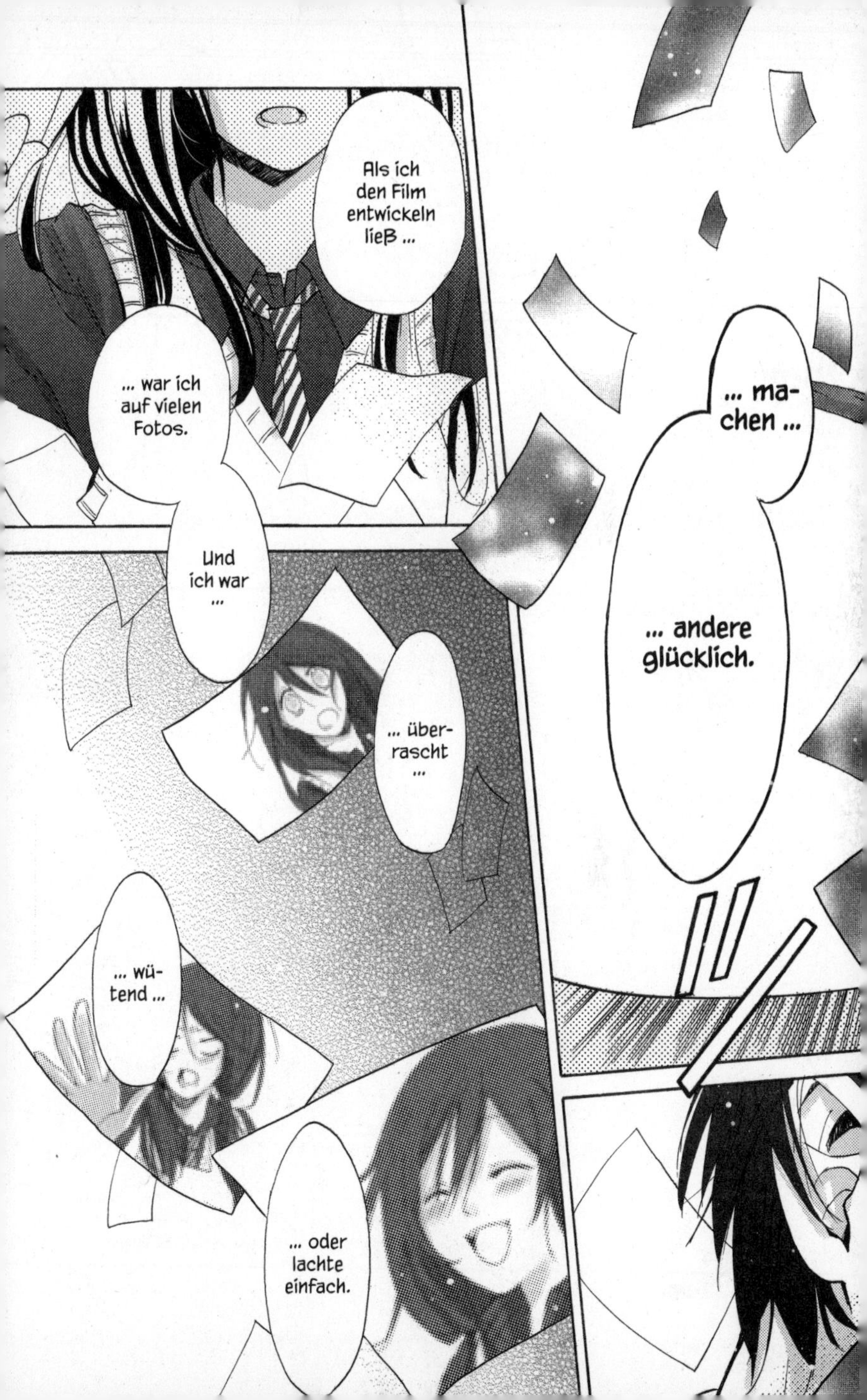
... ma-
chen ...
... andere
glücklich.
Als ich
den Film
entwickeln
ließ ...
... war ich
auf vielen
Fotos.
Und
ich war
...
... über-
rascht
...
... wü-
tend ...
... oder
lachte
einfach.

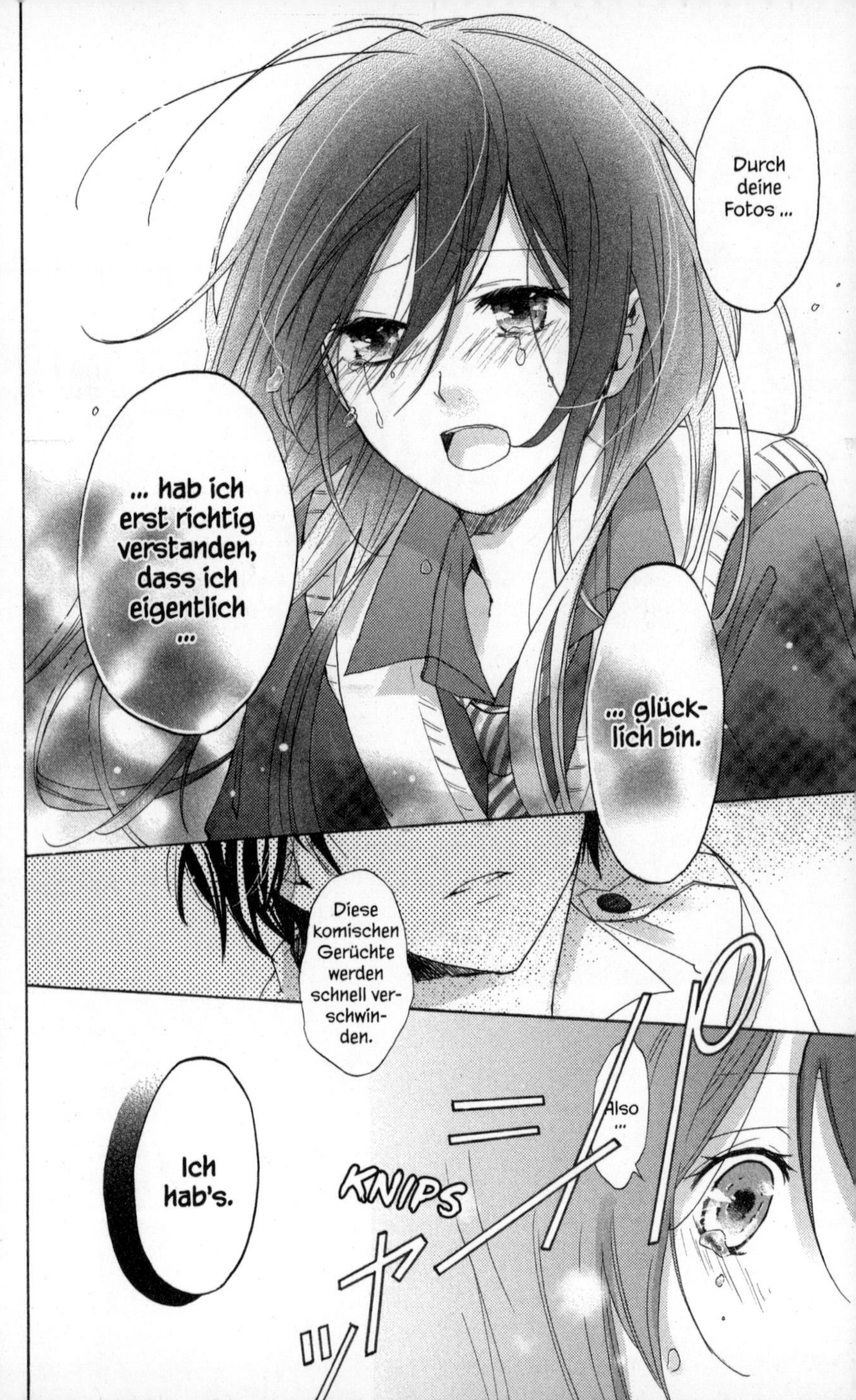

Durch deine Fotos ...
... hab ich erst richtig verstanden, dass ich eigentlich ...
... glücklich bin.
Diese komischen Gerüchte werden schnell verschwinden.
Also ...
KNIPS
Ich hab's.

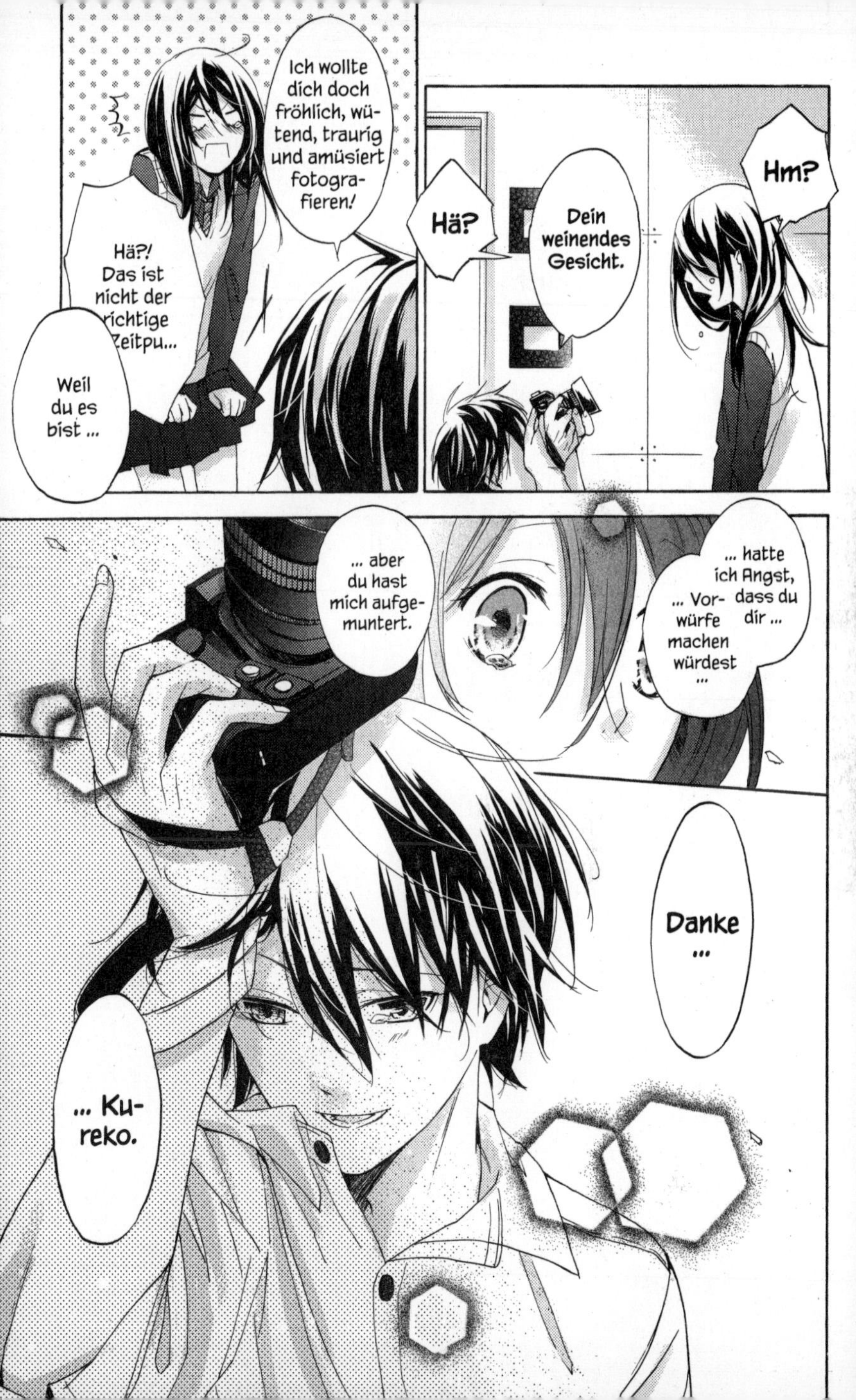
Hm?
Dein weinendes Gesicht.
Hä?
Ich wollte dich doch fröhlich, wütend, traurig und amüsiert fotografieren!
Hä?! Das ist nicht der richtige Zeitpu...
Weil du es bist ...
... hatte ich Angst, dass du dir ...
... Vorwürfe machen würdest ...
... aber du hast mich aufgemuntert.
Danke ...
... Kureko.

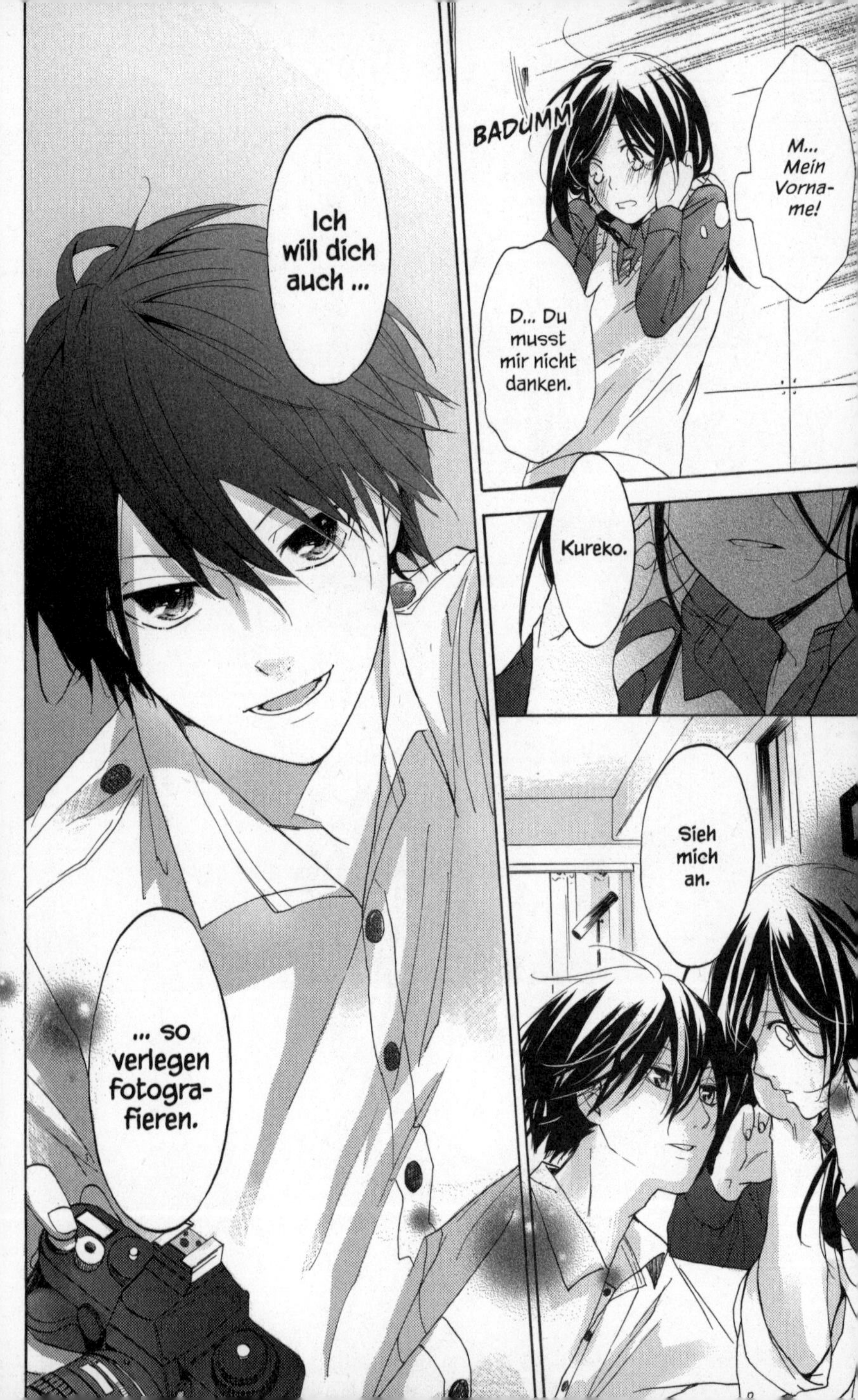
BADUMM
M... Mein Vorname!
D... Du musst mir nicht danken.
Kureko.
Sieh mich an.
Ich will dich auch ...
... so verlegen fotografieren.

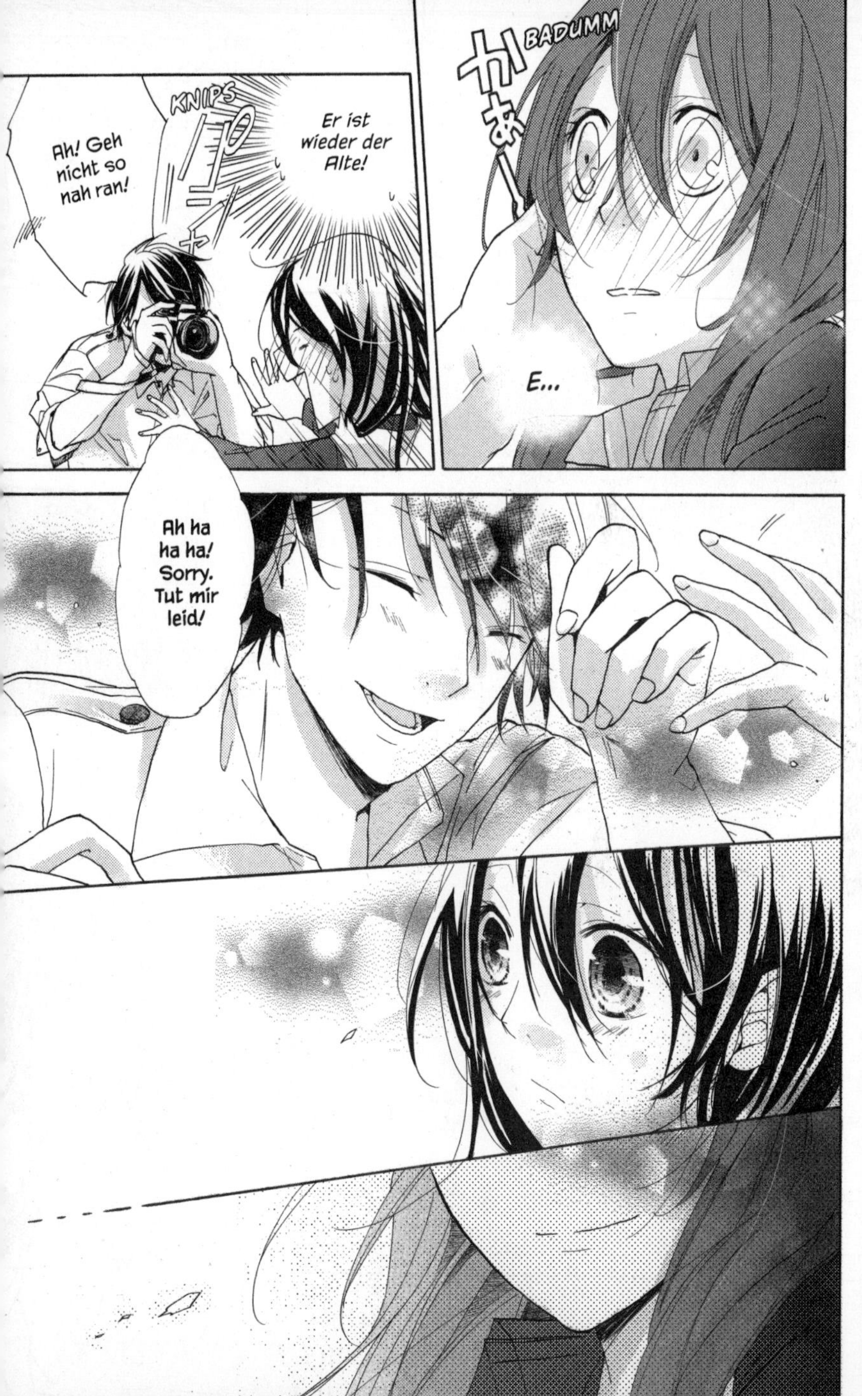
BADUMM
E...
Er ist wieder der Alte!
KNIPS
Ah! Geh nicht so nah ran!
Ah ha ha ha! Sorry. Tut mir leid!

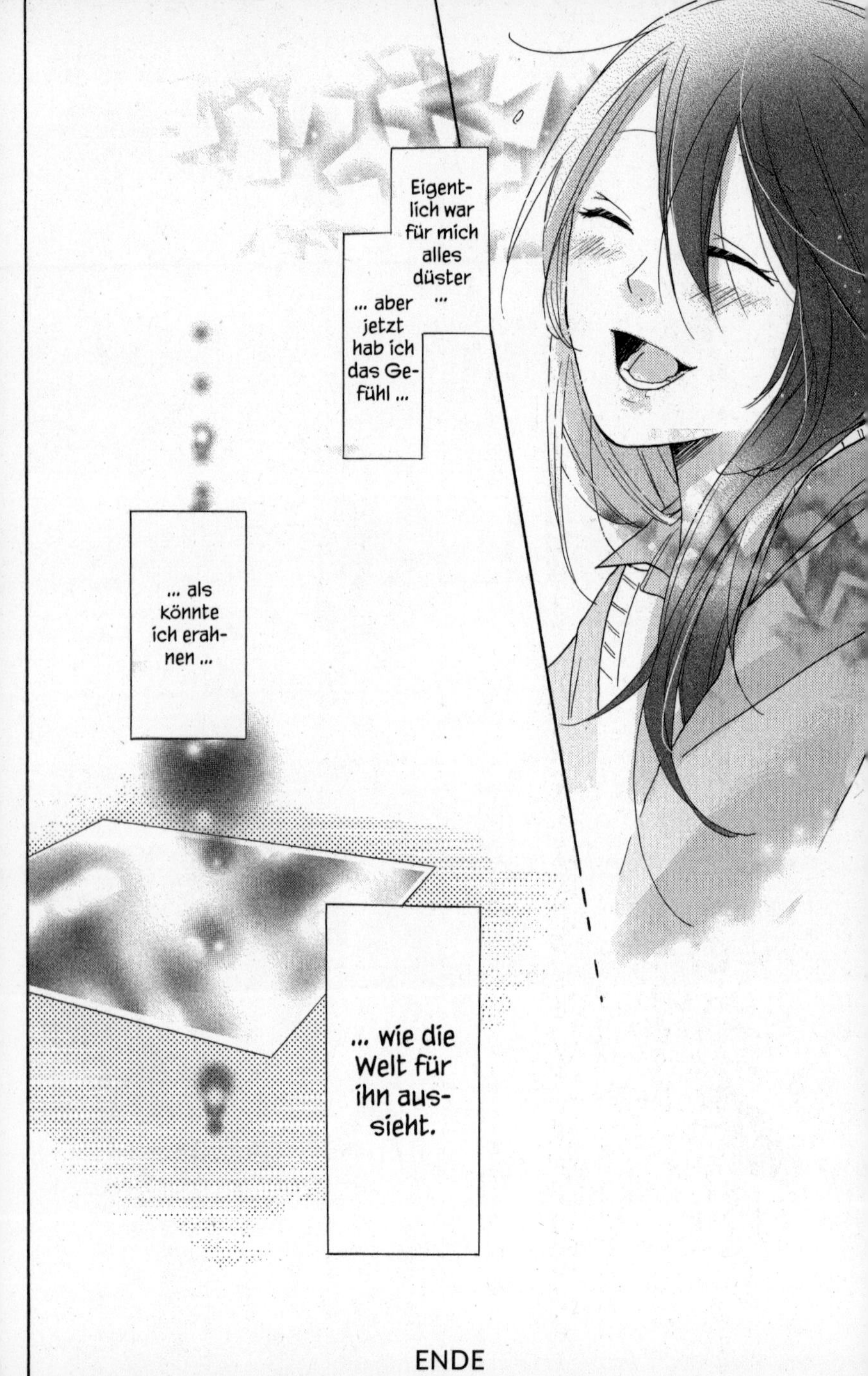
Eigentlich war für mich alles düster ...
... aber jetzt hab ich das Gefühl ...
... als könnte ich erahnen ...
... wie die Welt für ihn aussieht.
ENDE

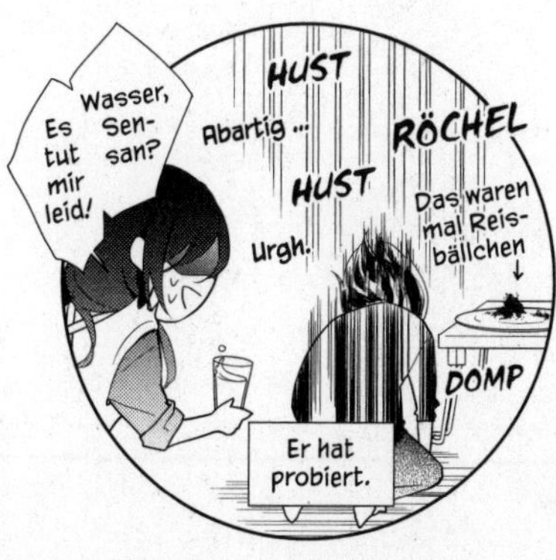
RÖCHEL
HUST
Abartig ...
HUST
Urgh.
Wasser, Sen-san?
Es tut mir leid!
Das waren mal Reis-bällchen
DOMP
Er hat probiert.

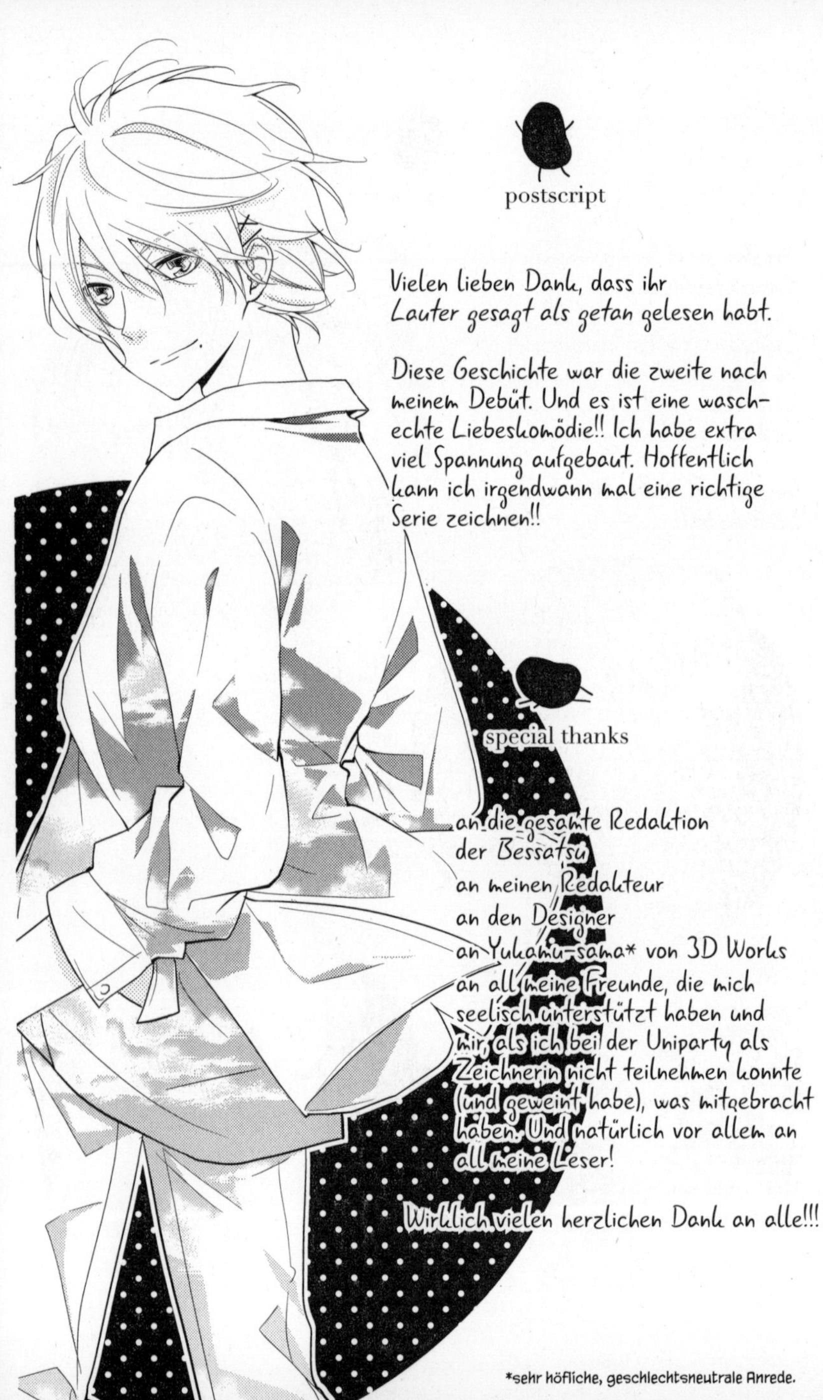

postscript

Vielen lieben Dank, dass ihr Lauter gesagt als getan gelesen habt.

Diese Geschichte war die zweite nach meinem Debüt. Und es ist eine waschechte Liebeskomödie!! Ich habe extra viel Spannung aufgebaut. Hoffentlich kann ich irgendwann mal eine richtige Serie zeichnen!!

special thanks

an die gesamte Redaktion der Bessatsu
an meinen Redakteur
an den Designer
an Yukamu-sama* von 3D Works
an all meine Freunde, die mich seelisch unterstützt haben und mir, als ich bei der Uniparty als Zeichnerin nicht teilnehmen konnte (und geweint habe), was mitgebracht haben. Und natürlich vor allem an all meine Leser!

Wirklich vielen herzlichen Dank an alle!!!

*sehr höfliche, geschlechtsneutrale Anrede.

design process

Als Bonus ist hier das erste Charakterdesign.

Eigentlich sollten die beiden zu Beginn Teil des Disziplinarkomitees sein. Rechts ist ein Bild aus der Entwurfsphase.

Senpai hatte da noch keinen Schönheitsfleck.

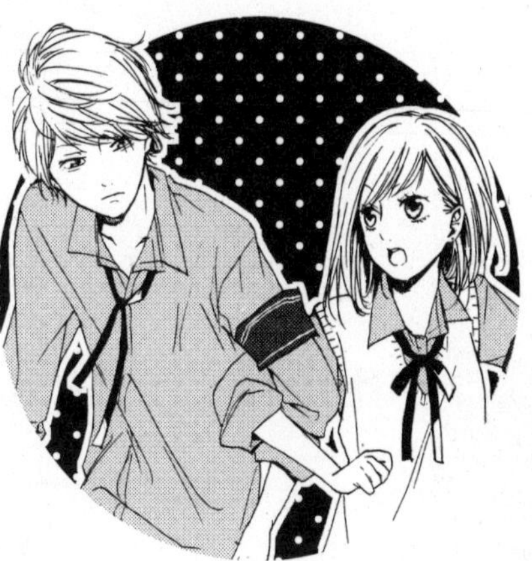

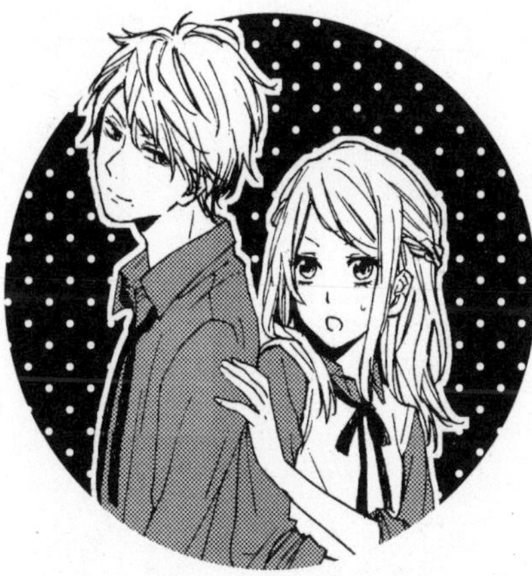

Durch Änderungen in der Geschichte haben die zwei sich dann auch ein wenig verändert (s. links).

Hier ist auch der Schönheitsfleck entstanden. Eigentlich hat sich Chiaki aber kaum verändert. Der einzige Unterschied ist wohl der Schönheitsfleck.

Und das ist das finale Ergebnis.

Übrigens stand für Sen aus der ebenfalls enthaltenen Geschichte »Monochrome Lens« (mein Debütwerk) und für Chiaki-senpai die gleiche Person Modell.

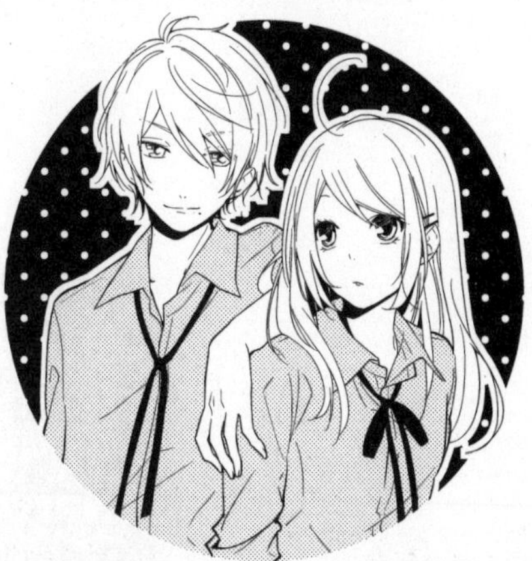

Ende!!

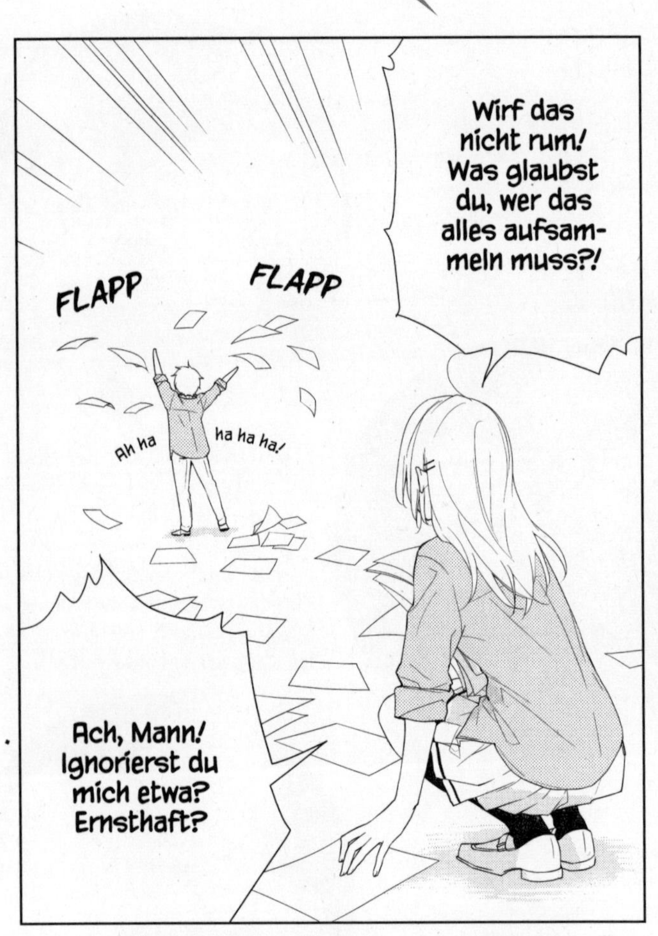

LAUTER GESAGT ALS GETAN

sora

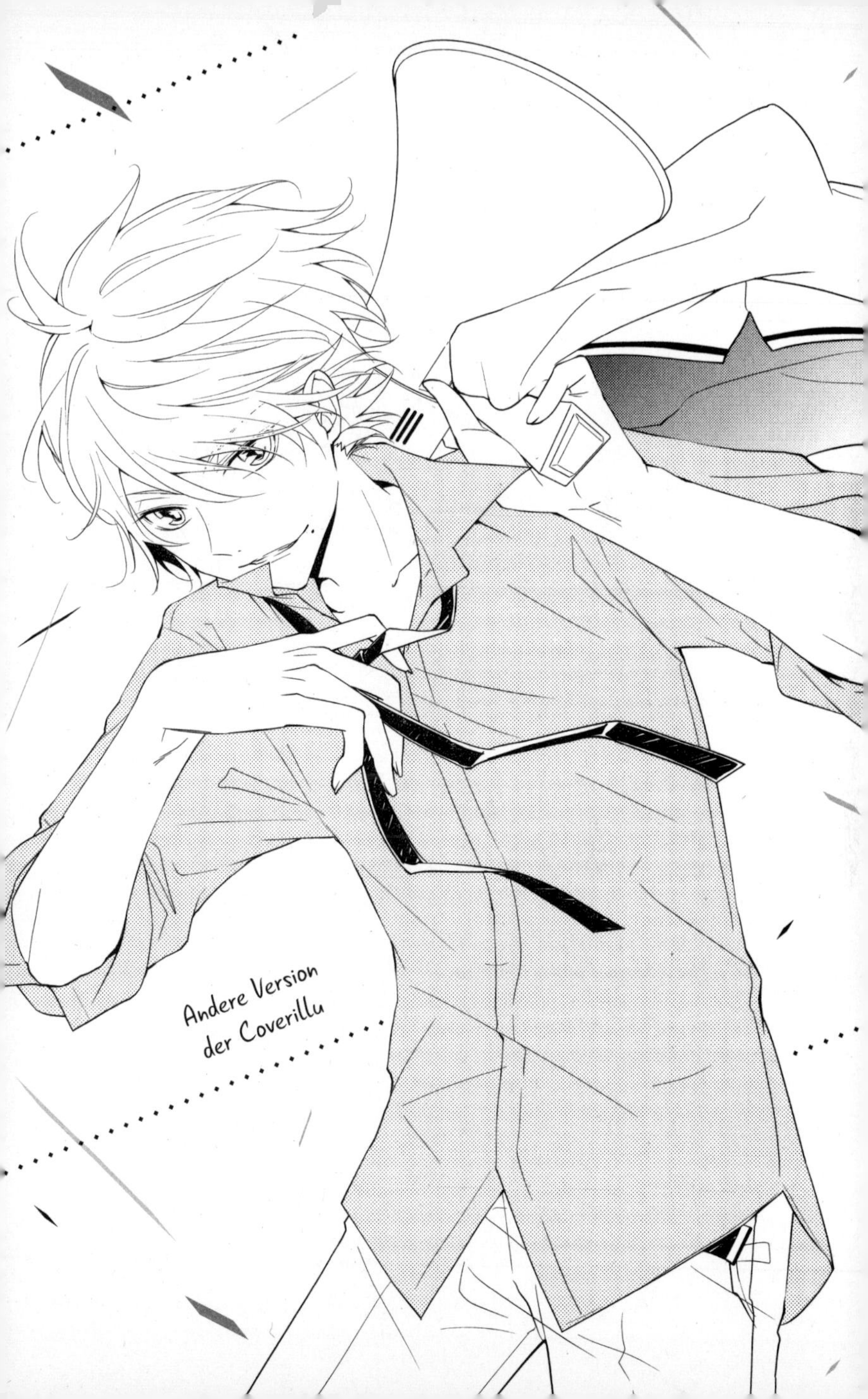
Andere Version
der Coverillu

Profil

Mangaka sora feierte 2015 unter dem Namen Sora Mizuki in der *Bessatsu Friend* von Kodansha ihr Debüt als Künstlerin. Seither hat sie einen großartigen Sinn für Charakterdesign. Ihr Name bedeutet so viel wie »Himmel im März« und laut ihrem Twitter-Account @sora_miduki liegt ihr Zuhause über den Wolken.

Kommentar

Hallo, ich bin sora. Freut mich, euch kennenzulernen. Dies ist mein erster Manga und ich bin euch sehr dankbar, dass ihr ihn gelesen habt. Weil alles noch so neu für mich ist, weiß ich im Augenblick kaum, wo hinten und vorne ist. Daher möchte ich euch bitten, beim Lesen ein wenig nachsichtig mit mir zu sein.

sora

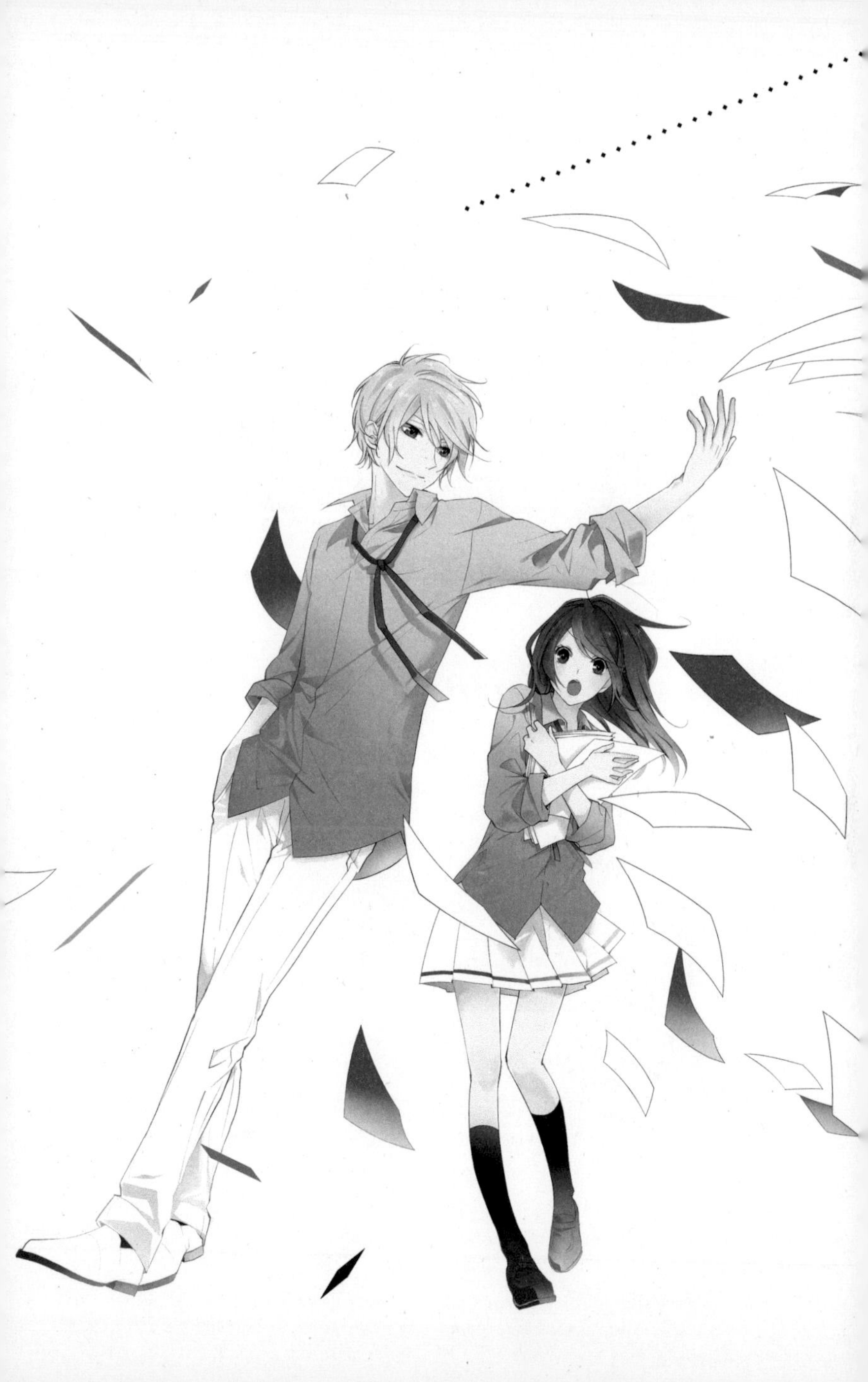

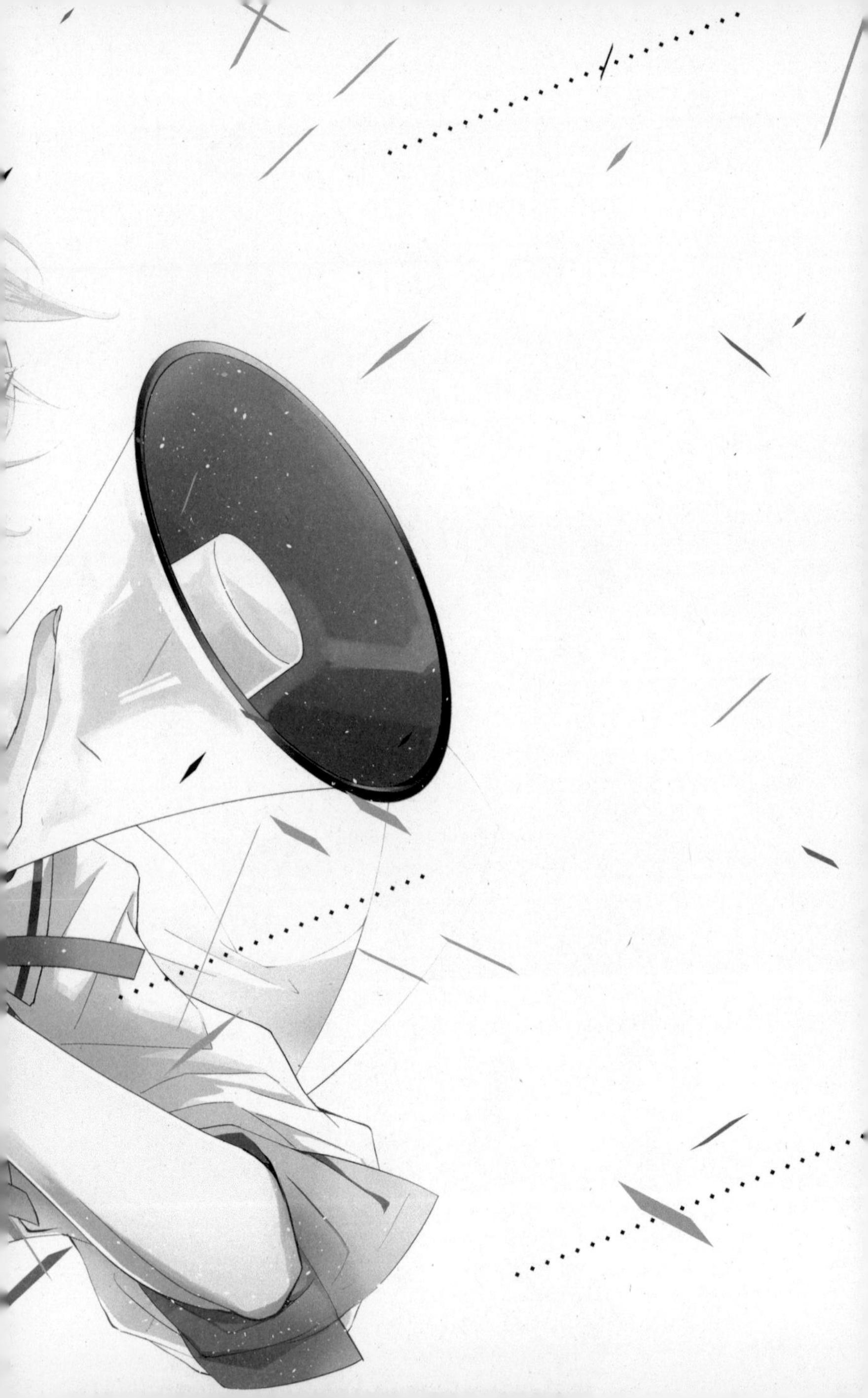

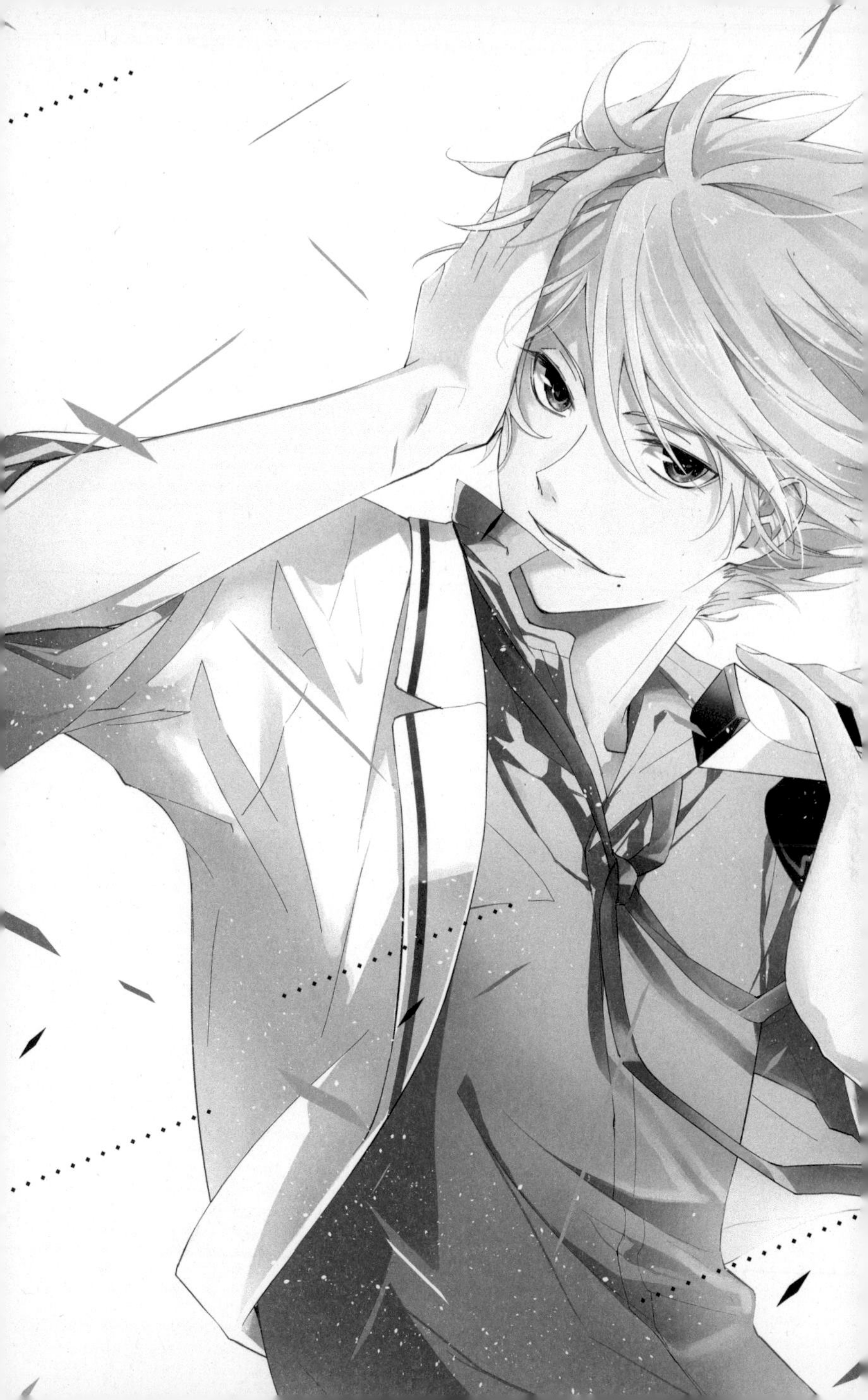

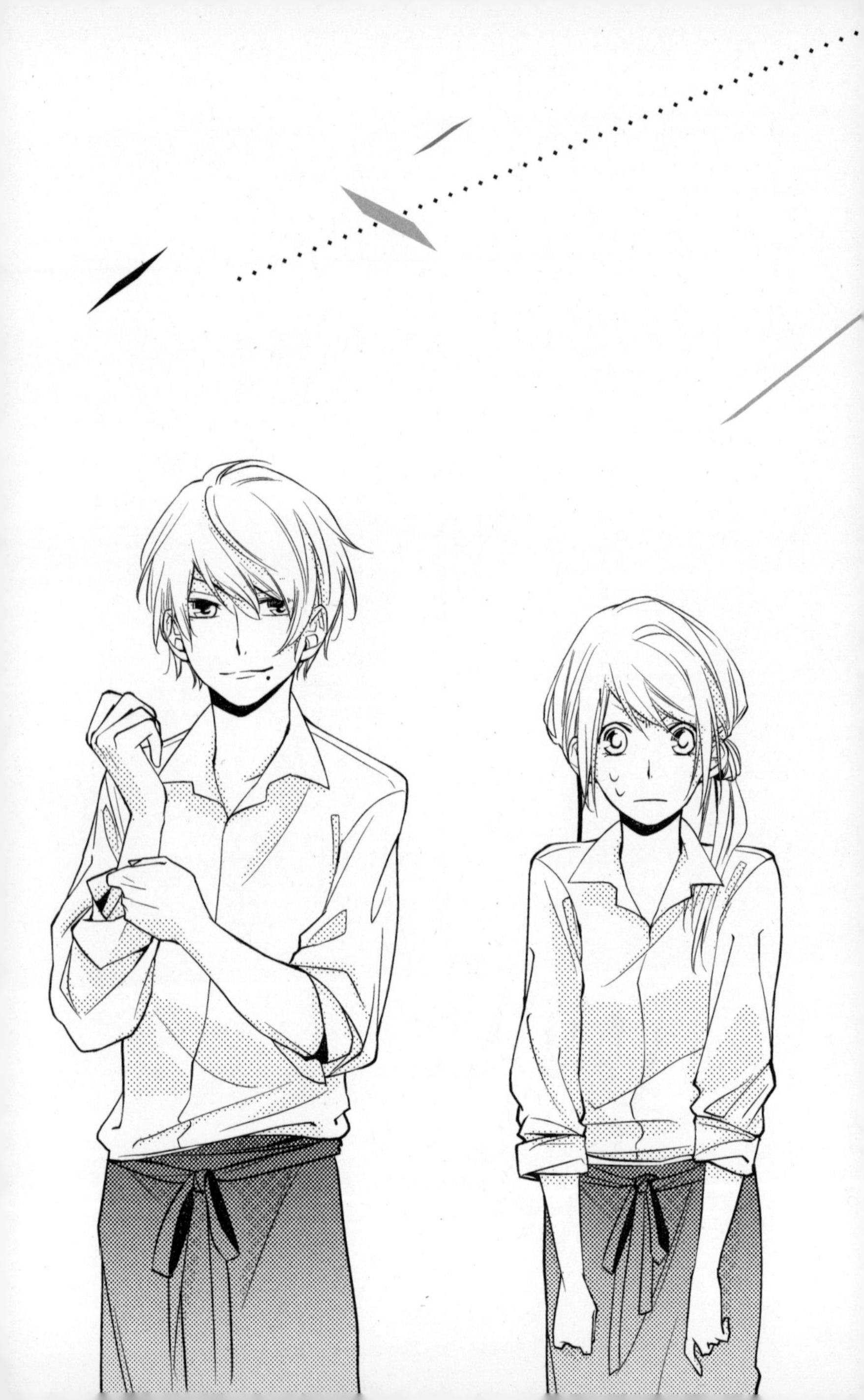

LAUTER GESAGT ALS GETAN

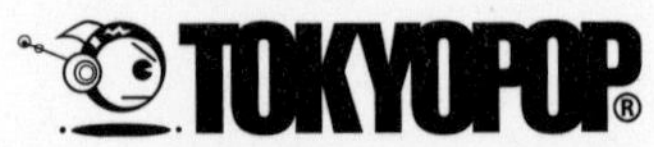

TOKYOPOP GmbH
Hamburg

TOKYOPOP
1. Auflage, 2022
Deutsche Ausgabe/German Edition

Aus dem Japanischen von Lasse Christian Christiansen

First published in Japan in 2016 by KODANSHA LTD., Tokyo.
Publication rights for this German edition arranged through KODANSHA LTD., Tokyo.

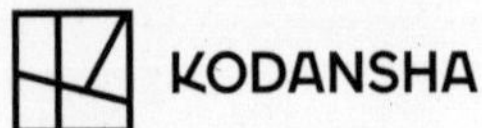

Redaktion: Katrin Aust
Lettering: Vibrant Publishing Studio
Herstellung: Mathias Neumeyer
Druck und buchbinderische Verarbeitung:
CPI – Clausen & Bosse GmbH, Leck
Printed in Germany

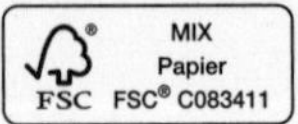

Wir achten auf die Umwelt.
Dieses Produkt besteht aus FSC®-zertifizierten und anderen kontrollierten Materialien.

ISBN 978-3-8420-7384-5

www.tokyopop.de

LAUTER GESAGT ALS GETAN

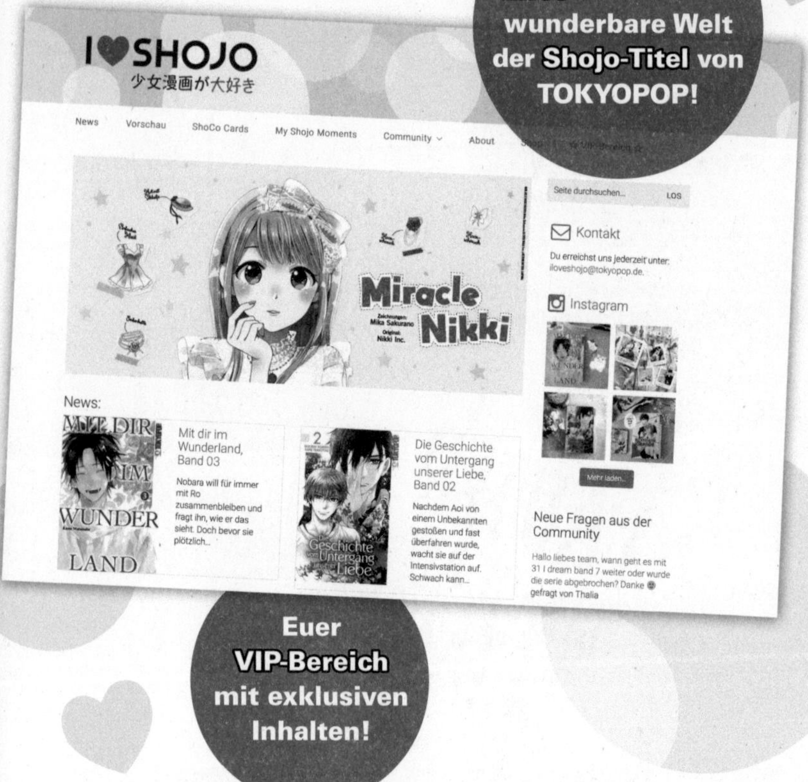

I ♥ SHOJO
少女漫画が大好き

News | Vorschau | ShoCo Cards | My Shojo Moments | Community | About | Shop | ☆ VIP-Bereich ☆

ShoCo Cards

ShoCo Card steht für **SHOJO Collectors Card**.

Seit April 2014 erscheint jeden Monat ein neuer SHOJO Top-Titel, dem in der Erstauflage eine ShoCo Card zum Sammeln beiliegt. Außerdem erscheinen zwischendurch auch ganz spezielle ShoCo Cards – wie zum Beispiel die Halloween ShoCo Card im Halloween Pack von *Scary Lessons*!

Die Vorderseite ziert eine hübsche Illustration zum jeweiligen Manga und auf der Rückseite findest du einen Steckbrief und Infos zu der entsprechenden Mangaka.

Auf dieser Seite erfährst du, in welchen Manga die begehrten **ShoCo Cards** beiliegen und in welchem Monat sie erscheinen. Aber beeil dich, wenn du alle Karten sammeln möchtest: Nur in der Erstauflage sind die Karten enthalten!

Alle | ShoCo Cards

Januar 2021: Check Me Up!, Band 01

Dezember 2020: Die Geschichte vom Untergang unserer Liebe, Band 01

November 2020: Lovesick Ellie, Band 03

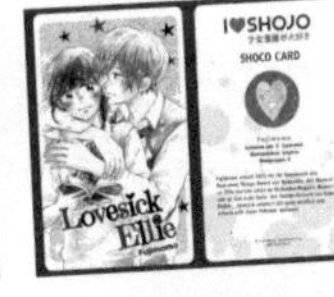

Oktober 2020: Verliebt in die Nacht, Band 01

November 2020: Ein Kuss reinen Herzens, Band 01

Oktober 2020: ...

Seite durchsuchen... LOS

Kontakt

Du erreichst uns jederzeit unter: iloveshojo@tokyopop.de.

Instagram

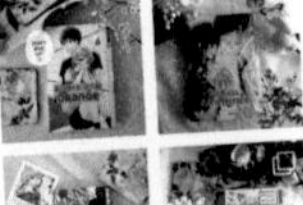

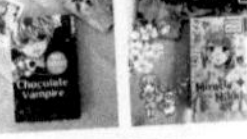

Mehr laden...

Neue Fragen aus der Community

Interviews, Fanart, ShoCo Card Übersicht und noch vieles mehr erwarten euch!

Folge uns auch auf

www.facebook.com/iloveshojo

tokyopop_iloveshojo

iloveshojo@tokyopop.de

EIGENTLICH LIEB ICH DICH

sora

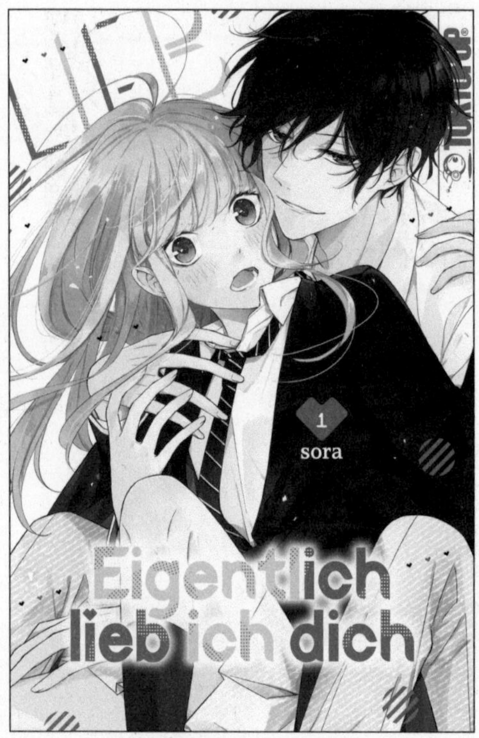

Gegensätze ziehen sich an!

Musterschülerin Chihiro kann einfach nicht Nein sagen und wird daher oft von ihren Mitmenschen ausgenutzt. Schulschwänzer und Eigenbrötler Kisaragi dagegen hält sich am liebsten aus allem raus. Plötzlich wird ausgerechnet er in Chihiros lästige Aufgaben verwickelt. Beim Sportfest, das sie mehr oder weniger zusammen organisieren, zeigt er dann jedoch ungeahnten Ehrgeiz. Ob hinter seiner Abwehrhaltung mehr steckt, als es den Anschein hat ...?

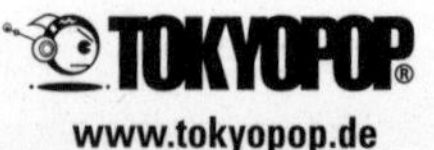

MEN'S LIFE – MEIN GEHEIMES LEBEN UNTER JUNGS

Ayu Watanabe

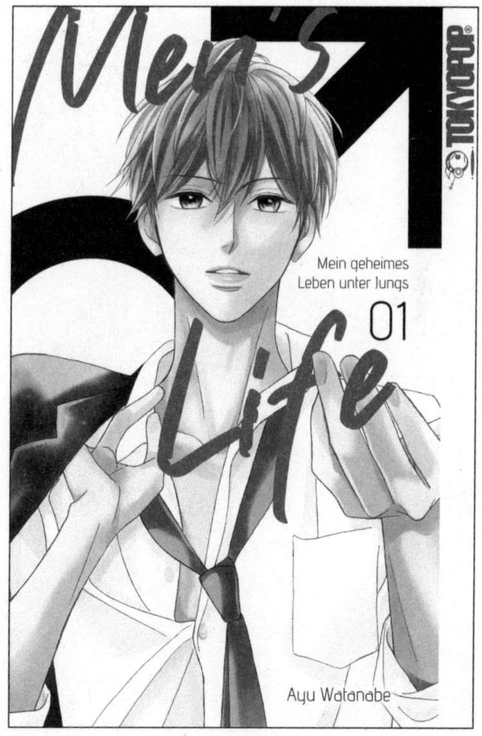

Dein Leben, meine Chance?!

Die Zwillinge Yuta und Mio mögen sich zwar äußerlich gleichen, führen allerdings gänzlich unterschiedliche Leben. Während Yuta im Wohnheim lebt und viele Freunde und Hobbys hat, verkriecht sich seine Schwester Mio am liebsten in ihrem Zimmer, in dem sie viel lernt und Radio hört. Als sich Yuta jedoch unsterblich verliebt und seiner Angebeteten hinterherreisen will, überredet er Mio zu einem Rollentausch. Und so findet sich ein Mädchen, das gern mehr aus sich herauskommen würde, undercover in einem Wohnheim voller Jungs wieder.

UMWERFEND SCHÖN

Mai Ando

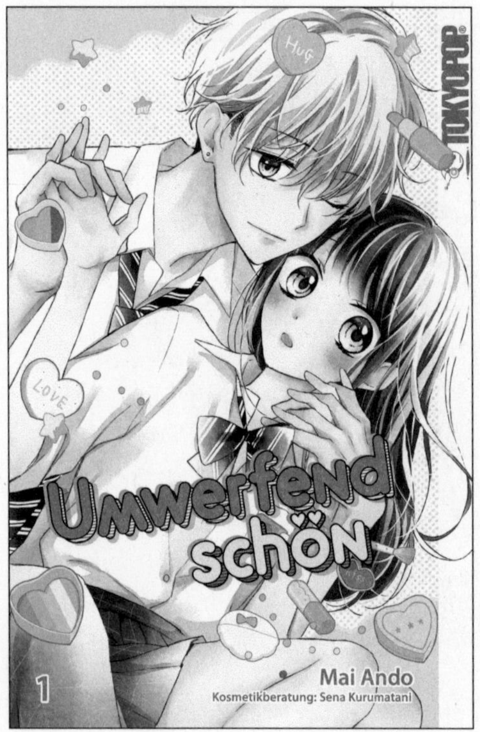

Ein Küken auf dem Catwalk

Make-up und Modetrends sind Mio ziemlich egal. Die Schülerin sieht manchmal so wild und zerrupft aus, dass ihre Freundinnen sie mit einem kleinen Küken vergleichen. Doch dann lernt sie Izumi kennen, der ihre Welt auf den Kopf stellt. Mit seiner Leidenschaft für Trends und Styling gelingt es ihm mit wenigen Kniffen, Mios natürliche Schönheit zu unterstreichen. Als er sie bittet, als Model für eine Modenschau einzuspringen, ist Mio wahnsinnig nervös. Oder liegt es an Izumi selbst, dass ihr das Herz bis zum Hals schlägt?

STOPP!

**Dies ist die letzte Seite des Buches!
Du willst dir doch nicht den Spaß verderben
und das Ende zuerst lesen, oder?**

Um die Geschichte unverfälscht und originalgetreu mitverfolgen zu können, musst du es wie die Japaner machen und von rechts nach links lesen. Deshalb schnell das Buch umdrehen und loslegen!

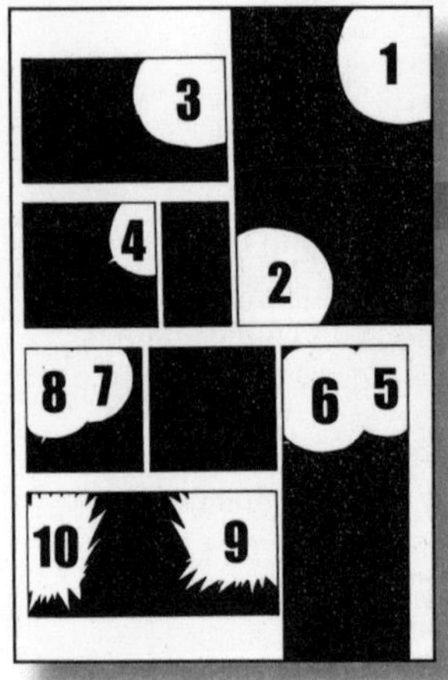

So geht's:

Wenn dies das erste Mal sein sollte, dass du einen Manga in den Händen hältst, kann dir die Grafik helfen, dich zurechtzufinden: Fang einfach oben rechts an zu lesen und arbeite dich nach unten links vor. Viel Spaß dabei wünscht dir TOKYOPOP®!